安徽师范大学文学院学术文库（第四辑）

儒佛道哲学的诗性智慧

RU FO DAO ZHEXUE DE SHIXINGZHIHUI

华雨檀 著

安徽师范大学出版社

·芜湖·

责任编辑:李克非
装帧设计:丁奕奕　欧阳显根

图书在版编目(CIP)数据

儒佛道哲学的诗性智慧/华雨檀著.—芜湖:安徽师范大学出版社,2019.1
(安徽师范大学文学院学术文库.第四辑)
ISBN 978-7-5676-3479-4

Ⅰ.①儒… Ⅱ.①华… Ⅲ.①儒家－中国－文集 ②佛教－中国－文集 ③道教－中国－文集 Ⅳ.①B222.05-53 ②B948-53 ③B958-53

中国版本图书馆CIP数据核字(2018)第064835号

本书由安徽高校省级学科建设重大项目资助出版

儒佛道哲学的诗性智慧

华雨檀　著

出版发行:安徽师范大学出版社
　　　　　芜湖市九华南路189号安徽师范大学花津校区　邮政编码:241002
网　　　址:http://www.ahnupress.com
发 行 部:0553-3883578　5910327　5910310(传真)　E-mail:asdcbsfxb@126.com
印　　　刷:虎彩印艺股份有限公司
版　　　次:2019年1月第1版
印　　　次:2019年1月第1次印刷
开　　　本:700 mm×1000 mm　1/16
印　　　张:21.75
字　　　数:330千字
书　　　号:ISBN 978-7-5676-3479-4
定　　　价:60.00元

总　序

　　安徽师范大学文学院的前身是1928年建立的省立安徽大学中国文学系，是安徽省高校办学历史最悠久的四个院系之一。1945年9月更名为国立安徽大学中文系，1949年12月更名为安徽大学中文系，1954年2月更名为安徽师范学院中文系，1958年更名为合肥师范学院中文系，1972年12月更名为安徽师范大学中文系，1994年10月更名为安徽师范大学文学院。这里人才荟萃，刘文典、陈望道、郁达夫、朱湘、苏雪林、周予同、潘重规、宗志黄、张煦侯、卫仲璠、宛敏灏、张涤华、祖保泉、余恕诚等著名学者都曾在此工作过，他们高尚的师德、杰出的学术成就凝成了我院的优良传统，培养出了一大批出类拔萃的各类人才。

　　文学院现设有汉语言文学、秘书学、汉语国际教育、戏剧影视文学等4个本科专业，语言研究所、古籍整理研究所等5个研究所（中心）。拥有中国语言文学博士后科研流动站，中国语言文学一级学科硕士点、博士学位点；设有中国古代文学等10个硕士学位二级学科授权点和学科教学（语文）、汉语国际教育两个专业学位点；有1个安徽省一流学科（中国语言文学，2017），安徽省A类重点学科（中国语言文学，2008），3个安徽省B类重点学科（中国古代文学、汉语言文字学、中国现当代文学）；有1个国家级特色专业建设点（汉语言文学专业），1个国家级教学团队（中国古代文学），两门国家级精品课程（文学理论、大学语文）；主办1种省级刊物（《学语文》）。

文学院师资科研力量雄厚，现有在岗专任教师95人，其中教授26人，副教授32人，博士52人。2010年以来，本学科共主持省部级以上科研项目131项，其中国家社科基金项目41项（含重大招标项目2项和重点项目3项），获得省部级以上奖励24项。教师中，有国家首届教学名师1人，享受国务院特殊津贴12人，皖江学者3人，二级教授8人，5人入选省级学术和技术带头人，6人入选省级学术和技术带头人后备人选。

走过九十年的风雨征程，目前中文学科方向齐全，拥有很多相对稳定、特色鲜明的研究领域。唐诗研究、古代文论研究、儿童语言习得研究、古典文献研究、宋辽金文学研究、词学研究、当代文学现象研究、古典诗歌接受史研究、梵汉对音研究、句法语义接口研究等，在全国居于领先地位或在学术界有较大影响。特别是李商隐研究的系列成果已成为传世经典，国务院学位委员会委员、北京大学教授袁行霈先生说，本学科的李商隐研究，直接推动了《中国文学史》的改写。

经过几代人的薪火相传，中文学科养成了严谨扎实的学术传统，培育了开拓创新的学术精神，打造了精诚合作的学术团队，形成了理论研究与服务社会相结合、扎根传统与关注当下相结合、立足本位与学科交融相结合、历代书面文献与当代口传文献并重的学科特色。

21世纪以来，随着老一辈学者相继退休，中文学科逐渐进入了新老交替的时期，如何继承、弘扬老一辈学者的学术传统，如何开启中文学科的新篇章，成了摆在我们面前的迫切任务。基于这一初衷，我们特编选了这套丛书，名之为"安徽师范大学文学院学术文库"，计划做成开放式丛书，一直出版下去。我们认为，对过去的学术成果进行阶段性归纳汇集，很有必要，也很有意义，可以向学界整体推介我院的学术研究，展现学术影响力。

现在奉献的是第四辑，文集作者既有资深的老教师，也有年富力强的年轻学者，学科领域涵盖文学、语言学等领域，大致可以反映文学院学术研究风貌的历史传承与时代新变。

　　我们坚信，承载着九十年的历史积淀，文学院必将向学界奉献更多的学术精品，文学院的各项事业必将走向更悠远的辉煌！

储泰松

二〇一八年十月

目　录

下编　哲学的诗性

上编　诗性的哲学

从诗人之情到哲人之思

——论《诗经》二雅与竹简《老子》的契合与演进

近年来，随着一些战国楚墓竹简的发现，先秦儒道之间的关系又成了学界讨论的热点。郭店楚简《老子》①没有对儒家的批评，相反却有一些提倡仁义礼智的文字；上博简《民之父母》中，孔子提倡"无声之乐，无体之礼，无服之丧"的"三无说"，这显然又近似道家的思想②。种种证据表明，春秋时期儒道两家思想并没有形成对立，甚至可以说，儒道那时还没有形成自觉的学派意识。其实，《庄子·天下》早就认识到了这一问题，它把"数度"和《诗》《书》《礼》《乐》《易》《春秋》称为"古之道术"，把它们置于"道术将为天下裂"之前，也就是说，"六经"并非儒家的专利，而是当时贵族共同学习的文化遗产。

《诗经》分风雅颂三部分，就作者的社会、政治地位及写作旨趣而言，雅与诸子更为接近，因而对诸子的影响也更大。如《墨子》引《诗》十一处，其中八处出自二雅；《孟子》引《诗》约三十四处，其中约三十处出自二雅③。竹简《老子》是我们今天所能见到的最早的《老子》传本，它可能形成于春秋时期，比今本《老子》更接近祖本，更能反映道家

---

① 本文所引竹简《老子》，以荆门市博物馆《郭店楚墓竹简》（文物出版社1998年版）为主，并参照廖名春《郭店楚简老子校释》（清华大学出版社2003年版）。

② 庞朴：《话说"五至三无"》，《文史哲》2004年第1期。

③ 徐复观：《徐复观论经学史二种》，上海书店出版社2002年版，第41、31页。

的源头情况①。尽管我们不能肯定《老子》的作者读过《诗经》，在《老子》中也找不到引《诗》的明显证据，但在竹简《老子》中，的确有不少思想是与《诗经》二雅相一致的。

一

大雅31篇，大部分作于西周初期，小部分作于西周末期；小雅74篇，大都是西周晚期的作品，还有少数可能作于东周。大雅的作者主要是上层贵族；小雅的作者，既有上层贵族，也有下层贵族和地位低微者。关于《老子》的作者，历来聚讼纷纭。②郭店竹简《老子》的出土，为此问题的解决提供了更多的证据。有人提出竹简《老子》出自老聃或其亲传弟子之手，今本是太史儋在老聃原本基础上加工、改造、扩充而成。③此观点使关于老子的一些悬案可以得到大体圆满的解决，得到不少学者的赞同。虽然我们不能断定竹简《老子》就是祖本，但它应该大致能反映老聃的思想。

周代贵族分为六个等级："君一位、卿一位、大夫一位、上士一位、中士一位、下士一位，凡六等。"（《孟子·万章下》）"士"是贵族阶级的最低一层，地位略高于"庶人"，老聃作为"周守藏室之史"（《史记·

①郭沂：《楚简〈老子〉与老子公案——兼及先秦哲学若干问题》，《中国哲学》第二十辑，辽宁教育出版社1999年版。

②司马迁根据当时的文献和传说，本着"信以传信，疑以传疑"的原则，提出三个老子：一是周守藏史老聃，二是老莱子，三是战国中期的秦太史儋。老莱子另有他著，学界多把他排除，而在老聃与太史儋之间难以定论。北魏崔浩首先怀疑通行本《老子》不是老聃所作，南宋叶适认为老聃与通行本《老子》的作者应是两个人，清代汪中认为《老子》上下篇的作者应是太史儋。二十世纪二三十年代，关于老子"其人其书"曾有一次集中的讨论，大致有三派意见：一是春秋末年说，二是战国说，三是秦汉之间或汉文帝之时说。一直到二十世纪八十年代，围绕"老子其人其书"问题还是争论不休，无有定论。

③郭沂：《楚简〈老子〉与老子公案——兼及先秦哲学若干问题》，《中国哲学》第二十辑，辽宁教育出版社1999年版。

老庄申韩列传》），应属于"士"这一阶层，与二雅的大部分作者地位相当。《老子》中，也有多处提到"为士"之道。竹简《老子》的传者——郭店一号楚墓的墓主，身份为楚国某位太子的老师，也属"士"阶层[①]。总之，不论是竹简《老子》的作者，还是传习者，地位上都与二雅的大部分作者接近。

二雅与竹简《老子》有相近的写作旨趣。《毛诗序》曰："雅者，正也，言王政之所由废兴也。政有小大，故有小雅焉，有大雅焉。"面对礼崩乐坏，政教缺失，人伦废绝，刑政苛酷的现实，二雅的作者们以诗歌的形式来针砭时弊，探究王朝衰落的原因，为周王献计献策。如《小雅·节南山》："家父作诵，以究王讻。"点明写作的主旨在于探究周王朝凶乱的原因。又如《大雅·抑》："于乎小子，未知臧否。匪乎携之，言示之事。匪面命之，言提其耳。"这是一位老臣对周王耳提面命的谆谆教诲。

《汉书·艺文志》说："道家者流，盖出于史官，历记成败存亡祸福古今之道，然后知秉要执本。"此语对竹简《老子》来说尤其合适。竹简《老子》大约有相当于今本31章的内容，其中有27章提到"为圣""为士"之道。"为圣"之道，如甲组中："圣人之在民前也，以身后之；其在民上也，以言下之"，"圣人亡为故亡败，亡执故亡失"，"道恒亡为也，侯王能守之，而万物将自化"，"圣人居亡为之事，行不言之教"，"民莫之命而自均安"；乙组中："治人事天，莫若啬"，"清静为天下正"；丙组中："太上下知有之，其次亲誉之，其次畏之，其次侮之"，"执大象，天下往，往而不害，安平太"，等等。"为士"之道，如甲组中："以道佐人主者，不欲以兵强于天下"，"长古之善为士者，必微溺玄达，深不可志"，"和其光，同其尘，挫其锐，解其纷，是谓玄同"；乙组中："上士闻道，勤能行于其中；中士闻道，若闻若亡；下士闻道，大笑之"，"修之身，其德乃贞；修之家，其德有余；修之乡，其德乃长；修之邦，其德乃丰；修之天下，[其德乃溥]"；丙组中："君子居则贵左，用兵则贵右"，等等。

[①] 罗运环：《论郭店一号楚墓所出漆耳杯文及墓主和竹简的年代》，《考古》2000年第1期。

"为圣"之道，实质上就是"君人南面之术"，是建议周王像古圣人那样无为而治。"为士"之道，是讲如何在险恶的政治环境中，一方面能"以道佐人主"，担当起作为"士"应该担当的责任，另一方面又能做到微妙玄达，和光同尘，保全身家性命。"为圣"与"为士"，是就不同的对象而言的，同时二者又有密切的联系。

《老子》中的"善为士者"："豫乎若冬涉川，犹乎其若畏四邻，严乎其若客，涣乎其若释，屯乎其若朴，沌乎其若浊。"（甲组）这是一种若"愚"之大智。这种"愚人"，在二雅中称为"哲人"。《大雅·抑》："人亦有言：靡哲不愚。庶人之愚，亦职维疾。哲人之愚，亦维斯戾。""愚"分"庶人之愚"和"哲人之愚"，前者是自身缺陷所致，后者则是装傻以自保。二雅的作者们也像老子那样，一方面不满现实，积极为周王献计献策，另一方面又主张在昏上乱相之间保全自己。"黾勉从事，不敢告劳。无罪无辜，谗口嚣嚣"（《小雅·十月之交》），竭力勤劳王事之人反无辜遭谗，整日不得不"战战兢兢，如临深渊，如履薄冰"（《小雅·小旻》）。这就是"靡哲不愚"的原因。《吕氏春秋》《礼记》《大戴礼记》《史记》等典籍，都记载孔子向老聃问礼一事。老聃语孔子曰："且君子得其时则驾，不得其时则蓬累而行。吾闻之，良贾深藏若虚，君子盛德，容貌若愚。去子之娇气与多欲，态色与淫志，是皆无益于子身。"（《史记·老庄申韩列传》）"容貌若愚"正是"善为士者"的特点，是"哲人之愚"。受此影响，孔子对这种"哲人之愚"也持肯定态度[1]，他赞宁武子说："邦有道，则知；邦无道，则愚。其知可及也，其愚不可及也。"（《论语·公冶长》）老子、孔子与二雅的作者们对"愚"的态度是一致的。

二

竹简《老子》甲组的首章："绝智弃辩，民利百倍；绝巧弃利，盗贼

---

[1] 张勇：《孔子说"愚"》，《东方论坛》2004年第4期。

亡有；绝伪弃诈，民复孝慈。"此章在帛书、河上公、傅奕、王弼诸本中，均为"绝圣弃智，民利百倍；绝仁弃义，民复孝慈；绝巧弃利，盗贼无有。"两者的区别在于，竹简的"绝智弃辩"被改成了"绝圣弃智"，"绝伪弃诈"被改成了"绝仁弃义"，竹简反对"辩""伪"，而今本反对"仁""义"。竹简不反对"仁""义"，这是它与今本最大的区别之一，表明儒道两家思想在春秋时期并没有形成对立，关于这一问题，学界多有论述，这里不再赘述。竹简《老子》为什么要反对"辩"呢？二雅给我们提供了答案。

西周末年，君主无道，朝政日非，连年大战，民心惶惶。春秋以降，"弑君三十六，亡国五十二，诸侯奔走不得保其社稷者不可胜数。"（《史记·太史公自序》）朝中权臣结党营私，造谣惑众。《小雅·正月》："谓山盖卑，为冈为陵。民之讹言，宁莫之惩。召彼故老，讯之占梦。具曰予圣，谁知乌之雌雄。"他们能把高的说成低的，低的说成高的，都说自己是圣人，令人扑朔迷离，是非难辨。《小雅·小旻》："潝潝訿訿，亦孔之哀"，"发言盈庭，谁敢执其咎"，发表意见的人充满朝廷，但都是相互诋毁，相互推脱，没有一个敢承担责任的。那些正直之人却动辄得咎，噤若寒蝉。《大雅·桑柔》："维此圣人，瞻言百里。维彼愚人，覆狂以喜。匪言不能，胡斯畏忌！"哲人高瞻远瞩，不是不能言，而是不敢言。"念我独兮，忧心京京"，"念我独兮，忧心惸惸"（《小雅·正月》），他们只能茕茕孑立，形影相吊。

"能言者"与"不能言者"的处境大相径庭。《小雅·雨无正》："哀哉不能言，匪舌是出，维躬是瘁。哿矣能言，巧言如流，俾躬处休。""不能言者"常处困窘、忧愁的境地，而"能言者"则常处福禄之中。"能言"与"伪"是紧紧联系在一起的。《小雅·十月之交》中，当权贵族皇父为了给自己的封地建造都邑，在不同"我"商量的情况下就责令"我"搬家，强行拆毁"我"的房屋，并假惺惺地说："曰予不戕，礼则然矣。"二雅的作者们对这种"能言"之人深恶痛绝："蛇蛇硕言，出自口矣；巧言如簧，颜之厚矣。"（《小雅·巧言》）这些巧舌如簧之人，脸皮何等之厚！他们的甜言蜜语只能加剧国家的动乱。

二雅的作者们用诗歌的形式描绘了"辩"给国家和社会带来的混乱和灾难，老子也正是生活在这样一种社会之中，作为"守藏史"，他更清楚地了解这种"辩"的虚伪本质和严重危害，因而从哲学的高度明确提出"绝智弃辩""绝伪弃诈"的主张。竹简《老子》中，还有几章明确反对"辩"："智之者弗言，言之者弗智"（甲组），"犹乎其贵言"（丙组）等。今本第四十五章中的"大辩若讷"，不见于竹简相应的篇章之中，而"大成若缺""大盈若冲""大直若屈""大巧若拙"都出现于竹简，这与老聃"弃辩"的思想是一致的。

老聃与二雅的大部分作者们都属于"士"阶层，他们在周王朝有固定的职业和地位。战国以降，"士"从过去那种封建关系中游离出来，由"有职之人"而演变为"无定主"的"游士"①。他们往来穿梭于各国之间，宣传自己的主张，于是形成了崇辩的风气，也形成了学派之间的对立。在这种社会和学术背景下，竹简《老子》中的"弃辩""弃伪"自然而然地被"弃仁""弃义"所代替了。

三

针对春秋时期的混乱局面，老子提出了自己的"为圣""为士"之道，"无为而治"是其核心内容。二雅也直接表达了"无为而治"的思想，这是两者的又一契合之处。"无为而治"的思想具体表现在以下几个方面。

首先，反对繁重的徭役和苛刻的政令。大雅中的《民劳》《板》《荡》《桑柔》《瞻卬》；小雅中的《节南山》《正月》《十月之交》《雨无正》《小旻》《巧言》《巷伯》等，都反映了厉王、幽王时赋税苛重，民不聊生的现实。二雅的作者们不但反对繁重的徭役，而且反对繁多的法教政令。他们

---

① 余英时：《士与中国文化》，上海人民出版社2003年版，第79页。

认识到繁多的政令只会导致人民做出更多的邪僻之事，因而提出"民之多辟，无自立辟"，"辞之辑矣，民之洽矣"（《大雅·板》），呼吁统治者放松对人民的钳制，让其自然、自由地生活。同样，老子也反对繁重的徭役和繁多的政令，提出"天下多忌讳，而民弥畔。……法物滋彰，盗贼多有"（甲组），"治人事天，莫若啬"（乙组），等等。

其次，对待战争的中庸态度。二雅中的战争诗主要有：小雅中的《采薇》《出车》《六月》《采芑》，大雅中的《江汉》《常武》等。这些诗都没有对具体战斗场面的描写，而是一方面写连年战争给人民带来的苦难，另一方面又歌颂戍边将士的爱国精神，这是一种矛盾的心理。这种矛盾的心理使他们对战争持中庸的态度：在不得已的情况下才进行战争，而且要能做到适可而止。正如朱东润先生所言："通《诗》三百五篇读之，未尝有以战争为乐者。……《六月》之诗言：'严狁匪茹，整居焦获。侵镐及方，至于泾阳。'《采芑》之诗言：'蠢尔蛮荆，大邦为仇。'皆足以见其时中国所受之压迫，不可以一日处，及其逼不得已，整军抵抗，然薄伐严狁，仅仅至于大原，即行退回，而诗人已经有'我行永久'之叹。……《采薇》《出车》两诗，周室全盛之时出兵之诗也，然诗人之怨，已充满于行间。"①二雅的作者们认为，战争的胜利不能靠兵威，而只能靠王道、盛德，他们所希望的是敌人自服、不战而屈。

同二雅的作者们一样，老子也对战争持中庸的态度。他一方面反对战争，他说："以道佐人主，不欲以兵强于天下"（甲组），认为赞美战争就是"乐杀人"，而"乐杀人"者是不可得志于天下的。另一方面，又承认在不得已的情况下用兵的必要性，并提出作战经验"以奇用兵"等。这种矛盾的解决办法也是适可而止，即使战胜了也要"以丧礼居之"，要能做到"功遂身退"。

第三，顺性化民的政治主张。针对繁重的徭役、兵役，苛刻的政令给社会和人民带来的灾难，二雅的作者们和老子都提出了"顺性化民"的主

---

①朱东润：《诗三百篇探故》，上海古籍出版社1981年版，第114—115页。

张。《大雅·板》："天之牖民，如埙如篪，如璋如圭，如取如携。携无曰益，牖民孔易。民之多辟，无自立辟。"按照人民的自然本性去引导万民，而不人为地设置障碍，这样就能轻易地引导万民，使上下相合如埙如篪，如璋如圭。这明显是在提倡"无为而治"。这一主张不但没被采纳，反而被当作笑谈（"老夫灌灌，小子𫍲𫍲。匪我言耄，尔用忧谑。"）。老子也说"下士闻道，大笑之"，他所谓的"道"是："明道如𢽾，夷道如类，［进］道若退。"（乙组）这种以退为进、无为而无不为的思想，在当时是无法被理解的。老子所谓的"民莫之命而自均安""圣人能甫万物之自然而弗能为"，这与《大雅·板》中的"携无曰益，牖民孔易"是完全一致的。受《诗经》影响很深的孔子也提倡这种治国之道，他说："无为而治者，其舜也与！夫何为哉？恭己正南面而已矣。"（《论语·卫灵公》）这也说明春秋时期儒道之间的融合。

结　语

二雅与竹简《老子》，在写作旨趣、思想内容等方面，都存在着一致性，所不同的是：二雅所描绘的多是些具体的现象，而《老子》则从哲学的高度对其进行抽象的概括。章学诚在《文史通义·原道》中，曾较深刻地揭示了这一变化的原因："盖官师治教合，而天下聪明范于一，故即器存道，而人心无越思；官师治教分，而聪明才智不入于范围，则一阴一阳入于受性之偏，而各以所见为固然，亦势也。"[①]春秋以前，政治与思想合一，贵族们"心无越思""即器存道"，所思考的都是与自己有关的具体事情；春秋以后，随着士阶层的扩大，士庶逐步走向合流，士人思想获得更大的自由，开始由"器"而"道"地思考问题，体现出明显的个性特征。老子生活于春秋中期，虽然还没有完全摆脱"官师治教合"的影响，但其"以自隐无名为务"的性格又使他与现实政治保持一定的心理距离，这就

①章学诚著，叶瑛校注：《文史通义校注》（上册），中华书局1994年版，第132—133页。

使他能从哲学的高度，由"器"而"道"，由具体而抽象地去思考问题。总之，《诗经》二雅与竹简《老子》的相同之处，反映了春秋时期儒道两家思想的融合；其不同之处，又反映了由西周到春秋学术个性的变迁。

［原载《安徽师范大学学报》（人文社会科学版）2007年第1期］

孔子说"愚"

一

《论语·公冶长》："子曰：'宁武子，邦有道，则知；邦无道，则愚。其知可及也，其愚不可及也。'"对此句中两个"愚"字的理解自古多歧义，大致可分成两大类：一类是佯愚论，一类是真愚论。

"佯愚论"认为，宁武子在"邦无道"时，能沉潜韬晦，装傻以自保。孔安国曰："佯愚似实，故曰不可及也。"①程子也说："邦无道能沈晦以免患，故曰不可及也。"②杨伯峻秉此说，把"愚"译成"装傻"。③古棣等人说得更明白："因孔子是同他的学生谈话，学生们熟知宁武子'佯愚'的故事，省略'佯'字不致发生误会，而且因为宁武子'佯愚似实'，省略'佯'字更有一种特别的情趣。"④

"真愚论"认为，宁武子在"邦无道"时并没有佯愚以自保，而是不避艰险、尽心竭力地辅佐君主，"愚"应是"愚忠"。朱熹说："按《春秋传》……成公无道，至于失国，而武子周旋其间，尽心竭力，不避艰险。

---

① 刘宝楠：《论语正义》，中华书局1990年版，第197页。
② 朱熹：《四书章句集注》，中华书局1983年版，第81页。
③ 杨伯峻：《论语译注》，中华书局1980年版，第51页。
④ 古棣等：《孔子批判》（下），时代文艺出版社2001年版，第139页。

凡其所处，皆智巧之士所深避而不肯为者，而能卒保其身以济其君，此其愚之不可及也。"①《左传》中有关于宁武子在"邦无道"时，尽忠竭谋辅佐君主的凿凿之据，却没有沉晦以免患的记载。这是朱熹的主要依据。另一位"真愚论"者康有为认为："孔子之道主仁，不贵知巧，而重愚忠，宁武子之愚也，其心术之至仁也。"②韩府《关于宁武的"愚"》一文也认为："孔子真正赞美的是宁武子的那种'知其不可为而强为之'的不屈不挠、勇于献身的精神。"③

"真愚论"和"佯愚论"各执一词，孰是？孰非？元人陈天祥在《四书辨疑》中感叹说："果谓其为佯愚也，却有尽心竭力之勤；若谓其为真愚也，复有保身济君之美。此诚不可晓也。"④笔者认为，要搞清"佯愚"还是"真愚"的问题，关键在于要从整体上搞清楚孔子对"愚"的态度。孔子对宁武子之"愚"明显持肯定态度，从古至今的学者没有人怀疑这一点。假如孔子肯定在"邦无道"时佯愚以自保的变通精神，而反对在"邦无道"时不避艰险、尽心竭力的"愚忠"精神，那么宁武子之"愚"就应是"佯愚"；相反，则是"真愚"。

二

除上章外，《论语》中还有五章以"愚"评论人，分别是：

> 子曰："吾与回言终日，不违，如愚。退而省其私，亦足以发，回也不愚。"（《为政》）
> 柴也愚，参也鲁，师也辟，由也喭。（《先进》）
> 子曰："好仁不好学，其蔽也愚。"（《阳货》）

①朱熹：《四书章句集注》，中华书局1983年版，第81页。
②康有为：《论语注》，中华书局1984年版，第66页。
③韩府：《关于宁武的"愚"——〈论语〉斟疑之三兼答瑞士胜雅律先生》，《孔子研究》2002年第4期。
④陈天祥：《四书辨疑》，文渊阁《四库全书》本。

子曰："唯上智与下愚不移。"(《阳货》)

子曰："古之愚也直，今之愚也诈而已矣。"(《阳货》)

我们对以上诸"愚"——一分析，考察孔子对"愚"的态度。

先来看《为政》篇中孔子对颜回的评价。颜回对孔子的讲学从不提反对意见，孔子怀疑他"愚"，但"等他退回去自己研究，却也能发挥"[①]，孔子又认为他"不愚"。孔子希望学生对他的讲学提出疑问或不同意见，认为做不到这一点而无违于师是"愚"。他还说："举一隅不以三隅反，则不复也。"(《述而》)没有自己的见解而苟同别人的观点是"愚"；相反，能闻一知十、举一反三则是"不愚"。

《先进》："柴也愚"。何晏注曰："愚，'愚直'之愚也。"[②]"愚"字古有"直"意。《说文》："愚，戆也。"《正字通》："戆，急直也。""愚"与"直"意思接近，都指那种过于呆板而不知变通的性格。朱熹引《孔子家语》说明高柴之"愚"曰："足不履影，启蛰不杀，方长不折。执亲之丧，泣血三年，未尝见齿。避难而行，不径不窦。"朱子认为高柴之"愚"是"知不足而厚有余"。[③]《阳货》篇中的"古之愚也直"，也是这个意思。

关于"好仁不好学，其蔽也愚"，孔安国注曰："仁者爱物，不知所以裁之，则愚荡无所适守。"[④]具有仁爱之心，但缺少辨别是非、决定取舍的能力，也是"愚"。孔子主仁也贵智，认为智不但不妨碍仁，反而有助于仁，所谓"智者利仁"(《里仁》)。相反，好仁而乏智之人则易成为"可陷可罔之类"。《雍也》：

宰我问曰："仁者，虽告之曰，'井有仁焉。'其从之也?"子曰：

---

①杨伯峻：《论语译注》，中华书局1980年版，第16页。

②刘宝楠：《论语正义》(下册)，中华书局1990年版，第457页。

③朱熹：《四书章句集注》，中华书局1983年版，第127页。

④刘宝楠：《论语正义》(下册)，中华书局1990年版，第688页。

"何为其然也？君子可逝也，不可陷也；可欺也，不可罔也。"

宰我提出的问题陷人于两难境地：如果这位"仁者"不随之入井，则是不仁；如果随之入井，则是不智，即愚。孔子没有正面回答这个问题，而是说君子应该让他远离，而不可陷害他；可欺骗他，却不可愚弄他。关于"欺""罔"，朱子注曰："欺，谓诳之以理之所有。罔，谓昧之以理之所无。"①孟子也说："君子可欺以其方，难罔以非其道。"②"欺"，近于不违背道义的善意的欺骗；"罔"，则是违背道义的恶意蒙蔽了。"愚直"之人由于"知不足而厚有余"，而易成为"可陷可罔之类"。《先进》载，子路让高柴担任费邑宰，孔子不同意，认为这是在害高柴，这大概是由于"柴也愚"的缘故吧。

古今对"唯上知与下愚不移"中的"下愚"的解释颇多异说。汉代学者孔安国、贾谊、王充等人从道德角度定义"上智"与"下愚"，认为"上智"是极善，"下愚"是极恶，极善不能为恶，极恶不能为善，故曰"不移"。③朱熹则认为，所谓"下愚"不一定指才性的"昏且愚"，而是"自暴自弃"，不是不能移，而是不肯移。④清人阮元、戴震、刘宝楠等也都持"不肯移"的观点。⑤总之，不论是"不能移"还是"不肯移"，有一点是大家都承认的，即没有改变。在这里，"愚"仍有缺少变通之意。

以上诸"愚"虽各有侧重，但有一共同的特质，即缺少灵活、变通性。孔子对这种"真愚"持否定态度，这也是他一贯的态度。那么，对《阳货》中的"今之愚也诈"该怎样理解呢？朱子曰："愚者，暗昧不明。……诈则挟私妄作矣。"⑥照此解释，"愚"与"诈"是没法联系到一

---

①朱熹：《四书章句集注》，中华书局1983年版，第91页。
②杨伯峻：《孟子译注》，中华书局1960年版，第210页。
③刘宝楠：《论语正义》，中华书局1990年版，第678—679页。
④朱熹：《四书章句集注》，中华书局1983年版，第176页。
⑤刘宝楠：《论语正义》，中华书局1990年版，第678—679页。
⑥朱熹：《四书章句集注》，中华书局1983年版，第180页。

起的。杨伯俊译曰："现在的愚人却只是欺诈耍手段罢了。"[①]此译也似不通。笔者认为，此句应是今人佯愚以欺诈之意，此处之"愚"应是"装傻"。孔子既然肯定灵活、变通性，而佯愚以诈恰是灵活、变通性的一种体现，他为什么反对呢？这是因为佯愚以诈是违背道义的，是"罔"而不是"欺"。那么，宁武子佯愚以自保是否违背孔子理想中的道义标准呢？

三

尚变是中国传统文化的基本精神之一，早在春秋时期，孔子就已经把"权"提升为方法论的范畴。他说："可与共学，未可与适道；可与适道，未可与立；可与立，未可与权。"（《子罕》）在他看来，"权"是一种最高最灵活的变通方法论。孔子一生的言行都贯穿着这种知权达变的精神。孔子的第四代私淑弟子孟子深谙其中之道，曰："可以仕则仕，可以止则止，可以久则久，可以速则速，孔子也。"[②]孔子权变精神的目的却在于统一不变的"道"。所以，他一方面讲因时顺势，另一方面又讲"守死善道"，其理想的境界是达到变与不变相统一的中庸之道。"邦无道则愚"，恰是在特殊情况下"变"与"不变"的辩证统一。

纵观孔子一生，前半生周游列国，颠沛流离，"知其不可为而为之"地宣扬其"仁学"主张；后半生退而治学，删修六经以教弟子，希望通过教育来把"仁学"发扬光大。他一生致力于恢复周礼，弘扬圣人之"道"，这是不变之"经"。另一方面，他从没有把君主与圣人画上等号，没有把君主的言行当成不易的圣旨，国君对他来说，只是推行圣人之"道"的工具，此路不通，另谋他途。这又是可变之"权"。杨伯峻说：春秋末期，"率土之滨，莫非王臣"的传统已被打破，"即以孔子而言，从来不曾做过'王臣'。"[③]从孔子所处的时代，及其一生的经历来看，他是不

---

①杨伯峻：《论语译注》，中华书局1980年版，第187页。
②杨伯峻：《孟子译注》，中华书局1960年版，第63页。
③杨伯峻：《论语译注》，中华书局1980年版，第3页。

会提倡对无道之君的"愚忠"的。在这点上，孟子比孔子走得更远，他甚至肯定人臣可以诛杀无道的君主。①

《论语》中，孔子多次提到从容进退、与时俱变的处世态度。他说："邦有道，危言危行；邦无道，危行言孙。""邦有道"，言行方正直率；"邦无道"，行为正直，言语谦顺。刘《正义》引戴望语："正行以善经，言孙以行权。"②此话正点出了孔子的经权观。孔子又说："笃信好学，守死善道。危邦不入，乱邦不居，天下有道则见，无道则隐。"（《泰伯》）或隐或现可根据现实的情况灵活地把握，但"道"是不可违背的，要"守死善道"。在"邦无道"时，顺言以远害，沉晦以自保，是不违背"道"的，这只是行"道"过程中的权宜之计。孔子的学生南容，由于能做到"邦有道，不废；邦无道，免于刑戮"，孔子便把自己的侄女嫁给他（《公冶长》）。

孔子也是以能否恰当地把握进退的时机来评价人的高低的。他评价卫国大夫史鰌和蘧伯玉说："直哉史鱼！邦有道，如矢；邦无道，如矢。君子哉蘧伯玉！邦有道，则仕；邦无道，则可卷而怀之。"《韩诗外传》卷七载，史鰌不论政治清明还是昏浊都刚直不屈，临死时嘱咐其子，不要"治丧正室"，以此劝告卫灵公进用蘧伯玉，斥退弥子瑕。孔子评之曰"直"。蘧伯玉有道则仕，无道则隐，进退裕如，明哲保身，孔子评之曰"君子"。③孰高孰低，一目了然。从孔子对其弟子颜回与子路的评价中，也可看出他对进退问题的态度。颜回是孔子最得意的学生，被孔子列为德行科学生之首。孔子曾评颜回说"用之则行，舍之则藏，惟我与尔有是夫"，而对子路"暴虎冯河，死而无悔"之"直"，孔子则评曰"吾不与也。"（《述而》）

又如《公冶长》：

①杨伯峻：《孟子译注》，中华书局1960年版，第42页。

②刘宝楠：《论语正义》（下册），中华书局1990年版，第554页。

③刘宝楠：《论语正义》（下册），中华书局1990年版，第617页。

（子张）曰："崔子弑齐君，陈文子有马十乘，弃而违之。至于他邦，则曰：'犹吾大夫崔子也。'违之。之一邦，则又曰：'犹吾大夫崔子也。'违之。何如？"子曰："清矣。"曰："仁矣乎？"曰：未知，焉得仁。"

皇侃《义疏》引李充语："违乱求治，不污其身，清矣。而所之无可，骤称其乱，不如宁子之能愚。……未可为智也。"①陈文子以躲避的方式来保住其人格之"清"，不如宁武子佯愚以自保明智。此注符合孔子原意。孔子对伯夷、叔齐的评价也是如此。伯夷、叔齐不食周粟，饿死于首阳山下。孔子一方面赞扬他们"不降其志，不辱其身"的人格，另一方面不同意他们对昏暴之君商纣的愚忠之举，曰："我则异于是，无可无不可。"刘《正义》曰："惟夫子本从心之矩，妙隐见之权，进退俱视乎义。"②

综上所述，邦无道则"愚"与邦无道"言孙"、邦无道则"隐"、邦无道"卷而怀之"应属同意。宁武子佯愚以自保是符合孔子的道义标准的，宁武子之"愚"恰是其通权达变之智慧的表现。综观《论语》中孔子六次以"愚"论人的事例，"愚"有以下三个不同层面的内涵：一是不知"权"之"真愚"；二是权诈；三是权变。权诈与权变的区别就在于是否违背"道"。孔子对前两种"愚"持否定态度，而对第三种持肯定态度。吕绍纲说："在一般的正常情况下守常道遵礼义做事相对地容易，在特殊的非常情况下知权行权则极难能。前者属于道德修养问题，后者既属于道德修养问题也属于智能问题。"③此话准确地诠释了孔子对宁武子的评价，孔子所赞扬的就是那种既能"守死善道"，又能"妙隐见之权"的仁智兼综的品质。

---

①刘宝楠：《论语正义》（上册），中华书局1990年版，第196页。
②刘宝楠：《论语正义》（下册），中华书局1990年版，第730页。
③中国孔子基金会编：《中国儒学百科全书》，中国大百科全书出版社1997年版，第133页。

　　"愚"是中国传统文化之变通精神的典型表现之一，这也是先秦儒道两家思想的一个契合点。尽管儒道两家"道"的内涵不同，但都主张在昏上乱相之际，以表面之"愚"来达到既保身又"守道"之双重目的。《史记·老子韩非列传》记载孔子向老子问学之事。老子语孔子曰："且君子得其时则驾，不得其时则蓬累而行。吾闻之，良贾深藏若虚，君子盛德，容貌若愚。去子之娇气与多欲，态色与淫志，是皆无益于子身。吾所以告子，若是而已。"儒道两家创始人的会面，已经预示了中国文化发展的方向和内容。

　　　　　　　　　　　　　　　　　[原载《东方论坛》2004年第4期]

庄子解脱论新探

——以《庄子》中"心"的义涵为视角

庄子哲学是一种心灵哲学，它通过心对空灵、虚静境界的体验，以实现对现实的否定和超越，从而张扬人的生命力，使人在非自由的现实存在中培植起内心对绝对自由的永恒企慕与追求。可以说，在庄子的哲学体系中，"心"是一个仅次于"道"的核心范畴。《庄子》全书言"心"近200见。关于"心"的这些阐述，集中体现了庄子对人的现实精神存在与终极精神追求的理解。而其中最核心的范畴是"心死"和"心如死灰"。他通过"心死"实现对现实世俗世界的批判，通过"心如死灰"而上达于道，从而完成道家理想人格精神的塑造。这对表面上非常相似的范畴，实际上代表了庄子哲学体的两极，因此是解读庄子思想的一大关键。以往学界在论述庄子思想时，也经常提到这对范畴，但未对其内涵进行过系统的梳理，甚至有将两者混同的现象。本文拟从多方面揭橥"心死"和"心如死灰"的理论内涵，阐述庄子是如何实现由"心死"到"心如死灰"的精神历程的；并进而把"心如死灰"与佛教的"涅槃"进行比较，从而凸显庄子建立于相对主义立场之上的独特的精神解脱思想。

一、心死：本真的丧失与沉沦

先来探讨《庄子》"心死"的内涵。《田子方》中，颜回处处模仿孔子，跟在他后面亦步亦趋，徒具形骸，最终一无所获，孔子评之曰："夫哀莫大于心死，而人死亦次之。"老子与庄子都严格地区分"心死"和"人死"。《老子》说："死而不亡者寿。""死"指人死，"不亡"指心不亡，这里的"心"显然不是指肉体之心，而是指人的精神。徐复观先生说："庄子则很明显的说明道内在化而为人之德（性）。此内在化而为人之德，通过人之心而显发出来，心所显发的还是道；换言之，心即是道之精，即是道之神的分化。所以庄子把心的作用也称之为精神，内在于人的精神，和天地的精神，本是一体。"①庄子所谓的"心死"，是指人本真之心的丧失，"心死"比"人死"更悲哀。

《庄子》中还有两处提到"心死"。《齐物论》："大知闲闲，小知间间；大言炎炎，小言詹詹。其寐也魂交，其觉也形开，与接为构，日以心斗。……近死之心，莫使复阳也。"这里，"近死之心"指充满物欲、技巧、日夜算计、钩心斗角之心。《德充符》："夫保始之征，不惧之实。勇士一人，雄入于九军。将求名而能自要者，而犹若是，而况官天地，府万物，直寓六骸，象耳目，一知之所知，而心未尝死者乎！""心未尝死者"的特点是："官天地，府万物，直寓六骸，象耳目，一知之所知"，即堕肢体、黜聪明，与天地并生，与万物为一，这是保守本始之天性的征验。与这种人相对的是"求名而能自要者"，即心为名迁、不能自脱之人。两者虽同具有"不惧之实"，但"心死者"是由于受名利的诱惑，而"心未尝死者"则是由于超脱了生死的拘限，其内涵是有着本质区别的。

可见，《庄子》所谓的"心死"是指人的自然本心的消失，而代之以充满物欲、技巧、伪善等外在之物之心，它又被表述为"成心""机心""贼心"等。造成"心死"的原因在于对待意识的产生、物欲的诱惑、时空的拘限和道德的束缚等。

对待意识的产生是造成"心死"的根本原因。庄子认为，人心的本然状态是"混沌"未分的整一，"不知说生，不知恶死；其出不䜣，其入不距；翛然而往，翛然而来而已矣"（《大宗师》），而随着对待意识的产

---

① 徐复观：《中国人性论史·先秦篇》，上海三联书店2001年版，第363页。

生，便有了是非观念的对立，"是非之彰也，道之所以亏也"（《齐物论》），于是"趣舍滑心，使性飞扬"（《天地》）。"趣舍"即取舍，它能破坏人自然宁静的心态，而使人逐物迷己，困而不返。建立在对待意识之上的嗜欲是人类心灵自由的最大桎梏。庄子说："其耆（嗜）欲深者，其天机浅。"（《大宗师》）如射而赌物者，以瓦作赌注时其心思灵巧，以钩作赌注时其心里恐惧，以黄金作赌注时其心智昏乱，这就是"外重者内拙"（《达生》）。庄子把人生形象地比喻为"倒悬"，这条捆绑人的手脚，并把人倒悬起来的绳索，就是人与生俱来的欲望。

造成"心死"的原因还有时空的拘限和道德的约束。《秋水》："井蛙不可以语于海者，拘于虚也；夏虫不可以语于冰者，笃于时也；曲士不可以语于道者，束于教也。"人之眼界的高低、心胸的广狭都与其所处的时空有很大关系。"束于教"之"教"是指世俗的道德规范，它只能扭曲人的心灵，破坏人心灵的自由，"缮性于俗学，以求复其初；滑欲于俗思，以求致其明；谓之蔽蒙之民"（《缮性》）。用世俗之伦理规范来修治人的本性，以求复归其本初，其实就是在蒙蔽人民。

综上所述，《庄子》之"心死"是指无分别、无对待的本然之真心的丧失，造成"心死"的最根本的原因在于对待意识的产生，以及对待意识产生后，来自外界物欲的诱惑、时空的拘限和礼教的束缚等。因此，要使近死之心"复阳"，就要超越是非两极的对待，冲破时空的拘限和礼教的束缚，从而解除"倒悬"，臻于"心如死灰"的逍遥境界。

二、心如死灰：与道合一之境

"心如死灰"在《庄子》一书中直接出现四次。《齐物论》："南郭子綦隐机而坐，仰天而嘘，嗒焉似丧其耦。颜成子游立侍乎前，曰：'何居乎？形固可使如槁木，而心固可使如死灰乎？今之隐机者，非昔之隐机者也。'子綦曰：'偃，不亦善乎，而问之也！今者吾丧我，汝知之乎？'""形如槁木"与"心如死灰"对举而现，前者是后者的外在表现，后者是前者的内在根源。"心如死灰"的内涵是"丧其耦""吾丧我"。"我"指具有偏执之见的个体之我，即"小我"；"吾"则指破除了"物执""我执"的"与天地并生，与万物为一"的"大我"。"大我"的特点是"人貌而天虚"（《田子方》），俞樾《庄子平议》云："'人貌而天虚'，即人貌而天心，言其貌则人，其心则天也。"这里，"天心"就是如死灰之心。在《徐无鬼》一篇中，庄子也对"心如死灰"的特征作了相似的描述。

《知北游》载，被衣向啮缺讲为"道"的秘诀，话没说完，啮缺已睡着，被衣赞之曰："形若槁骸，心若死灰。真其实知，不以故自持。媒媒晦晦，无心而不可与谋。"成玄英疏曰："谈玄未终，斯人已悟，坐忘契道，事等睡瞑。""心若死灰"是体道精神状态的一种形象表述。

《庚桑楚》中，老子传授"卫生之经"曰："儿子动不知所为，行不知所之，身若槁木之枝而心若死灰。若是者，祸亦不至，福亦不来。祸福无有，恶有人灾也！"这里，"心如死灰"是说像婴儿那样"动不知所为，行不知所之"。在《达生》篇中，庄子用一则寓言说明了此"卫生之经"。鲁国有个叫单豹的人，隐居深山，与世无争，到了七十岁了脸色还像婴儿一样，但不幸有一天被老虎吃掉了。还有个叫张毅的，本地的大家小户没有他不走动过的，可是到了四十岁时便得了内热病死掉了。前者注意保养内心，可老虎从身外吃掉他；后者注意保全身外，而病却从内心侵害他。太藏太露都会招致祸端，最安全的办法就是"无入而藏，无出而阳，柴立其中央"。"柴立"是说形如槁木，而"心如死灰"也已暗含其中。成玄英疏曰："不滞于出，不滞于处，出处双遣，如槁木之无情，妙合二边，而独立于一中之道。""柴立其中央"并不是说处两端之中间，而是立于无入无出，亦入亦出的"环中"，以无心而顺有，以无为而应物。这是一种超越出入两极对待的本然状态。

具体而言，"心如死灰"有如下特点：

其一，一动静。"心如死灰"最主要的特点是静，但这种静又不是绝对的静止，而是于动中获得的静，是静与动的融合。这可从两个方面理解：一是以静应动。庄子说："圣人之静也，非曰静也善，故静也；万物无足以挠心者，故静也。"（《天道》）《大宗师》篇称这种修养功夫为"撄宁"。"撄"，烦扰也，"宁"，宁静也，虽撄而宁，动不伤寂。二是以静驭动。庄子说："虚则静，静则动，动则得矣。"（《天道》）"静"指内心排除了主观杂念和纷杂现象之后的凝静纯一。"动"，一方面指端坐寰宇之中而心游四海之外的"游心"（《人间世》），另一方面指与时俱化、效物而动的"日徂"（《田子方》）。前者是由静而动、动静相济的心灵之"神游"，后者是以静制动、无为而无不为的处事之道。

其二，合虚实。"心如死灰"的特点是"人貌而天虚"，但这种"虚"又不是绝对的虚无，而是虚与实的合一。《应帝王》说："体尽无穷，而游无朕；尽其所受乎天，而无见得，亦虚而已。至人之用心若镜，不将不逆，应而不藏，故能胜物而不伤。""虚"有两层含义：一是"体尽无穷，而游无朕"，即体悟广大无边之"道"的境界，游心于寂静的境域；二是"尽其所受乎天，而无见得"，即承受着自然的本性，而不自我夸矜。"虚"并非让人"空诸所有"，而是让人"实诸所无"，虚为体，实为用，以无驭有，以虚运实，虚实结合，以应无穷，也即"胜物而不伤"。

其三，超时空。道是超越时空拘限的。"道未始有封"，它"在太极之先而不为高，在六极之下而不为深，先天地生而不为久，长于上古而不为老"（《大宗师》）。"心如死灰"是体道的境界，因而此境界也是超越时空的，庄子所谓"精神四达并流，无所不及"（《刻意》）。超越时空的拘限，就可以"上与造物者游，而下与外死生，无终始者为友"（《天下》）。庄子又把这种境界描绘为"出六极之外，而游于无何有之乡"（《应帝王》）、"入无穷之门，以游无极之野"（《在宥》）等。

其四，绝对待。"心如死灰"一动静、合虚实、超时空的特点，最终是由其绝对待的特点所决定的，《齐物论》中的"丧耦""丧我"都是对这一特征的表述，《大宗师》中的"见独"也表达了同样的思想。这种超越两极对待而归于独一的方法也叫"两行"。庄子说："独与天地精神往来而不敖倪于万物，不谴是非，以与世俗处。"（《天下》）这句话解释了"两行"的内涵：一、是非并行。"不谴是非"并不是否定是非的存在，而是超越是非，不为是非所役使。二、内外并行。"独与天地精神往来"，故内能"与天为徒"；"不敖倪于万物""与世俗处"，故外能"与人为徒"。超越对待，就会进入物我双遣，人我两忘的"明道"境界。

三、从心死到心如死灰：本真的回归与超越之路

从"心死"到"心如死灰"，要经历一个排除"名""谋""事""知"等功利要素的过程，老子称之为"为道"，庄子称之为"心斋""坐忘""刳心""丧我"等。《大宗师》把这个过程描述为：外天下→外物→外生→朝彻→见独→无古今→不死不生。王孝鱼把这七个阶段概括为两大进程：第一进程为"外天下→外物→外生"，称"突破三关"；第二进程为"朝彻→见独→无古今→不死不生"，称"四悟"。①第一个进程其实就是一个破除物欲的束缚、时空的拘限、形智的阻滞，而让心灵超拔出来的过程；第二个进程是在上一进程的基础上，进而达到与"道"合一、"心如死灰"的心理状态的过程。

在《则阳》篇中，庄子用一则寓言讲述了这个由"心死"到"心如死灰"的过程。魏莹和田侯牟订了盟约，后来田氏违背了盟约，魏莹大怒，大将公孙衍建议他攻打田氏。贤臣季子听说后，劝魏王不要动武，并指责公孙衍作乱。魏国的另一贤臣华子听说后，对魏王说：主战的人是作乱的人，反战的人也是作乱的人。他建议魏王"求其道"。接着，庄子又借戴晋人之口解释了"求其道"的方法。戴氏给魏王讲了蜗角触蛮的故事后，进一步启发他说：

> "君以意在四方上下有穷乎？"君曰："无穷。"曰："知游心于无穷，而反在通达之国，若存若亡乎？"君曰："然。"曰："通达之中有魏，于魏中有梁，于梁中有王；王与蛮氏有辩乎？"君曰："无辩。"

①王孝鱼：《庄子内篇新解　庄子通疏证》，岳麓书社1983年版，第126页。

客出，而君惝然若有亡也。（《则阳》）

戴晋人首先引导魏王突破时空的拘限，破除世俗是非观念的束缚，使其精神驰骋于无穷无尽的空间，然后反观熙来攘往的现实，这时，是非善恶之心顿然消失，自己与蛮氏也没有了区别，纠纷自可消除了。魏王"惝然若有亡"，正是"吾丧我"的"心如死灰"的境界。

面对人生的诸多烦恼与痛苦，庄子试图给人类指出一条从枷锁到自由的解脱之路，这与佛教有许多相似之处。下面试对庄子的"心如死灰"与佛教的"涅槃"作一比较，以便进一步凸显庄子精神解脱思想的独特内涵。涅槃，为梵文 Nirvāna 的音译，意译为灭、灭度、寂灭，意思是对生死诸苦及其根源的最彻底的断灭。印度部派佛教把涅槃分为有余涅槃和无余涅槃两种，前者指断除贪欲，灭尽烦恼，但作为果报的现受色身还存在；后者是指不仅作为业报之因的烦恼已断，而且作为业报之果的现受色身也断灭了，从而达到了一种灰身灭智，永不受生，再无生死流转的境界。如果说小乘佛教的最高佛果是只能达到"灰身灭智"的无余涅槃的话，那么大乘佛教的最高佛果则是无住处涅槃。《成唯识论》卷十："无住处涅槃，谓即真如出所知障，大悲般若常所辅翼，由斯不住生死涅槃，利乐有情，穷未来际，用而常寂，故名涅槃。"[1]即不仅要从"烦恼障"（我执）中得到自我解脱，更重要的是还要从"所知障"（法执）中得到解脱，并以大慈大悲的精神利乐有情，因而其虽然已不再流转生死轮回，但也不脱离世间。在大乘佛教看来，涅槃实质上是"一种排除了一切主观感受和外在事物的干扰而达到的超时空、超经验、超苦乐、超越世俗世界的永恒寂静的安乐境界"[2]。

由此可见，小乘佛教的涅槃理论重点在于强调涅槃"灰身灭智""捐形绝虑"的寂灭相，它强调的是"虚""静"，这在表面上与庄子"身如槁木，心如死灰"相似，但庄子之"心如死灰"并不是绝对的静止，而是静

---

①《大正藏》第31册第55页。
②洪修平：《国学举要·佛卷》，湖北教育出版社2002年版，第117页。

中有动，并不是绝对的虚空，而是虚实的合一。相形之下，庄子的"心如死灰"更接近大乘佛教的涅槃理论，两者都是超时空、绝对待、合虚实、一动静的，但两者也有较大的不同。"心如死灰"的理论是建立在相对主义的基础之上的，正是由于夸大事物的相对性、流变性，泯灭事物之间的界线，人的内心才会从是是非非的现实世界中超拔出来，保持如死灰般之宁静。大乘涅槃理论是建立在"诸法性空"的基础之上的，这里"空"并不是绝对的虚无，而是不真即空。"心如死灰"虽主张对现实世界采取超越世俗的"无心"态度，但其并不否定现实世界的真实存在，而大乘涅槃理论则彻底否定了现实世界的真实性。因此，虽同是超越对待的，但前者是主观上不去分别，而后者则是客观上无可分别；虽同是虚实的合一，但前者是虚中有实，实中有虚，而后者则是"齐万物于一虚"（《肇论·答刘遗民书》）；虽同是动静的合一，但前者是以静应动，动不伤寂，而后者则是非动非静，动静皆空。

［原载《河北学刊》2007年第2期］

论魏晋南北朝大乘佛教对妇女精神风貌的影响

　　从西周父权制度的确立到十九世纪末，近三千年的文明史中，中国妇女整体来说处于被压抑、被奴役的地位，但魏晋南北朝女性却出现了积极追求与男性的平等、具有较强的参与社会政治事务的意识和相对淡薄的贞节观念等新的精神风貌。对这一现象，以往学界多从魏晋士风的影响和胡人文化的影响等方面来解释，①但还有一个重要因素往往被忽略了，这就是大乘佛教的影响。②正是由于大乘佛教、胡人文化、魏晋士风等多种因素的合力作用，魏晋南北朝女性精神风貌较东汉发生了很大的转变。本文试图揭橥魏晋南北朝大乘佛教的流行对女性精神风貌所产生的影响。

---

　　①参见庄华峰：《魏晋南北朝时期妇女的个性解放》，《中国史研究》1993年第1期；李平：《魏晋南北朝小说所体现的妇女自觉意识》，《大庆社会科学》1995年第1期；李聪、赵志坚：《魏晋南朝妇女婚姻散论》，《齐鲁学刊》1997年第5期；李琼英：《六朝女性风貌述论》，《许昌师专学报》1999第1期；李文才：《魏晋南北朝时期妇女社会地位研究——以上层社会妇女为中心考察》，《社会科学战线》2000年第5期；段塔丽：《北朝至隋唐时期女性参政现象透视》，《江海学刊》2001年第5期；等等。

　　②关于魏晋南北朝女性与佛教的关系，已经出现了一些研究成果，如：宁可、郝春文：《北朝至隋唐五代间的女人结社》，《北京师范学院学报》（社会科学版）1990年第5期；夏毅辉：《北朝皇后与佛教》，《学术月刊》1994年第11期；许智银：《论北魏女性出家为尼现象》，《许昌师专学报》2001年第6期等。但是，从理论上论述佛教对当时女性个性解放所产生的影响，这方面的研究成果极少。

一

佛教于两汉之际传入中国，至魏晋南北朝时期形成第一个发展高峰。当时人们对佛教的接受存在着侧重教义理论与侧重信仰实践两种不同的路向，前者可称为学理佛教，后者可称为民俗佛教。①学理佛教以经典为中心，对教义有全面而深刻地理解和把握，一般在知识程度较高的教徒中流行；民俗佛教以偶像崇拜为中心和求福求运为主要特征，一般在知识程度较低的教徒中流行。当然，也有一些既重义理探讨又重信仰实践的信徒，如东晋名僧道安既是著名的般若学者，又是虔诚的弥勒净土的信仰者。

魏晋南北朝时期的学理佛教大致可分为两个阶段，一是魏晋时期的般若性空之学，二是南北朝时期的涅槃佛性之学。般若学"在理论上把性空与方便统一起来，在认识上和方法上把名言与实相、俗谛与真谛统一起来，在宗教实践上把世间与出世间、烦恼与涅槃统一起来，始终坚持'假有性空'、不着有无的'中道'立场"。②晋宋之际，般若学趋于沉寂，逐步被日益兴盛的涅槃学所取代。在由般若之"真空"向涅槃之"妙有"转变的过程中，竺道生起了至关重要的作用。他首倡的"人人悉有佛性"，后经《大般涅槃经》的证实，遂成为中国佛性论的主流。般若学与涅槃学虽有很大的不同，但也有两个非常重要的契合点：一是都主张众生的平等，只不过般若学所谓的"平等"是指众生在般若实相上的平等，而涅槃学所谓的"平等"是指众生在佛性上的平等，但都认为人人皆可成佛。二是两者都努力消弭出世间与世间的界线，把佛教世俗化。这两方面的契合，为魏晋南北朝女性追求与男性的平等提供了深层的理论前提。

我们探讨魏晋南北朝大乘佛教对女性精神风貌的影响，不能仅仅依靠学理上的推演，因为学理佛教对一般僧尼和信徒的影响是有限的，我们还

---

①王青：《魏晋南北朝时期的佛教信仰与神话》，中国社会科学出版社2001年版，第1页。

②洪修平：《中国佛教文化历程》，江苏教育出版社1995年版，第22页。

必须搞清楚当时民俗佛教的特点。魏晋南北朝时期的民俗佛教主要有阿弥陀信仰、弥勒信仰和观音信仰，尽管这几种信仰在教理教义上和戒律修行上存在着较大的差异，但又都表现出明显的世俗化、简易化和表面化特征。如弥陀信仰认为，一切众生只要一心称念阿弥陀佛的名号，死后都会被接引到"无有众苦，但受诸乐"的阿弥陀佛国中去。又如，《妙法莲花经·观世音菩萨普门品》："观世音菩萨，以何因缘名'观世音'？佛告无尽意菩萨，善男子，若有无量百千万亿众生受诸苦恼，闻是观世音菩萨，一心称名，观世音菩萨即时观其音声，皆得解脱。"①普通僧尼和信徒对观世音菩萨的理解就像这句话所说的那样，只要能一心信奉，就能逢凶化吉，遇难成祥。这种世俗化、简易化、表面化的接受方式，从积极方面来说，为人们把大乘佛经中那些本体意义上的平等，落实到实践的层面提供了可能。

在中国佛教史上，相对于经、论二藏而言，律藏要滞后的多。虽然三国时的昙柯迦罗已把律藏传入中土，但影响甚微，道安《渐备经序》说："云有五百戒，不知何以不至。此乃最急。四部不具，于大化有所缺。"②直至姚秦弘始六年（404），罗什才开始正式翻译律藏。元代《法宝堪同总录》记录了从后汉永平十年至元代至元二十二年（67—1285）一千二百余年间所译大小乘经律论三藏的数量，列表如下：

藏别 乘别	经藏	律藏	论藏
大乘	897部2980卷	28部56卷	118部628卷
小乘	291部710卷	69部504卷	38部708卷

从上表可以看出：第一，大乘经、论的数量远远高于小乘经、论的数量；第二，经的数量远远高于律的数量，大乘经是大乘律的32倍，小乘经是小乘律的4倍多；第三，尽管小乘经的数量还不到大乘经的三分之一，

---

① 《大正藏》第9册第56页下。
② 《大正藏》第55册第62页下。

但小乘律的数量却是大乘律的2.5倍。这几组数字基本可以反映出中国古代佛教的容受特点：大乘佛教比小乘更流行，总体来说中国佛教持戒较宽，大乘更宽松。

大乘戒律的宽松可以从其教义上得到解释。小乘佛教的出发点是"出离心"，即要求自我解脱，"出离"生死，趋证涅槃，僧众大都出家禁欲，持戒谨严。大乘佛教的出发点是"菩提心"，立志成佛，广度众生，其理论的核心是真俗不二、染净不二，其行动的准则不再是律仪，而是所谓的"方便善巧"。大乘虽然也有"四根本戒"（不杀、不盗、不淫、不妄语）等，但其内容已与小乘大不相同，"其侧重限制的是受戒者的思想动机，而非行为的实际后果。衡量思想功机是否纯正，最根本的一条是对'大乘'的态度，若勤于'大乘'，就是忠于'本戒'，在'大乘'的名义下，可以不受任何约束。"①《大般涅槃经·金刚身品》典型地说明了这一思想："不受五戒，为护正法，乃命大乘。"本品又云："若诸菩萨为化众生，常人聚落，不择时节，或至寡妇、淫女舍宅，与同住止，经历多年。若是声闻所不应为，是名调伏利益众生。"②为了"护正法"和"调伏利益众生"，开杀戒、淫戒，都不算破戒。

综上所述，魏晋南北朝时期的佛教以大乘为主，大乘佛教赋予每个人成佛的权利，这为当时女性追求与男性的平等提供了深层的理论前提；修行方式上的世俗化、简易化、表面化倾向，为人们把大乘佛经中那些本体意义上的平等，落实到实践的层面提供了可能；"善权方便"的解脱方式和相对宽松的戒律，又为人们冲决传统伦理观念的束缚打开了方便之门。总之，不论从教理教义上，还是修行方式上，大乘佛教都为魏晋南北朝女性新风的形成提供了必要的前提条件。

---

①杜继文主编：《佛教史》，中国社会科学出版社1991年版，第214页。

②《大正藏》第12册第384页上、中。

二

魏晋南北朝时期流行的大乘佛经中，有大量的有关"妇女解放"的思想，具体而言，主要表现在以下几个方面。

(一)肯定女性与男性的平等

在早期的小乘佛教中，妇女往往被当作淫欲、邪恶的标志，被排除在成佛的大门之外。如《四十二章经》："天神献玉女于佛，欲以试佛，意观佛道。佛言：'革囊众秽，尔来何为？'"①释迦牟尼也曾三次拒绝其养母提出的允许妇女加入僧团的请求，认为这样会使佛教早灭五百年。魏晋南北朝时期翻译的许多大乘佛经，却赋予了女性与男性同样的成佛的权利。

《佛说超日明三昧经》中，上度比丘说"不可女身得成佛道"，理由是"女有三事隔、五事碍"。"三事隔"指女子"少制父母""出嫁制夫""长大难子"，因而没有自由；"五事碍"指女子"不得作帝释""不得作梵天""不得作魔天""不得作转轮圣王""不得作佛"，这是因为女子"淫恣无节""轻慢不顺""毁疾正教""淖情匿态""身口意异"等。长者女慧施针对上度比丘的上述观点，进行了有力的批驳。她说，世间万法"譬如幻师化作日明、帝释、梵天、转轮圣王、天龙鬼神、人民、禽兽，随意则现，恍惚之间则不知处"，一切都是"本无处所，随行而行"。既然"一切无相，何有男女？"既无男女，"吾取佛者，有何难也？"从而，在理论上为女子夺取了成佛的权利。②《宝女所问经·宝女品》提出"无男子法，无女人法"，否定女身是一种"恶报"的观点。③《佛说长者女庵提遮师子吼了义经》中，小乘佛教中的最高智者舍利弗问庵提遮：你既然有这么好的辩才，这么高的智慧，为什么不能离"女相"？庵提遮反问：你是否是

①《大正藏》第17册第723页中。
②《大正藏》第15册第541页中。
③《大正藏》第13册第460页中。

"男相"？舍利弗不论回答"是"，还是"不是"，都是执着于"有相"，"有相"则不得解脱。舍利弗回答："我虽色是男，而心非男也。"庵提遮进一步驳斥："说'我色是男，而心非男'者，即'心'与'色'有所二用也。"①舍利弗心存分别，是内心不净的表现。

不仅小乘佛教的理论代表人物上度比丘和舍利弗执着于"男相""女相"的分别，就连大乘佛教中的某些菩萨也没有摆脱这种偏见。如《诸佛要集经》中，文殊师利菩萨问"离意女"："何故不转女身？""离意女"提出了一系列的反问："达诸法者有男女乎？""计于色者有男女乎？""受想行识有男女乎？""地水火风有男女乎？""虚空旷然，无有边际，不见处所，有男女乎？""所说文字本末有处所，得男女乎？"文殊师利皆回答"无也"。于是，她反问："一切诸法悉如虚空，当以何因转于女像成男子乎？""离意女"从五蕴、四大、六入等世间万法的构成要素都无男女之分的角度，有力地批驳了文殊师利对"男相""女相"的执着。②

以上事例中，慧施、宝女、庵提遮、"离意女"等人对女性与男性平等，及女性成佛权利的维护，都是建立在般若学"性空幻有"的理论基础之上的。般若学认为，万法都是因缘合和而成，故无自性，无自性即为空；但空又不是绝对的虚无，还有假有的现象存在，即所谓"幻有"，般若思想就是由"性空"与"幻有"这一对范畴所构成，故不能单独执着于某一方面。从"性空幻有"的角度看，万法都是平等的，"平等则道之本"③，这里所谓的"平等"是指众生在般若实相上和了悟性空的智慧上的平等，而不是存有层面上的平等，但当把这种本体意义上的平等落实到现实生活领域中时，就有可能成为世俗女性争取与男子平等权利的理论武器。

(二)肯定女性可以做"转轮王"

大乘佛教赋予女性与男子同样成佛的权利，事实上也就解除了"三事

---

① 《大正藏》第14册第964页中。
② 《大正藏》第17册第768页中。
③ 《佛说须真天子经·道类品》，见《大正藏》第15册第110页中。

隔""五事碍"对女性的束缚,赋予了她们成为"转轮王"的权利。《宝女所问经》中的"宝女"就是"转轮王"。①《大方等无想经》中,佛预言"天女"以女身"当王国土":"汝于彼佛暂得一闻大涅槃经,以是因缘今得天身。值我出世,复闻深义,舍是天形,即以女身当王国土。"②此经中还记载,佛预言在他涅槃后七百年,南天竺有一小国叫无明,国王有一女儿叫增长,"其王国土以生此女,故谷米丰熟,快乐无极,人民炽盛,无有衰耗、病苦、忧恼、恐怖、祸难,成就具足一切吉事,邻比诸王咸来归属。"国王忽然崩亡,"尔时诸臣即奉此女继王嗣。女既承正,威伏天下,阎浮提中所有国土,悉来承奉,无拒违者。"③在魏晋南北朝流行的大乘佛经中,类似这些预言女子可以做转轮王的例子还有不少,这对激发当时女性的参政意识起了十分重要的作用。唐代,武则天就是篡改并利用《大方等无想经》为自己登上皇位做舆论宣传的。④

(三)对传统女性贞节观念的冲击

大乘佛经以"缘起性空""净染不二"为核心,大量采用男女性爱之语来解释教义。《般若道行经·萨陀波伦菩萨品》中的昙无竭"有六百八十万夫人、采女共相娱乐",照样"为数千巨亿人中说般若波罗蜜"。⑤《佛说须真天子经·道类品》说:"道从一切爱欲中求","淫怒痴尽是故道","如行爱欲行道亦尔"⑥,等等,这里所谓的"道"是指"佛性"。鸠摩罗什译《维摩诘所说经》中,维摩诘居士出入妓院,也是化度众生的方便法门。罗什本人也是如此。《出三藏记集·罗什传》:"姚主尝谓什曰:

---

①《宝女所问经·宝女品》:"佛告舍利弗,欲知尔时转轮圣王,福报清净者,岂异人乎?莫造斯观,则是宝女,斯宝女者于维卫佛。"见《大正藏》第13册第460页上。
②《大云初分如来涅槃健度第三十六》,见《大正藏》第12册第1097页下。
③《大云初分增长健度第三十七》,见《大正藏》第12册第1107页下。
④敦煌残卷《大云经神皇授记义疏》云:"经曰'即以女身,当王国土'……,今神皇王南阎浮提一天下也。"
⑤《大正藏》第8册第473页上。
⑥《大正藏》第15册第110页中。

'大师聪明超悟，天下莫二，若一旦后世，何可使法种无嗣？'遂以妓女十人逼令受之，自尔以来不住僧房，别立廨舍，供给丰盈，每至讲说，常先自说，譬如臭泥中生莲花，但采莲花，勿取臭泥。'"①这种化度众生的方法称为"秽解脱法"。②根据这种理论，妓女照样可以"成就离欲实际清净法门"而成佛，《大方广佛华严经·入法界品》中的妓女婆须蜜多，《大净法门经》中的"逸女"，都成了佛。

这种身入污泥而心如莲花的净染不二法门，在理论上也许能引导众生走上解脱之路，而在实际上却冲决了儒家"男女授受不亲"的禁忌。南朝的荀济在上奏中说："佛妖僧伪，奸诈为心；堕胎杀子，昏淫乱道。"③北朝的刘昼也指责说："损胎杀子，其状难言。今僧尼二百许万，并俗女向有四百余万，六月一损胎，如是则年族二百万户矣。"④这种风气并不仅仅拘限于寺院，拘限于僧尼之间，还扩展到民间，甚至宫廷，如张普济说："荒秽之淫僧游于宫内，恣行非法，凡是妃主莫不通淫，百姓苦之而上不觉。"⑤这种风气对当时的社会造成了一定的不良影响，但从另外一个方面来看，它对冲破两汉以来贞节观念对妇女的束缚，激励她们自由大胆地去追求恋爱、婚姻的自由也起到了一定的积极作用。

三

《洛阳伽蓝记·瑶光寺》："讲殿尼房，五百余间……椒房嫔御，学道之所，掖庭美人，并在其中。亦有名族处女，性爱道场，落发辞亲，来仪此寺。屏珍丽之饰，服修道之衣，投心入正，归诚一乘。"⑥魏晋南北朝女

---

① 《大正藏》第55册第101页下。
② 《僧伽罗刹所集经》卷下："若法眼清净，亦观彼法身，无有众生想。若复作是观，亦不言禁戒。……如是秽解脱法。"见《大正藏》第4册第139页上。
③ 《广弘明集》卷七《叙列代王臣滞惑解下》，见《大正藏》第52册第131页上。
④ 《广弘明集》卷六《列代王臣滞惑解上》，见《大正藏》第52册第128页上。
⑤ 《广弘明集》卷六《列代王臣滞惑解上》，见《大正藏》第52册第127页下。
⑥ 《大正藏》第51册第1003页上。

性佛教信徒数量之大，由此可见一斑。大乘佛教的妇女观对当时女性产生了重大影响。

（一）追求与男性的平等

魏晋南北朝时期，女性与男性平等地位的获得首先表现在佛事上。妇女佛社大约兴起于东晋至南北朝时期，"这种妇女佛社，在北朝时期空前兴盛，它们以地域为主，往往由某一村邑的女人自愿组成，规模大致在二十几人到七十几人之间，成员称为邑母、邑子、法义或某母等，首领称为法义王、像主、都维那、维那等，多数主要从事以造像为中心的佛教活动。妇女们除了自己组织佛社外，还常常和男子混合结社，在这种佛社中，女子拥有与男子同等的地位。"①女子不但能像男子那样结社活动，还能像男子那样讲经论法。北魏李彪之女，既深谙儒家经典，又精通佛理，被世宗召为婕妤。世宗死后，李氏出家为尼，"通习经义，法座讲说，诸僧叹重之"（《魏书》卷62）。这种与男子平等地位的获得，与受大乘佛教反对执着"男相""女相"，主张男女性智平等思想的影响是分不开的。

魏晋南北朝女性在追求与男性平等的道路上越走越远，甚至出现了"持制夫为妇德"的现象。《魏书·临淮王谭传附孝友传》："父母嫁女，则教之以妒；姑姊逢迎，必相劝以忌。持制夫为妇德，以能妒为女工，自云不受人欺，畏他笑我。"原始佛教把"贪""瞋""痴"称为"三毒"，是要坚决戒绝的，大乘佛教虽然也主张戒"三毒"，却赋予了它新的解释。《诸法无行经》云："贪欲是涅槃，恚、痴亦如是，于此三事中，有无量佛法！若有人分别，贪欲、瞋恚、痴，是人去佛远，譬如天与地！贪欲与菩提，是一而非二，皆入法门，平等无有异！"②从缘起性空之平等法门来看，贪欲即法性，贪欲即涅槃，二者是一相即无相，相即而不二的。这种思想在不以义理为研究对象的广大下层妇女信徒中产生的影响是可以想象

①庄华峰：《北朝时代鲜卑妇女的精神风貌》，《安徽师范大学学报》（人文社会科学版）2001年第2期。

②《大正藏》第15册第759页下。

的。在一定程度上可以说，"制夫"与"妒"现象是中国古代妇女长期遭受压抑的内心在大乘佛教的诱发下而得到爆发的表现。

(二)积极参与社会政治事务

魏晋南北朝时期，佛教虽然获得了极大的发展，但它仍没有摆脱对儒家思想的依附地位，入世参政的思想终始压倒出世的思想，此期的不少名僧还是政治的直接参与者，如佛图澄事石勒、石虎，道安、鸠摩罗什事符坚等。大乘佛教的"不二法门"，不但不反对僧人参政，而且还肯定女性参政的合法性。

东晋时的尼姑妙音就是一个在政治舞台上十分活跃的女性。梁释宝唱《比丘尼传》云："妙音，未祥何许人也。幼而志道居处京华，博学内外善为文章。晋孝武帝、太傅会稽王道子并相敬奉。……权倾一朝，威行内外。"北朝是佛教流行最盛，女性信徒最众，且女性参政意识最强的一个时期。北魏冯太后两次临朝听政长达25年，"生杀赏罚，决之俄顷"；灵太后控制朝政达十余年，"亲览万机，手笔断决"（《魏书》卷13）。北魏政坛还有两位特殊的女性，一位是太武帝的保姆惠太后，一位是文成帝的乳母昭太后。这两位出身卑微的女性，凭借与帝王的特殊关系，竟能干预北魏政治多年，这在中国历史上是不多见的。这几位特殊的女性是否像后来的武则天那样利用《大云经》为自己的擅权制造理论依据，历史没有明确的记载，但在她们生活的时代《大云经》已经流行，且她们又都是佛教的信奉者[1]，说她们在一定程度上受大乘佛教"女身当王国土"思想的影响，应该是没问题的。与朝中妇女参与朝政相呼应，民间则出现了妇女"持门户"的现象。《颜氏家训·治家》说："邺下风俗，专以妇持门户，争讼曲直，造请逢迎，车乘填街衢，绮罗盈府寺，代子求官，为夫诉屈。"这种从上到下妇女参政的热情，当然与胡人文化中母系社会遗风的影响有关，但与当时大乘佛教的流行也是分不开的。

---

[1]夏毅辉：《北朝皇后与佛教》，《学术月刊》1994年第11期。

（三）贞节观念的淡薄

早在先秦时期，中国古人对女子的贞节问题就有明确的要求，如《易传·象下》云："妇人贞洁，从一而终也。夫子制义，从妇凶也。"《礼记》又把女子的"从一而终"用"礼"的形式规范下来，但此时还没将"不更二夫"作为对贞女的绝对要求。"三纲五常"思想经过董仲舒的全面论证，至东汉的《白虎通义》，以近于国家法典的形式固定下来，男尊女卑、女子"从一而终"，遂被纲常化、教条化。从班昭在《女诫》中对自己女儿的谆谆教诲，我们可以看出当时礼教对女性的束缚。"夫有再娶之义，妇无二适之文，故曰：'夫者天也。'天固不可逃，夫固不可违也。行违神祇，天则罚之；礼义有愆，夫则薄之。"夫可再娶，妇无二嫁，女子再嫁，就是大逆不道，就要遭受天的惩罚，这种思想在汉代十分流行。

魏晋以降，大乘佛教对传统贞节观念的冲击，促使妇女从过去的束缚中解脱出来，努力追求个性的自由。葛洪《抱朴子·疾谬》："今俗妇女……舍中馈之事，修周旋之好。更相从诣，之适亲戚。承星举火，不已于行。多将侍从，昈晔盈路。婢使吏卒，错杂如市。寻道褒谲，可憎可恶。或宿于他门，或冒夜而返。游戏佛寺，观视渔畋。登高临水，去境庆吊。开车褰帏，周章城邑。杯觞路酌，弦歌行奏。转相高尚，习非成俗。生致因缘，无所不肯。"妇女们不再满足于传统的家务劳动，而注重与他人交往，她们结伴游览名胜、涉足佛寺，并且常常彻夜不归或半夜而返，任情而动，无拘无束。东晋干宝也站在儒家的立场上对当时妇女的生活作风进行批评："先时而婚，任情而动。故皆不耻淫逸之过，不拘妒忌之恶。"（《晋纪·总论》）葛洪、干宝所批评的这些现象，在当时已成自然之事，妇女对传统所谓"贞节"不屑一顾，任情而动，不假掩饰。《南史·宋废帝纪》："山阴公主，淫恣过度。谓帝曰：'妾与陛下，虽男女有殊，俱托体先帝，陛下后宫数百，妾惟驸马一人，事不平均，一何至此。'帝乃为立面首左右数十人。"又如《世说新语·排调》（8）："王浑与妇钟氏共坐，见武子（按：其子王济）从庭过，浑欣然谓妇曰：'生儿如此，足慰人意。'妇笑曰：'若使新妇得配参军（按：浑弟王伦），生儿故可不啻如此。'"等等事例都可看出当时妇女贞节观念的淡薄，虽有矫枉过正之嫌，但她们的真率自然，及对自由的追求，在特定的历史时代中，仍具有一定的进步意义。

[原载《中国社会科学院研究生院学报》2008年第1期]

刘勰论儒佛道三教关系

——以《灭惑论》为中心

魏晋南北朝时期，佛教进入了相对独立发展的阶段，经典的大量译入，般若学的流行，佛性论的兴起，佛教以其强大的理论魅力与信仰诱惑征服了当时的高官贵族与普通百姓。此时的道教，初步形成了自己的理论体系，再经过斋醮仪式的清整，逐渐摆脱了民间宗教的粗糙形式，从而具备了由下层民众向上层贵族渗透的资本。佛道二教的迅猛发展，使其在宗教信仰、思想观念、修行方法、戒律仪规等方面的矛盾全面暴露了出来，双方相互攻击，冲突不断。

南朝道士顾欢著《夷夏论》，以"老子化胡说""夷夏之辨"及"孝亲伦理"为武器攻击佛教，成为当时佛道论争的导火索。接着，又有道士托名张融作《三破论》，批评佛教"入国破国，入家破家，入身破身"，把佛教置于封建王道政治与家庭伦理的对立面，再次掀起佛道斗争的高潮。面对道教徒的进攻，佛教信仰者们进行了猛烈地反击，刘勰的《灭惑论》就是众多反击道教文章中的一篇。[①]

《灭惑论》虽是佛道论辩的产物，但由于道教批评佛教时，总是借助本土文化优势，与儒家联合在一起，从中土文化本位主义的立场出发，对佛教的异域文化价值体系进行批判，刘勰的反击当然也就不能完全避开佛教与儒家在思想观念等方面的分歧，因此，《灭惑论》所反映的不仅仅是

---

①本文所引《灭惑论》来自《弘明集》卷8，《大正藏》第52册。

刘勰对佛道关系的看法，而是他对儒佛道三教关系的全面理解。

一、道教批判

在与佛教的争斗中，道教有两张"护身符"：一是儒家，二是老子。刘勰在《灭惑论》中反击道教所采取的策略是，先把道教与儒家及老子分开，把它剥离为一种神仙方术，再对之进行猛烈批判。

道教利用本土优势，以同根文化为契机寻求与儒家的联合，并借儒家圣人来抬高自己，从而增强进攻佛教的火力。《三破论》说："盖闻三皇五帝三王之徒，何以学道并感应，而未闻佛教？""三皇五帝三王之徒"概念的设定，拉近了道教与儒家的心理距离，从而把佛教孤立起来。道教徒又用三皇五帝"学道并感应""中原人士莫不奉道"之"事实"，来抬高自己、贬低佛教。为了反击道教而又不伤及儒家，刘勰首先把道教与儒家分开。他说：

> 若乃三皇德化，五帝仁教，此之谓道，似非太上。羲农敷治，未闻奏章；尧舜缉政，宁肯画符？汤武禁暴，岂当饵丹？五经典籍，不齿天师，而求援圣帝，岂不非哉！（《灭惑论》）

他一方面肯定三皇、五帝"德化"与"仁教"之功，另一方面又否定其与道教的关系，还以"羲农未闻奏章""尧舜宁肯画符""汤武岂当饵丹""五经不齿天师"之语相揶揄，最后明确指出：像道教这样不知加强自身理论建设，而只是一味求援于儒家圣人，岂不悲哉！这样，道教的第一张"护身符"就被无情地扯了下来。

"道教"与"道家"是两个不同的概念。道家是中国哲学史上的一个学派，而道教则是一种有组织的宗教形式。道家没有组织体系，以"自然无为"为哲学旨归，而道教则有严密的组织体系，多从事神仙修炼之术。南北朝时期，道家作为一个学派已经失去了其独立形态，往往与道教混合在一起。《魏书·释老志》说：

> 道家之原，出于老子，其自言也，先天地生，以资万类。上处玉京，为神王之宗；下在紫微，为飞仙之主。千变万化，有德不德，随感应物，厥迹无常。……其为教也，咸蠲去邪累，澡雪心神，积行树功，累德增善，乃至白日升天，长生世上。

这里所说的"道家"明显是指"道教"。"道家"与"道教"概念间界线的模糊，对道教的发展十分有利，它可以尽情地据道家"名人"为己有，从而大大增强了进攻佛教的力量。

道教尊奉"老子"为教主，以《道德经》为主要经典，竖起"老子"这杆大旗，向佛教发起猛攻。佛教的反击，通常不是以这种含混状态的"道教"为对象，而是在严格区分"道家"与"道教"的基础上，肯定"道家"，否定"道教"。这种策略早在三国末期的《理惑论》中就已经采用过，刘勰《灭惑论》论述得更加细致、具体。他说：

> 然至道虽一，岐路生迷。九十六种，俱号为道，听名则邪正莫辨，验法则真伪自分。案道家立法，厥品有三：上标老子，次述神仙，下袭张陵，太上为宗。寻柱史嘉遁，实惟大贤，著书论道，贵在无为，理归静一，化本虚柔。然而三世弗纪，慧业靡闻。斯乃导俗之良书，非出世之妙经也。若乃神仙小道，名为五通，福极生天，体尽飞腾，神通而未免有漏，寿远而不能无终。功非饵药，德沿业修。

五花八门的"道家"，都以"道"自我标榜，但良莠不齐、邪正莫辨。刘勰按理论水平高低，把"道家"分为上中下三品：老子为上，神仙为中，道教为下。他认为，老子是"大贤"，是道家之正宗，其思想的核心是"清静无为"。他又说，《老子》"乃导俗之良书，非出世之妙经"，这就一方面肯定了《老子》思想的深刻性，另一方面又否定了其宗教性。总之，"道教"与《老子》无关。对于黄老道家的神仙方术，刘勰颇有微词，认为这些都是"小道"，不足挂齿。刘氏所批评的神仙方术，恰是道教奉为至宝的东西。

把"道教"与"道家"区分开来后，刘勰展开对道教的批判。要点如下：

第一，批判"神仙方术"。刘勰称五斗米道的天师张陵为"米贼"，称上清派的祖师葛玄为"野竖"，认为他们都是欺罔世人的"愚狡方士"，他们的那些白日飞升、羽化登仙、饵药服食、长生久视之术，都是"鬼室空屋"之类骗人的把戏。刘勰又说："今祖述李叟，则教失如彼；宪章神仙，则体劣如此。"（《灭惑论》）"道教"虽然处处以"大道"自我标榜，而在实际上已经偏离老子道家十万八千里，其教义甚为鄙俗，教法也十分低劣，若欲靠它来拯救世界，简直如以蚊负山。刘勰还从理论上比较了佛、道二教的优劣。他认为，两者最主要的区别在于：佛教"练神"，道教"练形"。道教通过炼丹服食而求长生不死，佛教则通过修习禅定而得精神涅槃。练形者，"形器必终"；练神者，"神识无穷"。从外在形迹上看，两者有精粗之分；从内在义理上看，两者又有真伪之别。

第二，驳斥"老子化胡说"。《史记·老子韩非列传》所记载的"老子西行"，至东汉被演义为"老子化胡说"。①这个故事起初并无贬低佛教之意，相反却能证明佛道同源，从而为佛教在中土的传播提供依据，所以在很长一段时间里佛教徒对此持默认态度。②西晋以后，随着佛、道二教矛盾的加深，道教开始利用"老子化胡说"来贬低佛教。道士王浮伪造《老子化胡经》，说老子西行印度，创立佛教，并收释迦牟尼为徒，接着，《玄妙内篇》等道教经书又对"老子化胡说"做进一步增饰、渲染，这引起了佛教徒的强烈不满与猛烈反击。刘勰认为，老子于东周末年出关西行、

---

① 《后汉书·襄楷传》第一次将"老子西行"与佛教联系起来。襄楷上疏汉桓帝刘志曰："或言老子入夷狄为浮屠。"《三国志》注引鱼豢《魏略·西戎传》也有近似的记载。

② 汤用彤说："夫异族之神不宜为诸华所信奉，则老子化胡之说，在后世虽为佛家所痛恨，而在汉代想实为一般人所以兼奉佛老之关键。"见《汤用彤学术论文集》，中华书局1983年版，第80—81页。

"莫知所终"，没有任何证据能证明"化胡"之说，《老子化胡经》是奸猾道士的伪造，"理拙辞鄙"，毫无根据。

第三，指责道教"伤政萌乱"。针对《三破论》"入国破国"的责难，刘勰反唇相讥，指责道教"挟道作乱"。他列举历史上以道教为旗帜"犯上作乱"的事实："张角、李弘毒流汉季，卢悚、孙恩乱盈晋末。"（《灭惑论》）认为张角、李弘、卢悚、孙恩等人以道教为名聚众起义，扰乱社会，流毒无穷。他还历数道教轻立民户、滥求租税、靡费产业、蛊惑士女等"伤政萌乱"之罪名，认为道教"运迍则蝎国，世平则蠹民"，即乱时祸国，治时祸民。这些批评有大量事实依据，给道教造成了沉重打击。

《文心雕龙·论说》云："夫论之为体，所以辨正然否。"刘勰认为，"论"这种文体的功能在于辨别是非，而辨别是非的关键在于"理"，所谓"论如析薪，贵能破理"。在论辩技巧上，刘勰一方面提倡"辞共心密，敌人不知所乘"，即把道理说得周密，不让对方有机可乘，另一方面又反对"曲论"，即为了证成己见，而不惜歪曲事实，认为这种文章，"览文虽巧，而检迹知妄"。《灭惑论》中，刘勰对道教的批判，正是这些理论在实践中的运用。他紧扣"理"与"事"进行批判。"理"方面，他否定道教与老子道家的联系，指责道教偏离道家"清静无为"的思想精髓，而一味追求那些虚妄的神仙方术，可谓正中道教的要害；"事"方面，他指斥《老子化胡经》胡编乱造，同时又以大量事实为依据，批判道教"伤政萌乱"。刘勰对道教的批判，一方面给道教造成了较大打击，另一方面也从反面促进了道教的理论建设。朱熹说："道家（按：指道教）有《老》《庄》书，却不知看，尽为佛氏窃而用之，却去仿效释氏经教之属。譬如巨室子弟，所有珍宝悉为人所盗去，却去收拾人家破瓮破釜。"[1]从中国道教史来看，刘勰等人的批评确实从反面促进了道教加强对道家理论的吸纳，从而完善自身理论结构。

---

[1] 黎靖德编：《朱子语类》，中华书局1986年版，第3005页。

二、儒释调和

作为两种完全不同价值体系中的文化，佛教与儒家在思想观念、礼制习俗等方面都存在着很大差异，因此从佛教踏入中土的那天起，两者之间的矛盾就没有中断过。要想在中国立足，佛教就必须依附儒家，并努力调和与儒家之间的矛盾。面对儒家的诘难，佛教不是像对待道教那样进行以牙还牙式的反击，而是想方设法表明自己与之并没有实质性的矛盾，两者可以殊途而同归。《灭惑论》所采取的大致就是这种策略。刘勰所面对的不是直接来自儒家的批评，这些批评是通过道教徒间接表达的，他在把道教与儒家分开以后，再努力调和儒佛之间的矛盾。

（一）断发毁身、不婚无后

儒家认为："身体发肤，受之父母，不敢毁伤，孝之始也"（《孝经·开宗明义章》）；"不孝有三，无后为大"（《孟子·离娄上》）。沙门断发毁身、不婚无后，当然不合儒家孝道。对于这一矛盾，刘勰辩解说：

> 夫佛家之孝，所苞盖远。理由乎心，无系于发。若爱发弃心，何取于孝？昔泰伯虞仲，断发文身，夫子两称至德中权。以俗内之贤，宜修世礼，断发让国，圣哲美谈。况般若之教，业胜中权；菩提之果，理妙克让者哉！理妙克让，故舍发取道；业胜中权，故弃迹求心。准以两贤，无缺于孝，鉴以圣境，夫何怪乎？（《灭惑论》）

刘勰认为，佛教与儒家一样讲究孝道，只不过佛家之孝是一种更远大的孝，此孝全归于一心，而不系于头发，头发只是外在之迹，因而提倡"弃迹求心"，反对"爱发弃心"。刘勰又以儒家圣贤事例申而明之。周朝的泰伯、虞仲，为了让位于三弟季历而逃至荆蛮，断发文身以示不可再用，孔子不但不认为他们不孝，反而以"至德"赞之。刘勰还说："发者形饰""形饰乖道"。头发是为了妆饰外形的，而注重外形的妆饰，则有违佛道，因此要"修道弃饰"。

关于不婚无后问题，刘勰从道俗差异来解释。出家之人"始拔尘域，理由戒定"，而"妻者爱累"，"爱累伤神"，所以不娶妻是防止爱欲伤神，故主张"澄神灭爱"。

（二）遗弃二亲，孝道顿绝

佛教徒因出家而不能侍候父母，这严重地违背了儒家的孝亲之理，《三破论》责之为"遗弃二亲，孝道顿绝"。对此，刘勰解释说：

> 夫孝理至极，道俗同贯，虽内外迹殊，而神用一揆。若命缀俗因，本修教于儒礼；运弃道果，固弘孝于梵业。是以咨亲出家，法华明其义；听而后学，维摩标其例。岂忘本哉！有由然也。彼皆照悟神理，而鉴烛人世，过驷马于格言，逝川伤于上哲。故知瞬息尽养，则无济幽灵；学道拔亲，则冥苦永灭。审妙感之无差，辨胜果之可必，所以轻重相权，去彼取此。（《灭惑论》）

刘勰认为，孝亲之理，佛教与世俗虽内外有别，但基本精神是完全一致的。在家，则修教于儒礼；出家，则弘孝于梵业。尽管如此，佛教之孝与世俗之孝在效果上还是有差别的。人生短暂，因此儒家之孝只是"瞬息尽养"，而无补于来世，信奉佛法则可以超拔父母，使其永远脱离苦海。权衡轻重，故弃俗礼而敬佛法，因此出家并非不孝，而是更大的孝。

（三）不跪亲，不服制

按照儒家礼仪，儿女每天应给父母行跪起礼，父母去世，儿女应穿孝守制。而按照佛教仪规，一个人既已出家，就不应再遵守世俗礼仪，不应再礼拜父母，相反，父母应礼拜他；父母去世，也不应穿孝守制。这样，儒佛之间便产生了十分尖锐的矛盾。刘勰调和说：

若乃不跪父母，道尊故也；父母礼之，尊道故也。礼新冠见母，其母拜之，嘉其备德，故屈尊礼卑也。介胄之士，见君不拜，重其秉武，故尊不加也。缁弁轻冠，本无神道，介胄凶器，非有至德；然事应加恭，则以母拜子，势宜停敬，则臣不跪君。礼典世教，周孔所制，论其变通，不由一轨。况佛道之尊，标出三界，神教妙本，群致玄宗，以此加人，实尊冠胄，冠胄及礼，古今不疑，佛道加敬，将欲何怪！（《灭惑论》）

刘勰认为，作为"三宝"之一的出家僧众，是佛法的代表，其不跪父母，是因为尊崇佛法，父母对其行礼也是礼敬佛法，因此并不忤逆儒家伦理秩序。刘勰又从儒家礼制出发作进一步论证。他说，顶盔挂甲之武士可以不拜君主，这符合儒家提倡的变通精神，那么肩负着弘扬佛法之重任的佛教信徒不拜父母，又有什么值得怪罪的呢？难道"神教妙本，群致玄宗"的佛法还不如作为"凶器"的甲胄尊贵吗？况且佛教是超出三界之外的思想，本来就不应受世俗礼制的约束。

至于服制的问题，刘勰首先肯定其重要性与必要性。他说："若乃服制所施，事由追远，礼虽因心，抑亦沿世。""服制"是为了慎终追远，尽管礼在"心"不在"服"，但它可以起到感化人心的作用，因此其存在是必要的。那么，如何解释佛教的"无服"呢？刘勰引用儒家圣人事例以明之。"三皇"之时没有服制之礼，人死则衣之以薪，葬之于野，但这不能说"三皇"是教人不孝，而是因为当时民风淳朴。同样，佛教虽不主张服制，也不能说是教人不孝。"佛之无服，理由拔苦"，即是说佛教不主张服制的原因在于，其根本目的是助人脱离生死苦海，而获得根本解脱的前提就是"弃俗反真"，因此"佛之无服"与"三皇废丧"虽有内外之别，"而玄化同归"。

综上所述，面对儒佛之间看似水火不相容的矛盾，刘勰站在认同儒家伦理原则的基础之上，利用儒家所津津乐道的"经权观"及圣贤事例，来调和二者之间的矛盾，既坚持了佛教的本位立场，又迎合了儒家的伦理观念。

三、三教融合

刘勰在《文心雕龙》中反复陈述自己"原始要终"的写作原则，如《章句》："原始要终，体必鳞次"；《附会》："原始要终，疏条布叶"；《时序》："原始以要终，虽百世可知也"；《序志》："原始以表末"。这种贯穿《文心雕龙》全书的史学意识，也同样表现在刘勰对儒佛道三教关系的论述之中。

在魏晋南北朝这个三教相摩相荡异常激烈的时期，佛教传入中土的时间是个敏感话题。应三教论争之需，佛教徒不断把此时间提前，提出了"战国末年说""西周说"，甚至"三代以前说"。《列子·仲尼篇》中有一则寓言，说孔子不以三皇五帝为圣，而极力推崇所谓的"西方圣者"（即佛）。这段材料，学界一般认为是魏晋时期掺入的，可能是佛教信仰者的编造。后来，道安的《二教论》、甄鸾的《笑道论》，又对此故事大加渲染。刘勰虽然与这些佛教信仰者一样致力于佛教地位的维护，却采取了十分严谨的学术态度。他在《灭惑论》中两次提到佛教入华的时间。他说："汉明之世，佛经始过"；"汉明之教，缘应而像现矣"。这是很客观的说法，现代佛学研究者也证实了这一点，[①]但在当时的佛教信仰者当中，较少有人持这种观点。由此也可看出刘勰"原始要终"的史学意识。

（一）儒道同源而异流

刘勰在《文心雕龙》中对儒道两家关系做了"原始要终"式的探讨，《诸子》云：

---

①佛教初传中土的时间，目前学界一般认为是在两汉之际，主要依据有二：一是《三国志·魏志·东夷传》注引《魏略·西戎传》载，汉哀帝元寿元年（前2），大月氏王使者伊存向博士弟子景庐口授《浮屠经》；二是《四十二章经序》载，东汉孝明帝永平年中，夜梦神人，遣使到西域求法，史称"永平求法"，此事被历代史家公认为佛教正式传入我国的开始。

　　至鬻熊知道，而文王咨询，余文遗事，录为《鬻子》。子目肇
始，莫先于兹。及伯阳识礼，而仲尼访问，爰序《道德》，以冠百
氏。然则鬻惟文友，李实孔师，圣贤并世，而经子异流矣。

　　前面四句关于鬻熊的论述本于《汉志·诸子略》，该书把《鬻子》列
为"道家"，刘勰也应以"道家"目之。有必要先解释一下刘勰所谓的
"经子异流"。"经"指儒家典籍，"子"则指"诸子"著作。刘勰认为，经
后人整理而成的《鬻子》是以"子"命名著作的开端，《老子》则是诸子
百家中自著的开始。《鬻子》《老子》的诞生，标志着"经"与"子"的异
流，这其实也意味着儒与道的异流。刘勰说，鬻熊为文王之友，老子乃孔
子之师，儒道两家思想同源而异流。

　　那么，儒道两家思想之"源"是什么呢？这在汉代就已经成为一个热
门话题。汉儒说："《易》曰：'天下同归而殊途，一致而百虑。'今异家
者各推所长，穷知究虑，以明其指（旨），虽有蔽短，合其要归，亦《六
经》之支与流裔。"①这种观点认为，诸子百家都是《六经》的支流，这也
是武帝"独尊儒术"之后的普遍观点。时至儒家思想中衰的南北朝时期，
刘勰仍持这种观点。他说："然繁辞虽积，而本体易总，述道言治，枝条
五经。"（《文心雕龙·诸子》）明确指出《五经》是诸子思想之源，当然
道家也不例外。可见，在儒道思想源流这个问题上，刘勰是明显站在儒家
一边的。

　　刘勰不但提出了儒道"同源异流"的观点，指出了孔子与老子是儒道
异流的开始，还进一步对孔、老之后的儒、道两家思想进行评论。他说，
战国以降，"孟轲膺儒以磬折，庄周述道以翱翔"（《文心雕龙·诸
子》），孟子、庄子是儒道两家的代表。对秦汉以后的儒道两家思想，刘
勰重点论述《礼记》与《淮南子》。刘勰还把先秦以来的思想分为"纯粹

---

①陈国庆编：《汉书艺文志注释汇编》，中华书局1983年版，第164页。

者"与"踳驳者"两大类：

> 其纯粹者入矩，踳驳者出规。《礼记·月令》，取乎《吕氏》之
> 纪；《三年问丧》，写乎《荀子》之书：此纯粹之类也。若乃汤之问
> 棘，云蚊睫有雷霆之声；惠施对梁王，云蜗角有伏尸之战；《列子》
> 有移山跨海之谈，《淮南》有倾天折地之说：此踳驳之类也。（《文心
> 雕龙·诸子》）

刘勰把《礼记》看作"纯粹者"，而把《庄子》《列子》《淮南子》看
作"踳驳者"，因为前者"入矩"，即符合儒家思想，后者由于记载了大量
神话、诡怪故事而"出规"，即违背了孔子"不语怪力乱神"之遗训。由
此也可以看出刘勰的儒家立场。

总之，不论是从儒道两思想源流的梳理上，还是从对两家思想的评论
上，都可以看出刘勰更倾向于儒家立场。

(二)"孔释教殊而道契"

在魏晋南北朝时期的大乘佛教诸学说中，影响最大者当数般若性空学
与涅槃佛性论，刘勰的佛教思想属于前者。般若学的思想核心是"缘起性
空论"，这种理论认为：一方面，世间万法都是因缘合和而成，因此为
"有"，称"假名"，这是俗谛，即凡夫所见的世间相；另一方面，由因缘
合和而成的万法并没有独立不变的自性，因此为"空"，称"性空"，这是
真谛，即圣智所见的真实理性。说"有"不住"有"，谈"空"不落
"空"，即有即空，空有无碍，这才是中道观。下面来看刘勰的理解。他在
《灭惑论》中说："大乘圆极，穷理尽妙。故明二谛以遣有，辨三空以标
无。""二谛"，即真、俗二谛。俗谛言"有"，真谛言"空"，言"空"是
防止世人对"有"的执着，言"有"是防止世人对"空"的执着，"空"
与"有"不一不异，圆融无碍。"三空"，指我空、法空、俱空（即我、法
俱空之意）。"三空"是依世人所执不同而言的，分别破我执、法执、我法

俱执。"明二谛以遣有，辨三空以标无"，这两句互文见义，"二谛""三空"都是主张"空有不二"，反对"沉空"与"滞有"，故言"大乘圆极，穷理尽妙"。

刘勰在《灭惑论》中又说："佛之至也，则空玄无形，而万象并应；寂灭无心，而玄智弥照。幽数潜会，莫见其极；冥功日用，靡识其然。但言万象既生，假名遂立。"就真谛而言，万法"空玄无形"；就俗谛而言，"万象并应"。"万象既生，假名遂立"是说，万象虽生，但空无自性，只是因缘而生，假名而有。龙树《中论·观四谛品》云："众因缘生法，我说即是空，亦为是假名，亦是中道义。"刘勰所论正本于此。

立足于"中观"思维方式，刘勰还对魏晋玄学进行了评论。《文心雕龙·论说》："然滞有者全系于形用，贵无者专守于寂寥，徒锐偏解，莫诣正理。动极神源，其般若之绝境乎。"刘勰对"滞有者"与"贵无者"各执一端、有失"中道"的观点进行了批评。我们无意于将刘勰所谓的"滞有者"与"贵无者"对号入座，也无意于探讨刘氏之批评允当与否，只是感兴趣于这一批评所采用的"中观"思维方式。刘勰认为，"滞有者"执着于现象之"形用"，而不知本体之"空"，"贵无者"执着于本体之"无"，而不知现象之"有"，双方各执一端，偏解偏信，不明正理，只有"般若中观"才是无上圆融之妙境。可见，刘勰对般若学是极其推崇的。

般若学"在理论上把性空与方便统一起来，认识上和方法上把名言与实相、俗谛与真谛统一起来，在宗教实践上把世间与出世间、烦恼与涅槃统一起来，始终坚持'假有性空'、不着有无的'中道'。"①正是由于具有这种强大的统一"性空"与"方便"、"世间"与"出世间"的功能，般若学极易与儒学调和起来。佛教出世，言"空"；儒家入世，言"有"。两家思想看似水火不容，其实不然。刘勰说："经典由权，故孔、释教殊而道契；解同由妙，故梵、汉语隔而化道。……其弥纶神化，陶铸群生，无异也。"（《灭惑论》）佛与儒，虽有道俗之别，但在"弥纶神化，陶铸群

---

①洪修平：《中国佛教文化历程》，江苏教育出版社1995年版，第22页。

生"之功能上两者是完全一致的，这就是所谓"孔释教殊而道契"。

魏晋南北朝时期，佛教为了能在中土站稳脚跟，总是想方设法拉近与王权政治的关系。道安曾明确地说："不依国主则法事难立。"①要迎得国主的信任，就必须说明佛教对王权政治的好处。慧远在《沙门不敬王者论》中说："如令一夫全德，则道洽六亲，泽流天下，虽不处王侯之位，亦已协契皇极，要宥生民矣。"这就是说，出家之人一旦修得正果，他的道行业绩不但可以惠及六亲，而且可以泽及生民，从而协助皇权巩固统治。刘勰也说，佛教与儒学一样有利于王权政治的统治。他说："是以释迦出世，化洽天人，御国统家，并证道迹。"佛教除了可以助人"证道迹"外，还可以"化洽天人，御国统家"，在教化天下方面，儒佛殊途同归。

（三）"至道宗极，理归乎一"

魏晋南北朝时期，儒佛道在相互争斗的同时，也不时提出"三教融合"主张。如宗炳在《明佛论》中说："孔、老、如来，虽三训殊路，而习善共辙也。"道教信徒张融甚至临终遗命左手执《孝经》《老子》，右手执《小品》《法华经》，②以示三教并尊之意。刘勰也表达了同样愿望。他说："权教无方，不以道俗乖应；妙化无外，岂以华戎阻情？是以一音演法，殊译共解；一乘敷教，异经同归。"（《灭惑论》）"权教"，即佛教所谓的方便教法，系指佛、菩萨为诱引众生悟入"真实"而权设的教化手段。佛教与儒、道两家有道与俗、戎与华之别，这两方面经常成为儒道联合排佛的借口。刘勰提出要打破这两道壁障。他认为，儒佛道三教，虽有道俗、华戎之别，但在社会教化方面所起的作用是一致的，因此"殊译共解""异经同归"。要注意的是，他所说的"道"是指老子道家，而不包括道教。刘勰把儒佛道三家思想的最高境界都称为"道"。他说："至道宗极，理归乎一；妙法真境，本固无二。"（《灭惑论》）从终极意义上来

---

① 释慧皎：《高僧传》，中华书局1992年版，第178页。
② 萧子显：《南齐书》，中华书局1972年版，第729页。

讲，三教之"道"是完全一致的。

当然，刘勰主张"三教融合"，只是就社会教化作用而言的，他并不否定三者之间的差异性，也不认为三教是完全平等的。他说："未闻世界，普同出家，良由缘感不一，故名教有二。搢绅沙门，所以殊也。"认为在感化世界的力度与广度方面，儒佛是有差异的。他又说："感有精粗，故教分道俗。"佛为"精"，儒、道为"粗"，所以有了道与俗之别，这明显是说佛高于儒、道。他甚至说："固能拯拔六趣，总摄大千，道惟至极，法惟最尊。"这里所说的"道"，是指佛教之"道"，而不是儒家与道家之"道"。这句话更把佛教推到了至高无上的地位。

综上所述，在刘勰看来，虽然儒佛道三教在社会教化作用方面是一致的，三教可以融合，但仍有高低之分，佛为上，儒为中，道为下。

余　论

搞清楚刘勰的三教观，对解决《文心雕龙》的主导思想问题是大有帮助的。关于此问题，历来众说纷纭，莫衷一是。最大疑惑是，笃信佛教的刘勰为什么要坚守儒家立场呢？早在元代，钱惟善就提出过这种疑问，当代著名"龙学"研究专家范文澜、王元化、杨明照等先生也都进行过探讨，直至今日，关于此问题的探讨仍在继续。

对于这个问题，刘勰本人的解释是：梦见自己随孔子而南行，醒后发心"敷赞圣旨"，但自认为注经难逾马、郑，于是转而论文（《文心雕龙·序志》）。对于这种说法，站在"唯物主义"立场之上的研究者们当然要持怀疑态度。但，如果要考虑到刘勰是一位虔诚的宗教信仰者的话，这种说法就是完全可信的了。魏晋南北朝时期，佛教"感应"说十分流行。刘勰在《灭惑论》中多次提到"感应"，如"其显迹也，则金容以表圣；应俗也，则王宫以现生"。他在《梁建安王造剡山石城寺石像碑》中也说，弥勒石像是因梦中受沙门指示而建，文中诸如"感通之妙""灵应之奇"之类语句比比皆是。作为一个佛教信仰者，刘勰对"感应"之说自然是深信无疑的。正是由于对"感应"的笃信，刘勰才会怀者虔诚的心理严守儒家思想来写《文心雕龙》，以还"孔子"之愿。

清人李家瑞云："乃自述所梦，以为执丹漆礼器于孔子随行。此服虔、郑康成辈之所思，于彦和无与也。况其熟精梵夹，与如来、释迦随行则可，何为其梦我孔子哉！"①他认为，作为佛教信仰者，刘勰应该梦见如来才是，怎么会梦见孔子呢？李氏只知刘勰服膺佛教，而不知他也服膺儒家；只知儒佛两家思想有差异，而不知在刘勰的思想体系中两者是可以圆融无碍的。还有一个问题，刘勰本人曾经入仕参政，《文心雕龙》也有较强的功利色彩，这是否与他的佛教信仰相矛盾呢？前面我们说过，佛教般若学最易于调节"性空"与"方便"、"世间"与"出世间"的矛盾，谙熟般若中观思维的刘勰当然知道，出仕与《文心雕龙》的写作，只是"俗谛"之事，与"真谛"之"性空"并不在同一个层面上，当然也就谈不上矛盾了，况且当时的佛教本身也与王权政治有着紧密的联系。

总之，尽管《文心雕龙》在一定程度上受到了佛教的影响，包括对佛教术语的移用，对佛经篇章结构的借鉴等，但其基本指导思想是儒家，这是不必怀疑的。刘勰之所以做出这种选择，是出于一个虔诚的宗教信仰者的"还愿"心态。《文心雕龙》的儒家基调与功利思想，是与刘勰的佛教信仰不相矛盾的。

[原载《文心雕龙研究》第九辑，河北大学出版社2011年版]

---

① 《停云阁诗话》卷一。

柳宗元：唐代三教融合思潮中的儒家代表

儒佛道三教关系是唐代政治、思想、文化上的一个热门话题。初唐以来，帝王三教并举的文化政策与"三教论衡"活动，促进了三教鼎立文化格局的形成与巩固。三教间虽然矛盾不断，三教优劣高下的争论有时还相当激烈，但从总体上看，三教基于各自的立场而在理论上相互融摄是这个时期三教关系的基本特点。[①]佛道两教在大力加强自身理论建设的同时，又都明确提出"三教融合"主张，至中晚唐，佛教出现了宗密，道教出现了杜光庭，此二人分别成为"佛"或"道"立场之上"三教融合"理论的代表。与佛、道二教"三教融合"主张相呼应，柳宗元提出了以"儒"为基点的"三教融合"观，他不但明确提出了三教融合的总原则、总方向，而且批判地吸收三教思想资源完成了其儒家宇宙论与心性论的建构，成为唐代"三教融合"思潮中的儒家代表。

一、三教融合的原则与方向

柳宗元提出了三条融合三教的基本原则：

---

①洪修平：《儒佛道三教关系与中国佛教的发展》，《南京大学学报》（哲学·人文科学·社会科学版）2002年第3期。

（一）夷夏若均

在传统儒家思想中，"夷夏问题"是个古老而敏感的问题。早在春秋时期，孔子就发过"微管仲，吾其被发左衽矣"之叹（《论语·宪问》），表达了对夷狄文化的戒心。孟子更强调夷夏之大防，主张"用夏变夷"，反对"用夷变夏"（《孟子·滕文公上》）。韩愈坚持传统儒家立场，谨守"夷夏之大防"，并以"夷狄之法"作为排佛的借口。对此，柳宗元深表不满，批评他"不通道而斥以夷"，主张对佛教应该"去名求实"（《送僧浩初序》）。柳宗元在《送贾山人南游序》说："夷夏若均，莫取其是非，曰姑为道而已尔。"明确提出"夷夏若均"的原则，主张以"道"而不是"夷夏"作为判断是非的标准。"夷夏若均"是柳宗元处理三教关系的出发点。

（二）伸长黜奇

在《送元十八山人南游序》中，柳宗元说："悉取向之所以异者，通而同之，搜择融液，与道大适，咸伸其所长，而黜其奇邪，要之与孔子同道，皆有以会其趣。"这里，明确提出了融合异质文化的原则——"伸长黜奇"，具体做法是取其"所以异者，通而同之"，会通的标准是"孔子之道"。柳宗元对儒佛道三家思想的取舍都体现了"伸长黜奇"的原则。对儒学，吸收其经世济民的思想，而批评汉代以来的"天人感应"论；对佛教，吸收其"中道观"与心性论，而批评其"无夫妇父子""不为耕农蚕桑而活乎人"；对道教，吸收其"元气论"与"自然论"，而批评其服饵、食气等方术。柳宗元主张汲取儒释道三家思想之长，而舍弃其短，相互补充、相互融合。

（三）佐世

柳宗元提倡以"夷夏若均"的态度平等地对待三教，在融合三教的具体过程中要体现"伸长黜奇"的原则，而判断长短奇正的标准则是儒家之

"道"。问题是，儒家之"道"是什么？面对儒佛道三足鼎立的局面，韩愈、柳宗元共同举起复兴儒学的大旗，试图建立儒家"道统"，但韩、柳对儒"道"内涵的理解是有很大差异的。在孔子以来的儒家思想体系中，既有偏重道德性命的"内圣"一面，也有偏重经世济民的"外王"一面，韩愈强调前者，柳宗元强调后者。造成这种差异的主要原因在于，两人对三教关系的理解不同。出于打击佛、老的需要，韩愈强调儒"道"的仁义道德内涵，从而把儒与佛、道区别开来；出于融合三教的需要，柳宗元强调儒"道"的经世致用内涵，从而在"佐世"功能上实现三教的融合。他认为，尽管三教有"抵捂而不合"之处，但"皆有以佐世"（《送元十八山人南游序》）。儒学可以"施于事，及于物"（《送徐从事北游序》），佛教可以"诱掖迷浊"（《送濬上人归淮南觐省序》）、引人"趣于仁爱"（《柳州复大云寺记》），道教可以使"生人之性得以安"（《答周君巢饵药久寿书》）。正是由于三教在"佐世"功能上的一致性，因而"不得以相抗"，正确的做法应是"通而同之"。

指明"三教融合"的基本原则后，柳宗元又提出"三教融合"的总方向。他站在儒家立场之上，提出三个命题："凡儒者之所取，大莫尚孔子"；"老子亦孔氏之异流"；"（浮图）不与孔子异道"。这三个命题把儒佛道三家思想的归宿都引向"孔子"，主张以"孔子之道"作为"三教融合"的总方向。关于此问题，笔者有另文论述，这里不再重述。[①]

明确了三教融合的原则与方向后，柳宗元批判地吸收三教思想资源来进行其儒家宇宙论与心性论的建构。

二、三教关系张力下的宇宙本体论

学界一般认为，柳宗元的"元气论"是一种宇宙生成论，笔者基本同意这种观点，但同时认为它已经具有明显的本体化倾向，显示了由王充

---

①张勇：《论柳宗元的孔子观及其时代意义》，《孔子研究》2008年第6期。

"自然元气论"向张载"元气本体论"过渡的痕迹。这种本体化倾向，主要是在佛教批评刺激及理论启发之下形成的，同时也受到道教一定程度上的影响，是融合三教思想资源的结晶。

(一)佛教批评刺激下的问题意识

儒道两家思想虽然有实质性的区别，但在以"气化"为核心的宇宙观上却有大致相同的意见。秦汉以来儒道两家"气化论"，大都承认存在一个终极性的宇宙本根，道家称为"道"，儒家称为"天"，而作为万物基本元素的"元气"则是从"道"或"天"中产生的，这就是所谓"无中生有"的宇宙论模式。

为了尽可能地与儒道两家宇宙论相协调，佛教在一定程度上吸收了"元气论"，如用元气或气来解释地、水、火、风"四大"，但在气的来源问题上，佛教坚决反对儒道两家的"无中生有"模式。早在南北朝时期，高僧慧远、甄鸾等就曾对"大道生成论"提出过批评，入唐以后，法琳、慧立、澄观、宗密等高僧的批评更加系统化、理论化。如宗密《原人论》，虽然肯定元气在形成人的肉体和外界事物方面的决定性作用，但又说元气为心识所变现，从而把"元气论"纳入佛教的心识理论之中，凸显其以佛教为本位的三教融合立场。

佛教还立足于本体论思维模式，批评儒道两家的宇宙生成论。宗密在《原人论》中说，儒道二教只论有形之物，而未达"象外"之本，非"决了"之论。[1]他又进一步指出，儒道两家宇宙论的根本特点是"生"，"若法能生，必非常故"，[2]即是说，事物或现象背后之本体是不生不灭的，能"生"则非本体，这其实就是在批评儒道两家只有以"气化"为核心的宇宙论而没有超越的本体论。宗密的批评正中了"气化宇宙论"的要害，这种批评在当时的佛教界是比较普遍的。

面对佛教的批评，道教徒一方面坚持其"道生万物"的基本立场，另

---

① 《大正藏》第45册，第708页上。
② 宗密：《圆觉经大疏》卷中，《大藏新纂卍续藏经》第9册，第359页下。

一方面又在暗中吸收佛教本体论的思维方式，逐渐完成其宇宙本体论的建构。佛教的批评与道教理论上的发展，给儒家学者以很大的刺激与启发。如何在三教争辩中确立自己的理论话语，是儒家学者必须慎重思考的问题。作为中唐第一流的儒家学者，柳宗元本着兼容并包的精神，批判地吸收三教思想资源，对儒家宇宙论进行了重新思考与解释。

(二)柳宗元宇宙论的本体化思考

分析柳宗元的宇宙论，要重点把握两个命题："惟元气存"与"以一统同"。

1. "惟元气存"

关于宇宙的本原问题，柳宗元提出"惟元气存"的命题。他说："本始之茫，诞者传焉。鸿灵幽纷，曷可言焉！曶黑晰眇，往来屯屯，庬昧革化，惟元气存，而何为焉。"(《天对》)联系唐代儒佛道三教在宇宙论上的争辩，"惟元气存"四字具有很重要的意义：

第一，否定"心识变现论"，肯定元气的实存性。上文说过，佛教吸收了儒道两家的"元气论"，同时认为"元气"乃心识所变现，从而否定其实存性。柳宗元"惟元气存"命题，肯定了元气的实存性，否定了佛教的"心识变现论"。柳宗元曾明确反对佛教以"缘起论"为核心的宇宙观。他说："尝闻色空喻，造物谁为工？"(《芙蓉亭》)"色空喻"，即《心经》所谓"色即是空，空即是色"，指佛教中观派所主张的"缘起性空"。佛教"缘起论"与传统儒道两家"气化论"的最大区别在于：前者否定世界的真实性，理论的落脚点在"生灭"；后者肯定世界的真实性，理论的落脚点在"生生"。柳宗元坚持以"生生"为核心的宇宙论，他说："夫天之能生植久矣，不待赞而显。"(《答刘禹锡天论书》)

第二，否定"大道生成论"，肯定元气的终极性。传统儒道两家"元气论"，都在"元气"之上设置一个更具终极意义的"道"或"天"，认为"元气"由道而生，受"天"支配。这一观点受到了佛教最猛烈的攻击。"缘起论"本来就是原始佛教针对当时各种宗教哲学主张宇宙是从"大梵天造""大自在天造"等理论而提出的，因此它否认存在一个创生宇宙万物的母体，反对宇宙生化说，不讨论宇宙起源问题。与佛教一样，柳宗元也否认创生宇宙万物母体的存在，悬置宇宙起源问题，他以"元气"作为宇宙论的逻辑起点，坚持"元气"的绝对性与普遍性。

第三，否定"天人感应论"，肯定"元气"的自然性。柳宗元所谓的"天"，与董仲舒、韩愈等大多数汉唐儒家学者所谓的"天"，有实质性的区别，后者指宇宙万物的最高主宰，即人格神，而前者则是阳气上升自然凝聚而成，即自然。柳宗元认为，元气分化为阴阳二气，阴阳自动自休，"交错而功"，在幽暗、无意识之中，自然而然地凝聚成万物，即他所谓"冥凝玄厘，无功无作"（《天对》），因此根本不存在一个万能的造物者，天人之间是互不干预的。

总之，柳宗元"惟元气存"命题，是对当时儒佛道三教宇宙论大讨论的理性反思，它强调"元气"的真实性、普遍性与绝对性，既是对佛教"心识变现论"的否定，又是对道教"大道生成论"的否定，也是对汉儒"天人感应论"的否定。斩断了"元气"的形而上根据，把它还原为终极存在以后，柳宗元还试图对它进行本体化提升。

2．"一以统同"

先秦至汉唐，儒道两家的"元气论"总体上属于宇宙论，因为它们大都是从"生化"角度提出来的，没有脱离宇宙始源问题，也没有超越"元气"的具体形态。柳宗元以"元气"作为理论探讨的起点，不再追问"元气"的来源问题，认为元气是宇宙的终极存在，元气之上没有任何母体，宇宙之中也不存在元气之前的"虚无"，元气自本自根，没有起点。元气在"冥凝玄厘"之中分阴分阳，阳气上升而成天，阴、阳、天由元气分化而成，三者又统一于元气，柳宗元所谓"合焉者三，一以统同"（《天对》）。这里特别值得注意的是元气与阴阳的关系问题。元气是阴阳分化前的状态，阴阳一旦形成，元气作为独立的实体就不复存在。阴阳二气是构成天地万物的具体材料，所以柳宗元在说物的构成要素时，要么说"阴阳"，要么直接说"气"，很少说"元气"，因为此时的"元气"已经超越了特殊而具体的形态，由实然的层面而超达本然的层面，成为与万物同存共在而又作为万物之本的本体，是宇宙之始源与万物之本体的统一。"合焉者三，一以统同"这个命题，是柳宗元从宇宙论角度对本体与现象关系的重新审定，不仅是宇宙论，同时也是本体论，是二者直接合一的宇宙本体论。

柳宗元宇宙论本体化倾向的形成，是与佛教的影响分不开的。除了受佛教的影响而放弃"无中生有"的宇宙生成模式外，柳宗元还特别欣赏佛教的本体论思维方式。他对佛教的理解始终贯穿着"体用不二"的思维方式。如在论述天台宗"中道实相"理论时说："涉有本非取，照空不待析"（《巽公院五咏·禅堂》）；在论述"缘起性空"与修行实践的关系时说："性与事，一而二、二而一"（《东海若》）；在批评某些禅宗学人堕入"顽空"时说："言体不及用"；等等。

柳宗元"元气论"的本体化倾向与道教的影响也是分不开的，有学者说："儒学者中试以气建立宇宙本体论的当推唐代的柳宗元，柳氏依循屈原、荀况有关天人关系的思路和王充元气论的基本观点，吸收隋唐道教元气论中的有益成分，如无极、太虚、阴阳之合、三一为归等，建立了元气自动、交错而功、无赏与罚的元气论证。这样的论证虽然不如道教元气论博大精深，但为儒家元气本体论开了端。"①这种说法是有一定道理的。

中国哲学在本质上是一种人生哲学，其宇宙论的最终指向还是人生论。柳宗元斩断元气与"心""道""天"的关系，建立起元气自本自根的宇宙本体论，既是对佛教批评的回应，也是在内化佛道超越追求的基础上对儒家现实关怀的强调与复归。

三、三教融合视域中的心性论

心性论是儒家哲学的基础理论，它产生、成熟得很早，从孟子、荀子到扬雄、董仲舒，都有相对完整的心性学说，但从南北朝至中唐，儒家心

①李大华等：《隋唐道家与道教》（下），广东人民出版社2003年版，第804页。

性学说整体来说处于相对停滞状态，而与此同时，佛教与道教在自身心性资源的基础之上又大量吸纳传统儒家心性思想而建构起比较系统的心性理论体系，这强烈地刺激了中唐儒家学者敏感的神经。一些有识之士开始从心性理论的缺失来反思儒学衰落的原因，并大力倡导复兴儒家心性之学，但在复兴道路的选择上却存在着不同的意见：韩愈坚持儒家以善恶论"性"的传统，提出"性三品说"，以此与佛、道心性论相抗衡；李翱则模仿佛教心性论，提出"复性说"，但其浓厚的佛学色彩竟使韩愈怀疑此说已经失去了儒学本色。与韩、李二人不同，柳宗元一方面积极寻找三教心性论的契合点，以实现三教的融合，另一方面努力建构自己以"志""明"为核心的心性理论，既吸纳了佛、道二教的思想资源，又坚持了儒家的本位立场。

(一)"性静"：以儒融合佛、道的心性津梁

柳宗元认为，"性静"是儒佛道三教心性论的共同主张，因而可以成为"三教融合"的基础。他赞僧浩初说："其于性情奭然，不与孔子异道。"（《送僧浩初序》）指出儒佛两家思想在"性静"上的一致性。他赞列子曰："其虚泊寥阔，居乱世，远于利，祸不得逮乎身，而其心不穷。《易》之'遁世无闷'者，其近是欤？"（《辩列子》）认为列子冲虚、恬淡的心性特征与《周易》所谓"遁世无闷"相近。柳宗元在赞扬佛、道二教"性静"思想时，总是自觉不自觉地在儒家思想中寻找相应的根据，体现出以儒为主融合三教的自觉意识。

儒家思想中既有经世济民的一面，也有闲情安性的一面，但其经济仕途上的工具性常常湮没其"闲情安性"的一面，因此柳宗元极力主张吸收佛、道二教的心性思想来弥补儒学在这方面的不足。他在《曹溪第六祖赐谥大鉴禅师碑》中说：

> 自有生物，则好斗夺相贼杀，丧其本实，悖乖淫流，莫克返于初。孔子无大位，没以余言持世，更杨、墨、黄、老益杂，其术分

裂，而吾浮图说后出，推离还源，合所谓生而静者。

这里，"丧其本实"之"本实"与"返于初"之"初"，都指人之本静之性。面对"悖乖淫流"的局面，儒家思想无能为力，后出的佛教以"推离还源"的方式，教育人复返"生而静"的本然状态，从而达到息杀、息斗之目的，这正好弥补了儒家之不足。在该文中，柳宗元还赞惠能说："其教人，始以性善，终以性善，不假耘锄，本其静矣。"把"性静"与"性善"联系起来，以凸显儒佛二教在心性论上的一致性。柳宗元还曾借用佛、道心性理论来解释儒家经典。如在《乘桴说》中，他把孔子"乘桴浮于海"解释为"复于至道而游息"，即回归本静之性，而浩然与天地同流，这其实是利用佛道理论来挖掘儒家的心性资源。

综上所述，柳宗元认为，"性静"是儒佛道三教心性论的共同主张，因而可以作为融合三教的基础；同时认为，儒家"性静"思想常常被其强大的经世功能所遮蔽，因此需要吸收、借鉴佛、道心性论以弥补其不足。

(二)以"志"与"明"为核心的心性理论

柳宗元心性论最大的特色在于以"志"与"明"来论性。他说："使仲尼之志之明，可得而夺，则庸夫矣；授之于庸夫，则仲尼矣。若乃明之远迩，志之恒久，庸非天爵之有级哉?"(《天爵论》)他认为，由于"明"之远近、"志"之恒久不同，人便有了圣与凡的区分。柳宗元"志"与"明"范畴是涵容三教心性资源而形成的。

1. "志"与"明"的三教之源

柳宗元的"志"范畴是在儒道两家，尤其是孟子、庄子之"志"的基础上形成的。在儒道两家创始人孔子、老子那里，"志"字的具体内涵虽然各有侧重，但大体不出"心意所趣向""心所念虑"的范围。至战国时期，孟子、庄子开始把"志"抽象为哲学范畴，并赋予它不同的内涵。孟子之"志"为"气"之统帅，是一种至大至刚、"配义与道"的道德境界；庄子之"志"与"气"是一对同谓异名的范畴，指人心之本然状态，与仁义道德无关。柳宗元秉承孟、庄以"气"论"志"的传统，但在对"志"与"气"关系的理解上又与孟、庄有很大区别。他说："刚健之气，钟于人也为志，得之者，运行而可大，悠久而不息，拳拳于得善，孜孜于嗜学，则志者其一端耳"（《天爵论》）。"志"是人禀"刚健之气"而形成的，得"志"之人具有宏大、悠久的心性特征，表现为"拳拳于得善，孜孜于嗜学"。"志"之宏大、悠久及嗜学等心性特征明显带有孟子"志"论的痕迹，而其得之于自然之"气"及对仁义道德的疏离则又明显受到了庄子的影响。

"明"，本是儒家心性论的重要范畴，常常与"诚"并举，《中庸》所谓"自诚明，谓之性；自明诚，谓之教"。"明"是人性本然之觉悟，既指人性之中由"诚"所发出的一种"明善"的内驱力，也指达到"诚"的一种修养工夫。与传统儒家把"明"与"诚"并举不同，柳宗元把"明"与"志"并提，这曾引起一些人的反对。如何焯《河东集记》说："明与志者，所以修也。明与诚对，而志为之基，明不可与志并言。柳子殆强为高论，以求驾乎前人，未之有得者也。"①柳宗元是否真的是故作高论"以求驾乎前人"呢？其实，他所谓的"明"与《中庸》之"明"并不完全相同，它是涵容儒道佛三家思想而形成的一个新范畴。

先来看柳宗元对"明"内涵的界定。他说："纯粹之气，注于人也为明，得之者，爽达而先觉，鉴照而无隐，盹盹于独见，渊渊于默识，则明者又其一端耳。"（《天爵论》）"明"是人禀"纯粹之气"而形成的，这就在本源上与传统儒家"天之所与"论区别开来了。从内涵来看，"明"也没有"诚""善"的影子，而"先觉""鉴照""盹盹""渊渊""独见""默识"等词分明昭示着"明"范畴之佛、道渊源。在佛教中，"明"为"智慧"之别名，与"觉""照"意思相近。"明""觉""照"等佛教术语常常出现于柳宗元的诗文之中。②从"先觉""鉴照"等词可以看出，柳宗

---

① 何焯：《义门读书记》（中），中华书局1987年版，第608页。
② 如《永州龙兴寺西轩记》："因悟夫佛之道，可以转惑见为真智，即群迷为正觉，舍大暗为光明。夫性岂异物耶？"

元"明"范畴在一定程度上受到了佛教的影响。"明"范畴的另一个理论来源是老庄道家。在老庄哲学体系中,"明"是指人心性中本来具有的与"道"合一、洞彻宇宙人生奥秘的智慧。老子提倡"归根复明",其实就是主张回光内照,复归心性之本明。"明",是就人心之内在境界而言的,而在外却表现为"昧",这就是老庄所说的"明道若昧",他们常用"沌沌""儽儽""昏昏""闷闷"等词来表达这种境界。柳宗元所谓"爽达而先觉,鉴照而无隐,盹盹于独见,渊渊于默识",受老庄之"明道若昧"思想影响也是很明显的。

综上所述,柳宗元"志"与"明",是在涵容三教心性资源基础之上而形成的两个心性论范畴。如果说"志"的内涵更近于儒家刚健、向善的心性特征的话,那么"明"的内涵绝不仅仅是《中庸》所谓的"明善",它更吸收了佛家的"明心见性"、道家的"归根复明"思想,指圣贤心性之中所涵摄的洞彻宇宙、人生真相的无上智慧。

2. "志""明"与道德理性

柳宗元以"志""明"为核心的心性理论,与传统儒家最大的区别在于,它否定了孟子以仁义忠信为"天爵"的说法,斩断了仁义道德与"天"的直接联系。他反对把"天"作为一切存在秩序与善的形而上根据和源泉,抽空了"天"的道德内涵,还原其"自然"属性。"天"既然是无生命、无意识、无目的"自然",那么它就不可能赋予人道德理性,它所赋予人的只是"明"与"志",所以柳宗元说:"故善言天爵者,不必在道德忠信,明与志而已矣"(《天爵论》)。天赋予人"明"与"志",是通过"气"来实现的。他说,所谓"天付之",并不是打开仓库"量而与之",而是"各合乎气",即禀"刚健之气"而形成"志",禀"纯粹之气"而形成"明",这个禀气成性的过程是自然而然的,所以说是"天付之"。

柳宗元否定仁义忠信为"天爵",不等于否定仁义忠信本身。他认为,是"人"而不是"天",承载着人生的价值与意义。他说:"道德与五常,存乎人者也";"道德之于人,犹阴阳之于天也;仁义忠信,犹春秋冬夏也。"(《天爵论》）道德与"五常"只存在于人心之中，道德是不能离开人心而存在的，但这并不是说道德是人心所固有，人心所固有的只是"明"与"志"。"明"与"志"本身并不具有道德理性，但它们却是道德理性形成的必不可少的条件。柳宗元说：

> 宣无隐之明，著不息之志，所以备四美而富道德也。故人有好学不倦而迷其道、挠其志者，明之不至耳；有照物无遗而荡其性、脱其守者，志之不至耳。明以鉴之，志以取之，役用其道德之本，舒布其五常之质，充之而弥六合，播之而奋百代，圣贤之事也。（《天爵论》）

这段话主要包含两层意思：一是道德的来源问题。圣贤由于具有"无隐之明"与"不息之志"，故能"役用其道德之本，舒布其五常之质"，从而成就"圣贤之事"。由"气"到"明与志"再到"道德与五常"，柳宗元以其"自然元气论"回答了人心中道德的来源问题。二是"明"与"志"的关系问题。柳宗元认为，"明"与"志"不可分离，有"明"无"志"，则虽能"照物无遗"，却会"荡其性脱其守"；有"志"无"明"，虽能做到"好学不倦"，却会"迷其道挠其志"。只有"明"与"志"结合，才能"备四美而富道德"。

3."志""明"与人格理想

柳宗元以"明"与"志"来论心性问题，也是为了服务于其理想人格的建构。"志"是人禀"刚健之气"而形成，因而具有"运行而可大""悠久而不息"的特点；"明"是人禀"纯粹之气"而形成，因而具有"爽达而先觉""鉴照而无隐"的特点。"志"使人"拳拳于得善，孜孜于嗜学"，"明"使人"盹盹于独见，渊渊于默识"。"志"与"明"，一刚一柔，一动一静，一向外追索一向内收敛，前者更近于儒家而后者更近于佛道，刚柔、动静、内外"应变若化"，从而成就其"圆外方中"的人格理想。

四、结论

为了给柳宗元在唐代三教融合思潮中一个定位，有必要把他与同时代的其他儒家学者韩愈、李翱、白居易、刘禹锡等作一简略比较。

韩愈固守儒"道"，力排佛老，反对三教间的对话，有违当时"三教融合"的文化大潮。李翱一方面大张旗鼓地反佛老，一方面暗中吸收佛教心性理论以建构其"复性说"，可以说他是事实上的儒释融合者，但在融合三教的贡献方面，李翱是不能与柳宗元比肩的。首先，他没有像柳宗元那样，明确提出三教融合的原则与方向。其次，在儒家宇宙论的建设方面，他没有做出什么贡献。第三，尽管其"复性说"对汉代以来儒家心性论有所发展，但其儒家立场已经不甚明显，连其战友韩愈都不禁发出"翱且逃也"之叹。

再把柳宗元与当时"三教融合"的其他倡导者白居易、刘禹锡作一比较。白居易一生儒佛道兼综，曾于大和元年（827）文宗诞日，代表儒家一方参加在麟德殿举行的"三教论衡"。白居易与柳宗元都主张"三教融合"，但两人又有实质性的区别。与柳宗元积极从佛、道思想中挖掘"佐世"资源不同，白居易则把它们当成躲避现实的工具。在白居易身上，"三教融合"表现为"外袭儒风，内宗梵行"（《和梦游春诗序》），"身委逍遥篇，心付头陀经"（《和答诗十首》），他并没有吸收佛道思想来进行儒家理论的建构。白居易极少谈论宇宙论、心性论等抽象的哲学问题，只是在少数几篇讨论政治问题的文章中偶有涉及，观点无出乎天人感应、祥瑞妖灾之外。

再来看刘禹锡的情况。刘禹锡充分肯定佛教在教化与心性方面对儒学的补充作用，提倡儒佛融合，这是与柳宗元相一致的。但柳、刘两人在对佛教及三教关系的理解上又有深浅之别。对佛教，刘禹锡特别欣赏其"虚""达"之人生态度，而柳宗元则在此基础上又进一步批评其"去孝以为达，遗情以贵虚"之病，刘重自我心性的解脱，柳重社会功能的开显。①柳、刘两人都曾为六祖惠能撰写过碑铭。柳宗元在《曹溪第六祖赐谥大鉴禅师碑》中，有意避开"顿悟"这个令禅宗南北有参商之隙、令禅宗与教宗有胡越之隔的字眼，并把惠能禅法归于"性善"，以实现其统合禅宗南北、统合禅教、统合儒释乃至统合三教之目的。相比之下，刘禹锡在《大唐曹溪第六祖大鉴禅师第二碑》中，特别突出惠能禅的"顿悟"特色，虽然可能更接近惠能原意，但缺少柳文之时代色彩。②

通过与韩愈、李翱、白居易、刘禹锡等人对比，本文认为：柳宗元是唐代"三教融合"思潮中儒家的最高代表，他不但大力提倡三教之间的融合，指明了"三教融合"的原则与方向，而且建构起三教关系张力下的宇宙本体论及"三教融合"视域中的心性论。在此过程中，柳宗元始终坚持儒家立场，终始把"圣人之道"与"生人之意"放在首要位置，把他们作为思考问题的出发点与归宿。可以说，在唐代"三教融合"思潮中，柳宗元与佛教的宗密、道教的杜光庭并列为三，分别代表了各自立场之上"三教融合"的方向。

[原载《孔子研究》2010年第3期]

---

① 张勇：《论柳宗元的〈东海若〉》，《文学遗产》2009年第2期。
② 张勇：《柳宗元〈大鉴碑〉中的"负问题"》，《中国社会科学院研究生院学报》2009年第5期。

论柳宗元的孔子观及其时代意义

　　"安史之乱"后的唐王朝，藩镇割据，宦官专权，朝廷内部各官僚阶层结党营私，并与藩镇、宦官势力相勾结，政治形势极为复杂。文化上，佛、道二教迅猛发展，在理论造诣与社会影响上都对儒学造成很大冲击。如何重构中央集权和稳定的社会秩序，如何正确处理三教之间的关系，这是中唐儒家学者急需思考的时代问题。作为当时一流的儒学家，柳宗元标举"孔子"为中唐时代精神的方向。他首先剥除历代经学家笼罩在"孔子"身上的神异蔽障，把他还原为一个"人"，然后对"孔子之道"进行重新诠释，从中抉发出经世济民之理性精神，从而为唐王朝指明了重建"大一统"社会秩序的政治方向和三教融合的文化方向，也为当时士人指明了在复杂而严酷的政治环境中践履"孔子之道"的行为准则。

一、去蔽与还原："孔子氏，是亦人而已矣"

　　儒家自古就有神化先圣的传统，孟子所谓"圣而不可知之之谓神"（《孟子·尽心下》），王充说得更明白："儒者论圣人，以为前知千岁，后知万世，有独见之明，独听之聪，事来则名，不学自知，不问自晓，故称圣则神矣。"（《论衡·实知篇》）在这一诠释传统中，孔子形象由"布衣"，一变为"圣人"，再变为"素王"，又变为"神灵"，不断地被神圣化、神异化。最先给孔子披上神异外衣者乃东汉大儒董仲舒。他说，孔子与天相通，知天命成败，"西狩获麟"是其受命之符，上天命他作《春秋》以"明改制之义""务除天下所患"（《春秋繁露·符瑞》）。随着谶纬神学的兴起，孔子形象的神异色彩更加浓重。谶纬文献中，有大量关于孔子降世的神异记载，孔子不但具有奇异的外表，而且肩负着上天赋予的神圣使命。柳宗元认为，这种"推天引神"式的诠释方法，严重地遮蔽了孔子的本来面目，要重新抉发孔子的真精神，首先要有一个"削去邪杂，显陈直正"（《祭吕衡州温文》）的去蔽过程。

柳宗元批评汉唐以来经师们的诠释方式说："其言本儒术，则迂回茫洋，而不知其适；其或切于事，则苛峭刻核，不能从容，卒泥乎大道。甚者好怪而妄言，推天引神，以为灵奇，恍惚若化，而终不可逐。故道不明于天下，而学者之至少也。"（《与吕道州温论非国语书》）他指出经学的三大弊病：一是，以"理"解经者，由于对经书义理的过分发挥，而导致空疏之病；二是，以"事"解经者，由于拘泥于名物训诂，而导致繁琐之病；三是，"推天引神"，充斥着神异色彩。过度的诠释及"推天引神"的方法，不但不能彰显"孔子之道"，反而把他遮蔽得越来越厚。

在《贞符·序》中，柳宗元对董仲舒"三代受命之符"说大加痛斥："其言类淫巫瞽史，诳乱后代，不足以知圣人立极之本，显至德，扬大功，甚失厥趣。"认为董氏之说遮蔽了孔子思想之真趣，只能像"淫巫瞽史"那样"诳乱后代"。柳宗元还猛烈批判《国语》对孔子形象的歪曲：

> 左氏，鲁人也。或言事孔子，宜乎闻圣人之嘉言，为《鲁语》也，盍亦征其大者，书以为世法？今乃取辩大骨、石砮以为异，其知圣人也亦外矣。言固圣人之耻也。孔子曰："丘少也贱，故多能鄙事。"（《非国语上·骨节专车》）

他认为，左丘明写《鲁语》，应该选择孔子之"嘉言"，选择那些足以为"世法"的方面，而不应该选择这些稀奇古怪之事，孔子之所以比一般人知道得多，是因为他"少也贱"，而不是因为他有天生的神异功能，把这些东西写进《鲁语》，简直是对孔子的诬蔑。

柳宗元竭力剥除历代诠释者罩在孔子身上的神异之蔽，把他还原为一个实实在在的"人"。他说："孔子氏，是亦人而已矣。……慕圣人者，不求之人，而必若牛、若蛇、若俱头之问，故终不能有得于圣人也。"（《观八骏图说》）他认为，孔子与凡夫一样，都"乐放弛而愁检局"，所不同的是，"圣人能求诸中，以厉乎己，久则安乐之矣"，而凡夫"则肆之"（《与杨海之第二书》）。能"厉乎己"，故"孔子之六十九未尝纵心"；"久则安乐之"，故"孔子七十而纵心"；但孔子之"纵心"，不同于凡夫之放肆，他是"度不逾矩而后纵之"（同上）。孔子说："克己复礼为仁。"（《论语·颜渊》）"克己"就是"厉乎己"，它是达到"仁"之境界的前提，而"克己"的关键在于心性之中的"志"与"明"，这也是孔子与庸夫的最主要区别。柳宗元说："使仲尼之志之明可得而夺，则庸夫矣；授之于庸夫，则仲尼矣。"（《天爵论》）孔子与庸夫的区别，不在于他具有什么神异功能，而在于他有明确而远大的理想，以及践履理想的勇气与智慧。

二、柳宗元对"孔子之道"的诠释

去除了历代诠释者笼罩在孔子身上的神异光环，把他还原为一个"人"之后，柳宗元开始对"孔子之道"进行重新诠释。

（一）大公之道

柳宗元对"孔子之道"的诠释，在很大程度上受到了以啖助、赵匡和陆质为代表的"新《春秋》学派"的影响[①]。"新《春秋》学派"继承了西汉"公羊学"的"大一统"思想，提倡尧舜时期的"公天下"，反对三代以降的"家天下"。柳宗元曾赞陆质曰："于'纪侯大去其国'，见圣人之道与尧、舜合，不唯文王、周公之志，独取其法耳。"（《答元饶州论春秋

---

①据《答元饶州论春秋书》记载，柳宗元曾向陆质执弟子礼，并表达自己对陆质的景仰之情曰："恒愿扫于陆先生之门。"

书》）这里，明确地把"孔子之道"与尧舜时期的"公天下"思想联系起来。

柳宗元认为，"大公之道"是孔子从尧、舜时期"公天下"社会制度中抽绎出来的一种至大、至公的精神。"大公之道"，又称为"至公之道"（《非国语下·获晋侯》），"大公""至公"都是极其公正之意。"大公之道"既是"尧舜之道"的核心，也是"孔子之道"的核心。《礼记·礼运》中，"孔子"描述"大公之道"曰："大道之行也，天下为公，选贤与能，讲信修睦……""大公之道"的根本特征是"天下为公"，具体表现为"选贤与能，讲信修睦"等。柳宗元在《贞符》中说，黄帝靠征战统一了天下，"然犹大公之道不克建"；至尧时，"置州牧四岳，持而纲之。立有德有功有能者，参而维之，运臂率指，屈伸把握，莫不统率。尧年老，举圣人而禅焉，大公乃克建"。柳宗元为什么要把尧而不是黄帝作为"大公之道"的创始者呢？他大概认为，黄帝只是靠征战建立起了事实上的统一局面，并没有建立起"大公"之精神，尧确立了"选贤与能"及禅让制度，这才是"大公之道"的真正开始。

《论语》是记载孔子与其弟子之间问对之辞的书，而在末章（即《尧曰》）之首记载的却是尧、舜、禹三圣之间的对话，这是为什么呢？柳宗元在《论语辩二篇》（下篇）中解释说：

> 《论语》之大，莫大乎是也。是乃孔子常常讽道之辞云尔。彼孔子者，覆生人之器者也。上之尧、舜之不遭，而禅不及己；下之无汤之势，而己不得为天吏。生人无以泽其德，日视闻其劳死怨呼，而己之德涸然无所依而施，故于常常讽道云尔而止也。此圣人之大志也，无容问对于其间。弟子或知之，或疑之不能明，相与传之。故于其为书也，卒篇之首，严而立之。

柳宗元认为，孔子乃"覆生人之器者"，虽有尧舜之道，但由于未得王位，而在现实之中没有施展的机会，所以常借尧舜禹三圣之间的对话来讽颂"大公之道"，弟子们把它置于《论语》末章之首的目的，就在于"明圣人之大志"。"《论语》之大，莫大乎是也"，这句话明确指出了《论语》的主旨在于讽颂尧舜时期的"大公之道"。这种解释可能是缺少事实根据的，但柳宗元的目的并不在于探讨文本的原初含意，而是通过对文本的创造性发挥，抉发出孔子思想中的"大公之道"。

(二)生人之意

在西汉"公羊学"那里，"大一统"的理论来源与依据是"天"，柳宗元继承了"公羊学"的"王道"政治思想，又斩断了其形而上的神学依据。他说："力足者取乎人，力不足者取乎神。所谓足，足乎道之谓也，尧、舜是矣。周之始，固以神矣。"（《非国语上·神降于莘》）他认为，像尧、舜这样"足乎道"之君主，其治理国家靠的是人的力量，周以后，君主由于"道"不足，开始转而依靠神异之说。这里所谓的"道"，指的是"大公之道"。作为尧舜之道的继承者，孔子反对把"大公之道"与神怪联系起来，所以柳宗元说："吾尝言圣人之道，不穷异以为神，不引天以为高，故孔子不语怪与神"（《非国语上·料民》）；又说："立大中，去大惑，舍是而曰圣人之道，吾未信也。"（《时令论》下）这种对"大公之道"神学依据的否定，是与柳宗元"天人相分"的思维方式相联系的。在柳宗元看来，天即自然，天与人是相分而不相预的。立足于这种思维方式，他把"大公之道"的依据，由遥远的天国拉回到现实的"生人之意"之上来，这也就把"王道"政治的重心落实在了"民本"之上，他所谓"唐家正德，受命于生人之意"（《贞符·序》）。

上文说过，柳宗元把《论语》的主旨归结为"大公之道"，并认为孔子是"大公之道"与"生人之意"的承载者，由于终生未得王位，孔子虽为"覆生人之器者"，但"生人无以泽其德"，所以柳宗元说："己之德涵然无所依而施，故于常常讽道云尔而止也。"这正好说明"生人之意"是"大公之道"的现实依托。陆质说："夫子伤之曰：'虞夏之道，寡怨于民；殷周之道，不胜其弊。'又曰：'后代虽有作者，虞帝不可及已。'盖言唐虞淳化，难行于季末。”[1]尧、舜时期的“公天下”，已经成为一个遥远而美好的过去，在现实之中已经不可能实现了，但这并不意味着在现实之中提倡“尧舜之道”没有意义了，陆质说：“垂万世之法者，道不必行于当代。”[2]“公天下”之理想是“垂万世之法者”，虽然在现实之中不可能实现，但它所蕴含的“大公”之精神却可以垂法于万代。这种精神在现实之中就表现为“生人之意”。所以，柳宗元赞陆质曰：“其道以生人为主，以尧、舜为的。”（《陆文通先生墓表》）这就把“孔子之道”由形而上层面的“大公之道”引向形而下层面的“生人之意”。

“生人之意”是“大公之道”的具体落实，其最大特点是“及物行道”。柳宗元在《送徐从事北游序》中说：“得位而以《诗》《礼》《春秋》之道施于事，及于物，思不负孔子之笔舌。能如是，然后可以为儒。儒可以说读为哉?”他认为，“孔子之道”的最根本特点在于经世济民，而不是空谈道德性命之理。他举例说：“伊尹以生人为己任，管仲舋浴以伯济天下，孔子仁之。凡君子为道，舍是宜无以为大者也。”（《与杨诲之第二书》）伊尹、管仲因为能担负起经世济民之时代重任而得到孔子的高度赞扬。柳宗元还以此作为衡量孔子与孟子高低的杠杆，他说：“孟子好道而无情，其功缓以疏，未若孔子之急民也。”（《吏商》）他认为，孟子重心性、重内圣，功效缓而疏，不如孔子直接关心生民的现实之需。

综上所述，柳宗元把“孔子之道”的核心归结为“大公之道”，又立足于“天人相分”的思维方式，斩断“大公之道”的神学依据，把它落实于现实层面的“生人之意”。“大公之道”与“生人之意”是“孔子之道”的两个层面，前者属形而上层面，后者属形而下层面，前者是后者的理论提升，后者则是前者的现实体现。在孔子思想体系中，既有偏重道德性命的“内圣”一面，也有偏重经世济民的“外王”一面，柳宗元标举后者作为中唐时代精神的方向。

---

①《春秋集传纂例》卷一《春秋宗指议》。

②《全唐文》卷六十八《祀武成王议》。

三、"孔子之道"：三教融合的总方向

初唐以来，佛、道二教迅猛发展，在社会影响与理论造诣上都对儒学造成很大冲击。韩愈描述当时三教之间的关系说："老者曰：孔子，吾师之弟子也。佛者曰：孔子，吾师之弟子也。为孔子者，习闻其说，乐其诞而自小也，亦曰：吾师亦尝师之云尔。不惟举之于其口，而又笔之于其书。"[①]面对这种局面，韩愈主张力排佛、老以复兴儒学，柳宗元则提出以儒学为主体的"三教融合"观。他在《送元十八山人南游序》中说："悉取向之所以异者，通而同之，搜择融液，与道大适，咸伸其所长，而黜其奇邪，要之与孔子同道，皆有以会其趣，而其器足以守之，其气足以行之。"他认为，儒佛道三教互有差异，各有优长与不足，对待三教关系的正确态度应是取长补短、伸长黜奇，具体方法是"取向之所以异者，通而同之"，会通的标准则是"孔子之道"。

（一）"凡儒者之所取，大莫尚孔子"

柳宗元把孔子定位为儒家思想的集大成者与儒家"道统"的核心。他说："其道自尧、舜、禹、汤、高宗、文王、武王、周公、孔子皆由之。"（《与杨诲之第二书》）在这个"道统"中，他最推崇的是尧、舜与孔子，经常把儒家之道称为"尧舜孔子之道"。如他在《送娄图南秀才游淮南将入道序》中说："求尧、舜、孔子之志""行尧、舜、孔子之道"；在《寄许京兆孟容书》中说："唯以中正信义为志，以兴尧、舜、孔子之道，利安元元为务"；等等。在尧、舜、孔子三人中间，柳宗元最推重孔子，他说："凡儒者之所取，大莫尚孔子"（《与杨诲之第二书》）；"夫子之道阂肆尊显，二帝三王其无以侔大也"（《道州文宣王庙碑》）。他认为儒家之道"其归在不出孔子"（《报袁君陈秀才避师名书》），他一生的努力目

①《韩昌黎文集》卷一《原道》。

标就是"延孔子之光烛于后来"(《答贡士元公瑾论仕进书》)。

(二)"老子亦孔氏之异流"

关于儒道关系,柳宗元提出"老子亦孔氏之异流"的命题。他说:"太史公尝言:世之学孔氏者,则黜老子,学老子者,则黜孔氏,道不同不相为谋。余观老子,亦孔氏之异流也,不得以相抗……皆有以佐世。"(《送元十八山人南游序》)"异流"一词,暗含"同源"之意。柳宗元认为,孔、老两家思想在基本宗旨上是一致的,即"皆有以佐世"。老子治世思想的根本特点是"无为而治",这与孔子是一致的。孔子曾说:"无为而治者,其舜也与?夫何为哉?恭己正南面而已矣。"(《论语·卫灵公》)当然,孔、老两人对"无为而治"的理解是有根本区别的,孔子之"无为而治"是提倡"天下为公"的"尧舜之道",而老子之"无为而治"则是主张顺应人性之"自然"。柳宗元通过诠释孔子而提倡"大公之道",希望唐王朝在安史之乱的废墟上重建"大一统"的国家政治,老子思想在这方面具有重要的辅助作用。他在《涂山铭·序》中说:"位莫崇乎执大象,乃辑五瑞,以建皇极;政莫先乎齐大统,乃朝玉帛,以混经制。""执大象"出自《老子》第35章:"执大象,天下往。往而不害,安平太。"意思是说,统治者如果能执守"大道",天下人都会归往,大家互不伤害、平和安泰。柳宗元在这里把"执大象"与"建皇极""齐大统"并列在一起,从《老子》中抉发出"大一统"思想。

(三)"(浮图)不与孔子异道"

关于儒佛关系,柳宗元提出了"(浮图)不与孔子异道"的命题。他在《送僧浩初序》中说:"浮图诚不可斥者,往往与《易》《论语》合。诚乐之,其于性情奭然,不与孔子异道。"那么,佛教在哪些方面与"孔子之道"相合呢?

其一,"律"与"礼"合。柳宗元说:"儒以礼立仁义,无之则坏;佛以律持定慧,去之则丧。是故离礼于仁义者,不可与言儒;异律于定慧者，不可与言佛。"（《南岳大明寺律和尚碑》）在孔子的道德伦理体系中，"礼"是通达"仁"的途径，所谓"克己复礼为仁"，所以柳宗元说"儒以礼立仁义，无之则坏"。在佛教的修行实践中，戒为"三学"之起点，无戒定、慧将无所依持，所以柳宗元说"佛以律持定慧，去之则丧"。在柳宗元看来，佛教之"律"与孔子之"礼"在目的上是一致的，两者都是以"克己"的手段来达到道德境界。

其二，"孝"与"空"通。在孔子的道德伦理体系中，"孝"是至高无上的，而在佛教的教理、教义中，"空"才是终极目标。为了调节这一矛盾，柳宗元一方面说"释之书有《大报恩》十篇，咸言由孝而极其业"（《送元暠师序》），说明孔、佛在"孝"上的一致性，另一方面又从理论上论证"孝"与"空"的相通性。他说："金仙氏之道，盖本于孝敬，而后积以众德，归于空无。"（《送濬上人归淮南觐省序》）"空"是佛教的最高目标，但"空"性的证得离不开具体的修行实践，而"孝"恰是修行实践之本，由"孝"可通达"空"，从而趋证涅槃、实现解脱。

其三，佛教能引导人"趣于仁爱"，具有"佐世"之功能，柳宗元认为这是孔、佛最重要的相通相合之处。据《柳州复大云寺记》记载，柳州人信鬼嗜杀，社会治安极为混乱，柳宗元到柳州以后，修复大云寺，安居僧人，宣传佛法，于是人们"去鬼息杀，而务趣于仁爱"。

综上所述，柳宗元把孔子看作儒家"道统"的核心，并努力在佛、道思想之中挖掘符合"孔子之道"的思想要素，并以此作为三教融合的联结点。同时，他也不遗余力地批判三教思想之中不合"孔子之道"的东西。他批判了汉唐儒家思想中"天人感应"的神学目的论，认为这"是必诬圣人矣"（《非国语上》）；批评佛教信徒"无夫妇父子，不为耕农蚕桑而活乎人"（《送僧浩初序》）；批判道教信徒"以图寿为道"，不合"孔子之志"（《送娄图南秀才游淮南将入道序》）。总之，柳宗元主张以"孔子之道"来融合三教，以儒为主体、以佛道为两翼，三教共同担负起经世济民之时代重任。

四、"圆外方中"的人格范式

知权达变是孔子人格理想的基本精神。《论语》中，孔子多次提到从容进退、与时俱变的处世态度。他说："邦有道，危言危行；邦无道，危行言孙。"（《论语·宪问》）又说："笃信好学，守死善道。危邦不入，乱邦不居，天下有道则见，无道则隐。"（《论语·泰伯》）孔子认为，或隐或现可根据现实情况灵活把握，但"道"是不可违背的，要"守死善道"。在"邦无道"时，顺言以远害，沉晦以自保，是不违背"道"的，这只是行"道"过程中的权宜之计。所以，孟子赞之曰："可以仕则仕，可以止则止，可以久则久，可以速则速，孔子也。"（《孟子·公孙丑上》）

柳宗元把孔子这种内"守死善道"、外因时顺势的人格范式概括为"圆外方中"。他在《说车赠杨诲之》《与杨诲之书》《与杨诲之第二书》等文中反复阐述这一思想。"方中"，指"中之正不惑于外"（《与杨诲之书》）。他评价杨诲之曰："观过而知仁，弥见吾子之方其中也。"（《与杨诲之第二书》）"方中"即是内心中正，符合仁义之道。只做到"方中"还不行，因为"秉其正以抗于世，世必为敌仇"（《与杨诲之书》），还要做到"圆外"。关于"圆外"，柳宗元解释曰：

> 然吾所谓圆者，不如世之突梯苟冒，以矜利乎己者也。固若轮焉：非特于可进也，锐而不滞；亦将于可退也，安而不挫；欲如循环之无穷，不欲如转丸之走下也。乾健而运，离丽而行，夫岂不以圆克乎？（《与杨诲之第二书》）

柳宗元这段话的主旨是：可进时，"锐而不滞"；该退时，"安而不挫"。这就是孔子所谓的"有道则见，无道则隐"，这就是"圆外"。柳宗元认为，只有做到"圆外方中"，才能实现"内可以守，外可以行其道"。

柳宗元十分赞成孔子"危邦不入，乱邦不居"的观点，他说："夫君子亦然，不求险而利也，故曰'危邦不入，乱邦不居'，'国无道，其默足以容'。"（《与杨诲之第二书》）他反对世人"突梯苟冒，以矜利乎己"，而提倡"不求险而利"。柳宗元也十分赞成孔子"邦有道，危言危行；邦无道，危行言孙"的观点，认为"恭其体貌，逊其言辞"不是"佞且伪"，其目的不在于"蒻蒻拘拘，以同世取荣"，"其旨在于恭宽退让，以售圣人之道"（同上）。为了传播"圣人之道"，在"邦无道"的环境中"危行言孙"，这正是"圆外方中"人格理想的表征。

柳宗元进而指出，"圆外方中"不等于"柔外刚中"，后者的错误在于把"刚"与"柔"对立了起来。他说："吾以为刚柔同体，应变若化，然后能志乎道也"；"刚柔无恒位，皆宜存乎中，有召焉者在外，则出应之。应之咸宜，谓之时中，然后得名为君子"（《与杨诲之第二书》）。他认为，"刚"与"柔"是一体之两面，其位置是根据外在形势的需要而不断相互转化的，只有"应变若化""应之咸宜"才合乎"孔子之道"，"外恒柔""内恒刚"是违背"孔子之道"的。接着，他又举事例加以说明：

> 必曰外恒柔，则遭夹谷武子之台。及为蹇蹇匪躬，以革君心之非。庄以莅乎人，君子其不克欤？中恒刚，则当下气怡色，济济切切。哀矜、淑问之事，君子其卒病欤？（《与杨诲之第二书》）

据《史记·孔子世家》载：鲁定公十年，齐景公在夹谷以兵劫持鲁定公，时为鲁相的孔子当场怒叱齐侯，保住了定公的安全与鲁国的利益；鲁定公十三年，公山不狃、叔孙辄率费人袭鲁，围定公于武子之台，孔子指挥军队平定叛乱。柳宗元说：在遇到类似"夹谷之会""登武子之台"，以及需要抛开个人安危而忠言直谏以纠正国君错误等事件的时候，君子就不应该再坚持"外恒柔"；同样，在遇到类似祭祀、听讼等需要屏息下气、徐行细语之事时，也不应该再坚持"内恒刚"。刚与柔是"无恒位"的，孔子与普通人的区别在于："圣人所贵乎中者，能时其时也"（《与杨诲之第二书》），即圣人能做到动静、刚柔合乎时宜。"时其时"是"圆外方中"的根本特点，也是"圆外方中"与"柔外刚中"的根本区别之所在。

柳宗元不但正确分析了孔子"圆外方中"人格范式的根本特征，而且揭示了其形成的根本原因。他在《天爵论》中说，孔子与庸夫的区别在于心性之中是否具有"志"与"明"这两个基本要素。那么，什么是"志"与"明"呢？他解释说：

> 刚健之气，钟于人也为志，得之者，运行而可大，悠久而不息，拳拳于得善，孜孜于嗜学，则志者其一端耳。纯粹之气，注于人也为明，得之者，爽达而先觉，鉴照而无隐，盹盹于独见，渊渊于默识，则明者又其一端耳。（《天爵论》）

孔子多次言"志"，他说："匹夫不可夺志""不降其志""志于学"等①，在这里，"志"都是志向、立志之意。柳宗元认为，"志"是人禀"刚健之气"而形成的，它具有"运行而可大""悠久而不息"的心性特征，能使人"拳拳于得善，孜孜于嗜学"；"明"是人禀"纯粹之气"而形成的，具有"爽达而先觉""鉴照而无隐"的心性特征，它能使人"盹盹于独见，渊渊于默识"。柳宗元进一步指出，"明"与"志"是不可分离的，有"明"而无"志"，则虽能"照物无遗"，却会"荡其性脱其守"；有"志"无"明"，虽能做到"好学不倦"，却会"迷其道、挠其志"。"志"与"明"，是"圆外方中"人格范式形成的决定条件，无"志"不足以成"方中"，无"明"不足有成"圆外"，只有"志"与"明"兼备，才能"守大中以动乎外而不变乎内"（《说车赠杨诲之》）。

---

①分别见《论语》之《子罕》《微子》《为政》。

五、柳宗元孔子观的时代意义

"安史之乱"以后，藩镇割据的局面开始形成，至德宗时期已成尾大不掉之势。各藩镇依恃强大的军事力量不服朝命，甲兵自擅，刑赏由己，户籍不报于中央，赋税不入于朝廷，并力图建立起世袭制度。德宗讨伐河北、山东一带的藩镇，结果引起"泾原兵变"，被迫出奔奉天，转走梁州，险些丧命。宦官窦文场、霍仙鸣因护驾有功被封为"神策中尉"，此后宦官主管禁军遂成制度，宦官集团逐渐控制了中央政权。连年兵乱造成国库耗竭，政府加强对人民的盘剥，苛捐杂税日益严重，民不聊生，起义不断。在这种情况下，如何抑制藩镇、宦官势力，重建中央集权，成为唐王朝君臣必须正视的问题。"新《春秋》学"与"永贞革新"，分别从思想与制度两个层面探讨解决这一问题的途径。"新《春秋》学"大力倡导"尊王"，意欲结束强藩跋扈、宦官弄权的混乱局面，重建"大一统"的皇权专制政治。"永贞革新"所提出的夺取宦官兵权、集中财政大权、禁止随意增加赋税等主张，则是"新《春秋》学"的政治思想在制度层面的具体体现。柳宗元既是"新《春秋》学"的服膺者，又是"永贞革新"的主要参与者，其孔子观正是这一时代思潮的集中体现，因而，具有十分重要的现实意义。

政治上，提倡以"王道"来重建"大一统"的社会政治秩序。柳宗元标举"孔子之道"为中唐时代精神的方向，并明确揭示其"大公之道"与"生人之意"内涵，一方面提倡"王道"政治，主张实施"选贤与能"及民本政策，另一方面提倡重建"大一统"的社会政治秩序，重振唐王朝的中央权威。上文说过，柳宗元把尧舜时期禅让制度的确立看作"大公之道"形成的重要标志，并把它作为"孔子之道"的核心，他并不是真的主张在中唐实行禅让制度，而是提倡这种制度所蕴含的"大公"之精神，并认为郡县制是"大公"精神在当时的最好体现。他在《封建论》中说：

> 夫殷、周之不革（封建制）者，是不得已也。……夫不得已，非
> 公之大者也，私其力于己也，私其卫于子孙也。秦之所以革之者，其
> 为制（郡县制），公之大者也，其情，私也，私其一己之威也，私其
> 尽臣畜于我也。然而公天下之端自秦始。

他认为，周朝因"私"而不革除封建制，秦朝则因"公"而实行郡县制，甚至认为秦朝是"公天下"的开始。他把秦朝郡县制的确立看作"公天下"的开始，最主要的原因是，这种制度打破了封建制的世袭制度，给更广大的庶族阶层提供了进仕的机会。安史之乱以后，朝廷内部各官僚阶层结党营私，并与藩镇、宦官势力相勾结，政治局面极为复杂，庶族阶层极少有参政的机会。"永贞革新"集团中的成员大都是庶族出身，"任贤能"是他们的集体心声，也是中唐社会的现实之需。

文化上，指明了"三教融合"的总方向。中唐，儒佛道三教鼎立的格局已经形成并发展、巩固，三教之间在相互借鉴、吸收的同时，冲突也不断发生，有时还相当激烈，如何正确处理三教之间的关系是一个十分重要的时代问题。韩愈主张利用政治力量"抵排异端，攘斥佛老"[①]，遗憾的是，以政治手段打击佛道，既违逆当时三教融合的文化大潮，也不符合君主的三教并举政策，他所宣扬的儒"道"也由于过度的自我封闭而缺少时代蕴含。柳宗元深刻认识到佛、道二教具有复兴儒学可资借鉴的理论价值，也深刻认识到他们在政治、教化等方面具有补充儒学的实践意义，因而提出以"孔子之道"为主体的三教融合观，指明了中唐"三教融合"的总方向，也代表了中唐儒学复兴的方向。

实践上，为当时士人指明了在复杂而严酷的政治环境中践履"孔子之道"的思想与行为准则。"圆外方中"，是他对孔子人格范式的概括，也是他所积极倡导的处世之道。他说："尝以君子之道，处焉则外愚而内益智，外讷而内益辩，外柔而内益刚；出焉则外内若一，而时动以取其宜

---

① 《韩昌黎文集》卷一《进学解》。

当，而生人之性得以安，圣人之道得以光。"（《答周君巢饵药久寿书》）处则"外愚内智"，出则"外内若一"，这就是"圆外方中"的君子人格，其目的在于使"生人之性得以安，圣人之道得以光"，即实现"孔子之道"。

[原载《孔子研究》2008年第6期]

论柳宗元的孟子观

　　《孟子》一书为历代学者所重视，从战国时期的荀子起至今，形成一条长长的诠释链。宋代，《孟子》由儒家子书升格为经书，把"孟学"推至高潮，而中唐则是这一高潮的先声。韩愈是公认的孟子升格运动的先驱人物，其孟子观倍受学界重视，而其净友柳宗元的孟子观却鲜为后人提及。本文依据《河东先生集》中大量有关孟子的材料，梳理出柳宗元对孟子思想的理解与评价，分析柳氏孟子观的特质，并将其与韩愈孟子观作比较，揭示其现实意义及对后世的影响。

一、柳宗元对孟子的批评

　　儒家"道统"观念初萌于孟子，他明确提出一个由尧、舜、禹、汤、文王至孔子的圣王序列（《孟子·尽心下》）。中唐，韩愈在此基础上，把孟子本人列入其中，并将其置于核心地位，正如有研究者所说："韩愈的'道统'谱系上，真正居于中心位置的是孟子，其余的列祖列宗不过是配享从祀而已。"[①]与韩愈一样，柳宗元也多次申述自己心目中的儒家"道统"，所不同的是，他没有一次把孟子列入其中。如他在《与杨诲之第二书》中说："其道自尧、舜、禹、汤、高宗、文王、武王、周公、孔子皆

---

①市川勘：《韩愈研究新论——思想与文章创作》，文津出版社2004年版，第17页。

由之。"①在这个"道统"中，柳宗元最推崇的是孔子，因此他又说："凡儒者之所取，大莫尚孔子。"他把孔子作为儒家思想的集大成者与儒家"道统"的核心，而孟子则在这个"道统"之中没有任何位置，这是由他对孟子思想的理解与评价所决定的。

(一)对孟子心性论的批评

孟子心性论的核心是"性善论"。他认为，人先天就有恻隐之心、羞恶之心、辞让之心、是非之心，这四心分别是仁、义、礼、智的萌芽，故称"四端"。这"四端"经过后天的学习、修养就可以扩充为仁义礼智"四德"。孟子把仁义忠信看作上天赋予人的道德命令，故称其为"天爵"。

柳宗元在《天爵论》中对孟子心性论直接提出了批评。他说："仁义忠信，先儒名以为天爵，未之尽也。"他认为，"天"只是无生命、无意识、无目的"自然"，根本不可能赋予人道德理性。他又说："故善言天爵者，不必在道德忠信，明与志而已矣。""天"所赋予人的只是"明"与"志"。"志"成为哲学范畴，始自孟子。《孟子·尽心下》提倡"尚志"，并以"居仁由义"释之，赋予"志"范畴以"仁义"内涵。柳宗元虽然袭用了孟子"志"范畴，却斩断其与"仁义"的直接联系，认为"志"是人禀"刚健之气"而形成，表现为"拳拳于得善，孜孜于嗜学"，它是人性中一种"明善"的内驱力，但其本身并不是善。与"志"相对，"明"是人禀"纯粹之气"而形成，表现为"爽达而先觉，鉴照而无隐，盹盹于独见，渊渊于默识"，它是人性本然之觉悟，其本身也不具有仁义道德属性。"明"与"志"虽不具有道德属性，却是道德理性形成的必不可少的条件。柳宗元说："宣无隐之明，著不息之志，所以备四美而富道德也。""圣贤"与"庸夫"的根本区别，就在于心性之中的"明"与"志"，所以他说："使仲尼之志之明可得而夺，则庸夫矣；授之于庸夫，则仲尼矣。"

柳宗元批评孟子心性论，并不是否定其仁义道德内涵，而是否定其道

---

① 《柳宗元集》，中华书局1979年版。本文所引柳宗元诗文均出自该书。

德先验性。他在《时令论下》中说："圣人之为教，立中道以示于后。曰仁、曰义、曰礼、曰智、曰信，谓之五常，言可以常行者也。"他认为，仁义礼智信"五常"并不是上天所赋予，而是"圣人之为教"，所谓"常"，并不是恒常不变，而是"可以常行"之意。总之，孟子强调仁义道德的先天合理性，柳宗元则强调其后天实践性，认为只有在现实生活实践中，仁义礼智信"五常"才有意义。

(二)对孟子义利观的批评

"义利之辩"是孟子思想的又一重要内容。在此问题上，孟子有明确的重义轻利立场，柳宗元对此持有异议。《吏商》载，有人说："君子谋道不谋富，子见孟子之对宋硁乎？何以利为也。"孟子批评宋硁的话出自《孟子·告子下》。孟子曰："为人臣者怀利以事其君，为人子者怀利以事其父，为人弟者怀利以事其兄，是君臣、父子、兄弟终去仁义，怀利以相接，然而不亡者，末之有也。……何必曰利？"对此，柳宗元引用《中庸》之语进行驳斥：

> 君子有二道，诚而明者，不可教以利；明而诚者，利进而害退焉。吾为是言，为利而为之者设也。或安而行之，或利而行之，及其成功，一也。吾哀夫没于利者，以乱人而自败也，姑设是，庶由利之小大登进其志，幸而不挠乎下，以成其政，交得其大利。吾言不得已尔，何暇从容若孟子乎？孟子好道而无情，其功缓以疏，未若孔子之急民也。

柳宗元不同意孟子言义不言利、谋道不谋富的观点。他把"君子之道"分为两类："诚而明者"与"明而诚者"，即《中庸》所谓"自诚明"与"自明诚"，认为对前者"不可教以利"，而对后者则可"以利退害"。立足于此，柳宗元对"吏商"现象作了辩证性的评价。从孟子义利观来看，官吏经商肯定是违背仁义之道的，但柳宗元认为，如果"廉吏"用

"不挠乎下"即不欺压百姓的方式来谋利，那么不仅他自己会"身富而家强"，而且能使政绩更加突出，从而有益于生民——尽管这是出于谋利之目的，但与发自内心者，在结果上是没有区别的。当然，不能说柳宗元十分赞成官吏经商，这只是他在"举世争为货商"之大潮中的"不得己"策略。柳宗元认为，在"吏商"现象十分普遍的时代，提倡孟子"言义不言利""谋道不谋富"的道德信条是起不到任何实际作用的，与其这样，不如引导他们以正确的途径谋利，从而间接地收到利民之效果。因此，他说："孟子好道而无情，其功缓以疏，未若孔子之急民也。"明确指出孟子陈义过高，不合乎生民现实之需。"急民"，是柳宗元批评孟子义利观的出发点与理论依据。

（三）关于管仲、伊尹的不同评价

管仲是中国历史上颇具争议的人物，孔子经常与弟子谈论他。齐桓公杀兄公子纠，作为公子纠的师傅，管仲没有像召忽那样以身殉难，反而辅佐桓公称霸，对此，子路、子贡都认为管仲"不仁"。孔子虽然对管仲的品德也颇有微词，如认为他"器小""不俭""不知礼"（《论语·八佾》），但对其现实功业却颇为赞赏，甚至发出"微管仲，吾其披发左衽"之叹（《论语·宪问》），品德与功业两相权衡，孔子仍以"仁"许之。与孔子态度不同，孟子对管仲的品德与功业全盘否定。他在《孟子·公孙丑上》中借曾西之口说："管仲得君如彼其专也，行乎国政如彼其久也，功烈如彼其卑也"，并表示羞与管仲为伍。那么，孟子为什么要否定管仲的功业呢？朱熹解释说："管仲不知王道而行霸术，故言功烈之卑也。"[1]此语深得孟子之趣。在此问题上，柳宗元不同意孟子的观点，并借孔子之语加以反驳。他在《与杨诲之第二书》中说："伊尹以生人为己任，管仲豐浴以伯济天下，孔子仁之。凡君子为道，舍是宜无以为大者也。"他高度赞扬管仲的功业，并认为君子就应该像管仲那样辅时安民，

---

①朱熹：《四书章句集注》，中华书局1983年版，第227页。

舍此就不足为大业。在《送从弟谋归江陵序》《晋文公问守原议》《寄许京兆孟容书》等文中，柳宗元也表达了对管仲的赞许之情。孟子否定管仲，是因为他的行动不符合儒家仁义之道；柳宗元肯定管仲，是因为他的功业能惠及生民。

与对管仲泾渭分明的态度不同，柳宗元与孟子对伊尹的评价则是同中有异，柳既部分地吸收了孟的观点，又暗含着对孟的批评。《孟子·告子下》提到伊尹"五就汤五就桀"之事。关于此故事，《淮南子》《鬼谷子》《吕氏春秋》《史记》等典籍都有记载，内容却不尽相同，后人对伊尹这种"出尔反尔"的立场做了种种猜测，这不属于本文的讨论范围，本文只关心孟子对此事的态度。孟子认为，伊尹的行为与"不以贤事不肖"的伯夷、"不恶污君，不辞小官"的柳下惠一样，都符合仁义之道。孟子做出这一评价的依据，不是忠君，而是忧民，[1]他认为伊尹不断往返于汤、桀之间，是为生民着想。这是与其"民贵君轻"思想相一致的。

柳宗元专写《伊尹五就桀赞》一文，对伊尹"五就汤五就桀"事进行评论。在此文中，柳宗元首先同意孟子的观点。孟子赞赏伊尹不愚忠于一君而心系乎生民，柳宗元也赞曰"不夏、商其心，心乎生民而已"；孟子说"伊尹，圣之任者也"（《孟子·万章下》），柳宗元也说"彼伊尹，圣人也"，二人都把伊尹看作儒家的圣人。在此基础上，柳宗元又发出不同于孟子的声音：

> （伊尹）退而思曰："汤诚仁，其功迟；桀诚不仁，朝吾从而暮及于天下可也。"于是就桀。桀果不可得，反而从汤。……仁至于汤矣，四去之；不仁至于桀矣，五就之，大人之欲速其功如此。……吾观圣人之急生人，莫若伊尹；伊尹之大，莫若于五就桀。

柳宗元认为，伊尹明知商汤仁而夏桀不仁，仍去汤就桀，是因为急于

---

①如《孟子·万章上》赞伊尹云："思天下之民匹夫匹妇有不被尧舜之泽者，若己推而内之沟中。其自任以天下之重如此，故就汤而说之以伐夏救民。"

为百姓谋福利。桀虽不仁，但从之可以很快使自己的德泽惠及天下；汤虽仁，但不在王位，故从之而"功迟"。为了实现"速其功""急生人"之目的，伊尹去汤而就桀。此观点，虽仍建立在孟子"民本"基础之上，但更强调"道"的现实性，暗含对孟子"缓以疏"之道的否定。

综上所述，柳宗元反对孟子把仁义礼智视为"天爵"，反对孟子脱离现实功利而空谈仁义道德，认为孟子陈义过高，其道"缓以舒"，既不符合生民的现实之需，也不符合孔子的"急民"之道，因而把他摒于儒家"道统"之外。

二、柳宗元孟子批评的特质

柳宗元批评孟子空言"仁义"，指出儒"道"的核心不在于超越层面的、抽象的仁义道德，而在于现实层面的、具体的国计民生。柳宗元的孟子批评具有强烈的现实性、功利性、人间性特征。

（一）现实性

柳宗元通过批评孟子而把儒"道"引向辅时及物，其孟子观体现着强烈的现实主义色彩。如《与吕道州温论非国语书》：

> 往时致用作《孟子评》，有韦词者告余曰："吾以致用书示路子，路子曰：'善则善矣，然昔人为书者，岂若是摭前人耶？'"韦子贤斯言也。余曰："致用之志以明道也，非以摭《孟子》，盖求诸中而表乎世焉尔。"今余为是书，非左氏尤甚。若二子者，固世之好言者也，而犹出乎是，况不及是者滋众，则余之望乎世也愈狭矣，卒如之何？苟不悖于圣道，而有以启明者之虑，则用是罪余者，虽累百世滋不憾而恧焉。

文中的李景俭（字致用）、韦词与路子（即路随），都是柳宗元学术上的好友。李景俭的《孟子评》久已佚失，但从题目可知，这是一部评论孟子思想的书。韦词与路随都认为《孟子评》"撷"孟子。"撷"是何意呢？柳宗元把自己"非左氏"与李景俭"撷孟子"相提并论，并说两人都招致世之"愈狭"者的非议，可见"撷"在这里应有"苛责""批评"之意。《孟子评》是一部苛评孟子之书。柳宗元对这部书大加赞赏，认为它能做到"求诸中而表乎世"，即通过对批评《孟子》而彰显儒家的治世之道。在柳宗元看来，"道"是不能离开"物"而独立存在的。他说："物者，道之准也。守其物，由其准，而后其道存焉。苟舍之，是失道也。"（《守道论》）因此，立足于"道"的现实性，柳宗元对孟子的道德先验性，仁政迂阔性表示不满。

（二）功利性

与韩愈大力倡导孟子的"仁义"思想，强调儒"道"的内在超越性不同，柳宗元通过批评孟子而大力倡导儒"道"的外在功利性。他赞伊尹说："大人无形，与道为偶。道之为大，为人父母。大矣伊尹，惟圣之首。"（《伊尹五就桀赞》）明确指出儒家之"道"的核心在于为人民谋造福祉。

柳宗元孟子观的功利性还表现在其对"官"与"道"关系的论述上。他在《守道论》中说："孟子曰：'有官守者，不得其职则去。'然则失其道而居其官者，古之人不与也。"孟子之语，出自《公孙丑下》，意在强调为官者如不能遂志行道，则应辞职；柳宗元则强调，为官者不能独尸其位而不行其道。接着，柳宗元提出自己对"官"与"道"关系的独特理解："官也者，道之器也，离之非也。未有守官而失道，守道而失官之事者也。"这是从体用（即道器）关系来论证"道"与"官"之间的关系。"道"是形而上者，为体；"官"是形而下者，为用。体用相即，道器不离，"守官"与"守道"是不可分开的，所以"未有守官而失道，守道而失官之事者"。这里所说的"官"，不是指一般意义上的作为职位之"官"，而是一个价值概念，是"道"之形而下表现。柳宗元说"官所以行道"，把"官"的本质内涵界定为"行道"，即是说，"行道"则为"官"，失"道"，虽仍在其位，也不能算"官"了。这就把儒"道"与政治紧紧联系在一起，功利性十足。

柳宗元虽然反对孟子对超功利之仁义道德的鼓吹，但对其以"利万物"为己任的行为动机还是比较赞赏的。他在《上湖南李中丞干廪食启》中说：

> 又读《孟子》书，言诸侯之于士曰，使之穷于吾地则赒之，赒之亦可受也。又怪孟子以希圣之才，命代而出，不卓然自异以洁白其德，取食于诸侯不以为非。……孟子兼爱之士，唯利万物之为谋，故当而不辞。

柳宗元认为，孟子之所以能做到"不卓然自异以洁白其德，取食于诸侯不以为非"，是因为他作为"兼爱之士"，是以"利万物"为己任的。这样，柳宗元又通过肯定孟子的行为动机，而把儒"道"引向现实功利。

（三）人间性

柳宗元孟子观，表现在深层的思维方式上，就是以自己"天人相分"的思维方式批评孟子的"天命"观念，体现出强烈的人间指向。

立足于天人合一的思维方式，孟子把"天"作为其心性论与民本论的形而上依据。在孟子的观念体系中，作为人经验观察与理性思考对象的"天"，被赋予"善"的内涵，被作为一切存在秩序和善的形而上根据与源泉。孟子还认为，作为仁义道德的典范，尧舜禹三代禅让而王皆是"天意"，其外在标志是：主祭而神享之，主事而民安之（《孟子·万章上》）。这里，虽然提到"民意"，但在孟子看来，"民意"只是"天意"的一种外在表现，其本身并不具有独立性。孟子"民贵君轻"思想是建立在"天命论"基础之上的，只有"天意"才是君权与政治合法性的最终裁决者。

立足于天人相分的思维方式，柳宗元反对把"天"作为人的价值和意义系统的承载者，抽空"天"的道德内涵，还原其"自然"属性，因此他说："是知苍苍者焉能与吾事"（《断刑论下》）；又说："圣人之道，不穷异以为神，不引天以为高，利于人，备于事，如斯而已矣"（《时令论上》）。与孟子积极为"禅让"找寻形而上的"天命"依据不同，柳宗元则把目光转向人间，从这种制度中抽绎出一种至大、至公的精神——"大公之道"，并把这种精神落实于现实层面的"生人之意"，以"生人之意"作为王道政治合法性的唯一标尺。①这样，柳宗元既继承了孟子"民本"思想的基本精神，又斩断了其形而上的神学依据。

苏轼曾概括柳宗元思想说："柳子之学，大率以礼乐为虚器，以天人为不相知云云。"②这一结论是符合柳氏思想实际的，其孟子观就是建立在此基础之上的，他通过斩断仁义道德与民本思想的"天命"依据，而把儒"道"引向人间。

三、韩柳孟子观之比较

为了更好地理解柳宗元的孟子观，有必要把他与韩愈作一比较。上文说过，韩愈十分推崇孟子，把他置于儒家"道统"的核心。在韩愈看来，孟子既是儒"道"的坚强捍卫者，又是孔子之道的正统传承者，因此，他企图通过提升孟子地位，凸显儒学的仁义道德内涵，从而打击佛老，复兴儒学。立足于此，韩愈对孟子的性善论、义利观、天命论持基本肯定态度。

韩愈虽然并不完全同意孟子的"性善论"，批评其有"举其中而遗其上下""得其一而失其二"之失，并进而提出自己的"性三品"说，但其"性三品"与孟子"性善论"并无实质性区别。他说："性之品有上中下三。上焉者，善焉而已矣；中焉者，可导而上下也；下焉者，恶焉而已

①参见张勇《论柳宗元的孔子观及其时代意义》，《孔子研究》2008年第6期。
②苏轼：《苏轼文集》（第四册），中华书局1986年版，第1703页。

矣。其所以为性者五：曰仁、曰礼、曰信、曰义、曰智。"①在这段话中，"性"有两个层次：一是"所以为性者"，即抽象的、本体意义上的"性"；二是具体的、现实意义上的"性"，即个体所秉受之"性"。前者表现为仁义礼智信"五德"，是无所谓品第之分的；后者则可根据秉承"五德"多寡而分为上中下三品。前者近于宋明理学家所谓"天命之性"，后者近于"气质之性"。由此看来，韩愈心性论在本质上仍属"性善论"，其仁义礼智信"五德"之源仍是高高在上的道德之"天"。韩愈对孟子性善论的"批评"与柳宗元《天爵论》观点是有实质性区别的。

义利观上，韩愈也赞成孟子观点。他在《上张仆射书》中说：

> 孟子有云：今之诸侯无大相过者，以其皆"好臣其所教，而不好臣其所受教"，今之时，与孟子之时又加远矣，皆好其闻命而奔走者，不好其直己而行道者。闻命而奔走者，好利者也；直己而行道者，好义者也：未有好利而爱其君者，未有好义而忘其君者。

这里，韩愈把"好利"与"好义"对立起来，认为好利者肯定会"忘其君"，而好义者则肯定会"爱其君"。不但观点与孟子相同，就连所举事例也与《孟子·告子下》相近，这与柳宗元"好道而无情"之批评也是有实质性区别的。

在"天命论"上，韩愈与孟子也是一致的。他认为"贵与贱，祸与福，存乎天"（《与卫中行书》），并认为"天能赏功罚祸"，此观点招致柳宗元的批评。柳宗元坚持天的物质性与自然性，提出"天人不相与""功者自功，祸者自祸"等观点（《天说》）。

韩愈推尊孟子，并不是全盘肯定。如，他在总体上肯定孟子"性善论"，但又提出自己的"性三品"说；赞扬孟子"拒杨墨"，但又持"儒墨相通"论（《读墨子》）。可以说，韩愈尊孟，其目的并不在于孟子本

---

① 《原性》。本文所引韩愈文均出自马其昶校注，马茂元整理：《韩昌黎文集校注》，上海古籍出版社1987年版。

身，而在于提倡孟子"拒杨墨"的战斗精神，及彰显儒"道"的"仁义"内核。同样，柳宗元批评孟子，也不是全盘否定。他曾十多次引用孟子观点，并多次直接表示对孟子观点的认同。①作为儒家学者，柳宗元不可能否定儒"道"的仁义内涵，只不过他认为在当前形势下更应该彰显儒"道"的经世致用功能，因此他通过批评孟子而把儒"道"的核心引向"辅时及物"。通过以上比较可以看出，韩柳孟子观分歧的焦点在于对儒"道"内核的不同理解与强调，韩强调儒"道"的主体性与超越性，柳则强调儒"道"的社会性与现实性。

黄俊杰把儒家诠释学分为三个"面相"，即"作为解经者心路历程之表述的诠释学"，"作为政治学的儒家诠释学"，"作为护教学的儒家诠释学"。关于后面两个"面相"，他解释说：

> 第二个面相与诠释者对社会、政治世界的展望有关。诠释者企图透过重新解释经典的途径，对他所面对的社会、政治问题提出解决方案，这是一种'返本以开新'的思考模式。第三个面相则是诠释者处于各种思潮强烈激荡的情境中，为了彰显他所认同的思想系统之正统性，常通过重新诠释经典的方式，排击'非正统'思想。这是一种'激浊以扬清'的思考模式。②

依此说法，柳宗元的孟子观应属"第二个面相"，而韩愈则属"第三个面相"。韩、柳诠释孟子有着共同目标——复兴儒学，但又选择了不同的诠释"面相"，分歧的原因在于对儒学危机根源的不同理解。韩愈认为，儒学的危机来自佛道二教的冲击，因此他极力推崇孟子，用孟子"拒杨墨"的战斗精神来排斥佛老。柳宗元则认为，儒学的危机不是由于外来思想的冲

---

① 如："孟子曰：'今之乐犹古之乐也'、'与人同乐，则王矣'。吾独以孟子为知乐"（《非国语·无射》）；"遗佚而不怨，厄穷而不悯，孟子赞之"（《送从兄偁罢选归江淮诗序》）；"匡章被不孝之名，孟子礼之"（《寄许京兆孟容书》）；"孟子曰：'何以异于人哉? 尧、舜与人同耳'"（《观八骏图说》）；等等。
② 黄俊杰：《中国孟学诠释史论》，社会科学文献出版社2004年版，第414页。

击，而是由于自身在现实社会、政治上的"零作为"，因此他通过批评孟子，把儒"道"由超越层面的仁义道德，引向现实层面的国计民生。

钱穆曾论"汉唐儒"与"理学家"之区别云："汉唐儒志在求善治，即初期宋儒亦如此。而理学家兴，则志在为真儒。志善治，必自孔子上溯之周公；为真儒，乃自孔子下究之孟轲。"[1]汉唐儒与宋儒的区别在于，前者重事功，后者重心性，前者重"外王"，后者重"内圣"。与此相近，柳宗元重"儒道"经世致用之事功，韩愈则重"儒道"仁义道德之心性，所以柳氏把孔子列为儒家道统的核心，而韩氏则把儒家道统下究至孟轲。韩愈借诠释孟子而强调儒"道"的仁义道德内涵，从而把儒与佛、道严格区别开来；柳宗元借批评孟子而把儒"道"引向"辅时及物"，从而在"佐世"上实现儒佛道三教的融合。

四、柳宗元孟子批评的文化意义

柳宗元的孟子批评有很重要的现实意义。面对"安史之乱"后藩镇割据、宦官专权、国库耗竭、民不聊生的社会现实，素以天下为己任的儒学却沉溺于章句之学中难以自拔，在现实政治面前无能为力。柳宗元在《陆文通先生墓表》中批评章句之学说："后之学者，穷老尽气，左视右顾，莫得而本。则专其所学，以訾其所异，党枯竹，护朽骨，以至于父子伤夷，君臣诋悖者，前世多有之。甚矣，圣人之难知也。"他痛斥章句师为"腐败之儒"，认为在目前形势下儒学不应只停留于书斋中的文字计较，当务之急是发掘其经世致用功能，以此来解决眼前的社会政治危机，因此，他说："得位而以《诗》《礼》《春秋》之道施于事，及于物，思不负孔子之笔舌。能如是，然后可以为儒。儒可以说读为哉?"（《送徐从事北游序》）

立足于此，柳宗元认为，以抽象"性命"为核心的孟子思想不适应当

---

①钱穆：《中国学术思想史论丛》（5），安徽教育出版社2004年版，第199页。

前社会现实的需要。孟子的王道政治思想，虽然不乏具体的惠民策略，但其核心并不在此，而在于论证以仁心行仁政的可行性，将社会、政治秩序的稳固寄托于统治者的道德践履，此说很难参与现实政治的构建。①因此，柳宗元一方面大力推崇孔子的"急民"之道，另一方面批评孟子思想"缓以舒"。朱熹分析孔、孟思想差异说："孟子教人多言理义大体，孔子则就切实做工夫处教人。……《论语》不说心，只说实事。《孟子》说心，后来遂有求心之病。"②朱子认为，孔孟最大的区别在于：孔子只说实事，孟子多讲理义。这是柳宗元尊孔轻孟的最主要原因。柳宗元的孟子观是与当时的社会现实相适应的。韩愈虽然因推尊孟子而在宋代名声大振，但其孟子观在当时却几乎没有什么影响，这恰好从反面说明在中唐"安史之乱"的废墟上宣扬孟子抽象的仁义道德信条是不合时宜的。

北宋以降，国家恢复了中央集权，经济也恢复了元气，随着"《春秋》学"热，儒学的现实政治功能得到极大强化。此时，佛道二教的冲击上升为儒学复兴的最主要障碍，因此致力于打击佛老、复兴儒学的理学先驱们不约而同地选择了孟子，选择了韩愈。随着理学的兴盛，柳宗元的孟子观遭到理学家的猛烈批判。如南宋朱子后学黄震，批评柳宗元"病孟子天爵之言"，坚定地认为："夫仁义忠信，得之于天，昭昭也。"黄氏还误把柳宗元在《与吕道州温论非国语书》中提到的《孟子评》当成柳氏本人的著作，并推测《柳集》不收《孟子评》的原因："岂子厚能悔之而不以传欤？将刘禹锡恐其重得罪名教，为掩其恶欤？"总之，黄震认为，柳宗元最大的问题在于"是非多谬于圣人"，背离儒家圣人之道。③

宋代儒学是沿两条主线发展的，一条是以道德性命为主题的理学，一条是以经世致用为主题的事功儒学。柳宗元的孟子观，虽然遭到理学家的猛烈批评，但不能说已经"过时"，它依然存活于不少事功派儒学家的思

①在中国古代思想史上，孟子常披"迂阔"之讥。《史记·孟子荀卿列传》载，梁惠王讥孟子"迂远而阔于事情"，司马迁本人也说："天下方务于合从连衡，以功伐为贤，而孟轲乃述唐、虞、三代之德，是以所如者不合。"

②朱熹：《朱子语类》（第二册），中华书局1986年版，第429页。

③黄震：《黄氏日钞》卷六十《读文集》，文渊阁《四库全书》本。

想之中。如李觏，一方面在《上宋舍人书》等文中充分肯定柳宗元对儒学的贡献，另一方面又在《礼论》《原文》等文中，立足于现实事功批评孟子的性善论与义利观①。又如事功派儒学的集大成者叶适，也十分欣赏柳宗元的"辅时及物"思想，称赞其能"救世俗之失"②，同时也立足于现实事功，对孟子思想大加鞭挞。他在《习学记言序目》③中专列《孟子》一章，对孟子心性论、义利观及仁政思想进行全面而集中地批评，认为孟子侈谈心性，背离了"孔子本统"，其仁政主张迂阔、空妄、不切实际，因此不应列入儒家道统。这些思想，受柳宗元孟子批评影响的痕迹是十分明显的。

[原载《哲学与文化》2011年第6期]

---

① 《李觏集》，中华书局1981年版。

② 《与戴少望书》，《全宋书》第285册，上海辞书出版社、安徽教育出版社2006年版，第127页。

③ 《习学记言序目》，中华书局1977年版。

论孤山智圆的韩愈观

近几十年来，宋代"韩学"研究成了学界的一大热点。[①]一般认为，北宋韩愈地位的提升，柳开创其首，穆修扬其波，至庆历前后的孙复、石介、欧阳修，尊韩浪潮达到顶峰。在这七十多年的"尊韩"链条上，有一位佛门巨擘对韩愈的推尊不亚于以上任何一位士子，但由于身份的特殊，而被"韩学"史久久遗忘。他就是孤山智圆。

智圆（976—1022），字无外，自号中庸子。晚年隐居于西湖孤山，世称孤山智圆。智圆诗文集《闲居编》中有大量关于韩愈的材料。[②]钱穆曾以历史学家的慧眼发现这些材料的价值，并推断："（智圆）以方外治韩文在穆修前矣。此上惟柳开仲涂。"[③]可惜的是，钱先生只是"撮叙其大要"，并未展开论述，而后人也未就此问题继续深入探讨，甚至连"韩学"资料的集大成之作《韩愈资料汇编》（吴文治编）也完全忽略了《闲

①钱锺书《谈艺录》"宋人论韩昌黎"条，中华书局1984年版，第62—65页。有关专著：杨国安《宋代韩学研究》，中国社会科学出版社2006年版；谷曙光《韩愈诗歌宋元接受研究》，安徽大学出版社2010年版；查金萍《宋代韩愈文学接受研究》，安徽大学出版社2010年版。台湾地区博士学位论文：高光敏《北宋时期对韩愈接受之研究》，台湾师范大学国文研究所，2004年；曾金承《韩愈诗歌唐宋接受研究》，淡江大学中文研究所，2008年；张瑞麟《韩愈与宋学——以北宋文道观为讨论核心》，成功大学中文研究所，2010年等。

②本文所引智圆诗文均出自《闲居编》，《卍续藏经》第101册，新文丰出版公司1994年版。以下只注篇名。

③钱穆：《中国学术思想史论丛》（5），安徽教育出版社2004年版，第26页。

居编》中的材料。

作为一名虔诚的佛门高僧，智圆为什么会钟情于韩愈这位排佛斗士呢？其韩愈观的具体内容、特点、意义，都值得探讨。

一、北宋"韩学"链上的方外之音

中唐"古文运动"经过一段时期的辉煌后，至唐末五代完全失败，骈文再次成为文坛主流。与此相联系，韩愈地位也落入低谷。《旧唐书·韩愈传》给他的盖棺定论是：虽然"抑杨墨""排释老"不失为"端士之用心"，但终归"于道未弘"；其文也有诸多"纰缪"，"有鳌孔、孟之旨"[1]。有研究者说："这个时期韩愈的形象杂乱而含混，韩愈的意义并没有为人们真正认识。这个时期涉及韩愈的文字更多地集中在笔记小说中，这些丛脞的文字兴趣所在，不过其风采余韵而已；而且其中不时可以看到有关性情浮薄狂躁之类的记录。"[2]这种描述是符合当时实际情况的。

打破北宋"韩学"冰面的人是柳开。他从十七岁开始学习"韩文"，七年之间，《昌黎集》"日夜不离于手"，认为它"淳然一归于夫子之旨"，甚至认为韩愈"过于孟子与扬子云远"[3]，并立志承续韩愈的"道统"与"文统"[4]。在那个"天下无言古者"的时代，柳开对"韩文"的狂热显得很不合时宜，甚至被怀疑患了"狂疾"，被戏称为"痴妄儿"。[5]

钱穆认定智圆为北宋"治韩文"的第二人，这是兼顾"文"与"道"两方面而言的，如果以"文"为主来考虑的话，智圆之前还有王禹偁。王氏在《答张扶书》中说"近世为古文之主者，韩吏部而已"，"远师六经，近师吏部"[6]。他还经常以"师仰唯韩愈"（《和朱严留别》）、"其文类韩

---

①刘昫等：《旧唐书》(13)，中华书局1975年版，第4215—4216页、第4204页。

②杨国安：《宋代韩学研究》，中国社会科学出版社2006年版，第18页。

③柳开《河东先生集》卷11《昌黎集后序》，《四部丛刊初编》本。

④《河东先生集》卷1《应责》。

⑤《河东先生集》卷2《东郊野夫传》。

⑥王禹偁《王黄州小畜集》卷18，《四部丛刊初编》本。

柳"(《荐丁谓与薛太保书》)等语奖掖后学。王禹偁的"韩学"成就主要集中于古文的宣扬,较少涉及儒家"道统""文统"等更为根本性的思想问题,因此被钱穆忽略。

智圆对"韩文"的兴趣可能在一定程度上受到柳开、王禹偁等人的影响。他在《广皮日休法言后序》中说"近世柳仲涂复申明美新之理",可见他读过柳开《扬子剧秦美新解》一文,由此推猜他也可能读过柳开的《昌黎集后序》《东郊野夫传》等文,应了解柳开的韩愈观。此外,智圆也读过孙何的文章[①],孙是王禹偁的得意弟子,被王氏赞为"真韩柳之徒"(《送孙何序》)。王、孙二人对智圆治"韩文"可能会有一些启发。

智圆虽自幼出家,却对儒学有着浓厚的兴趣。《中庸子传中》说:"二十一将从师受周孔书,宗其道,学为文以训世。"遗憾的是,这种违背本门信仰的想法因遭到落发师的反对而不得不放弃。虽然放弃了拜师学习的念头,智圆并没有放弃对儒学的兴趣及对"古文"的热爱。《自序》说:"于讲佛经外,好读周、孔、杨、孟书。往往学为古文,以宗其道。"就是在这种"无师之训教,无友之磋切"(《谢吴寺丞撰〈闲居编序〉书》)的情况下,智圆像柳开那样选择了"韩文"作为学习的榜样与通达儒学的门径,其《读韩文诗》《述韩柳诗》等都是当时学"韩文"的心得体会。

智圆提倡"韩文",不仅是因为对"古文"的喜好,还因为对五代以来"时文"的不满。他说:

> 唐祚既灭,五代之间,乱亡相继,钱氏霸吴、越奉王室者凡百年。罗昭谏、陆鲁望、孙希韩辈既没,文道大坏,作雕篆四六者鲸吞古风,为下俚讴歌者扫灭雅颂。大夫士皆世及,故子弟耻服儒服,耻道儒言,而必以儒为戏。当是时也,孰肯作苦涩辞句,张皇正道,速谤于己,背利于时,为世之弃物耶?(《佛氏汇征别集序》)

---

① 智圆曾在《读中说》中高度赞扬孙何的《辨文中子》一文。

晚唐五代以来，随着罗隐、陆龟蒙、孙合等韩柳"古文"慧命的延续者相继辞世，骈文再次主宰文坛，儒家思想也随之陷入泥潭，此时无人愿意作谤己、背时之"苦涩辞句"来"张皇正道"。为了挽救这种"文道大坏"的局面，智圆继柳开之后再次扛起"韩愈"这杆大旗。

智圆不但在理论上提倡"韩文"，而且把这一理论付诸创作实践。北宋晁说之说："孤山智圆凛然有名当世，自成一家之学，而读书甚博，性晓文章经纬，师法韩文公。"①明确指出智圆文章"师法韩文公"。南宋潜说友也赞曰："神宇清明，道韵凝粹，妙年能属文，匪由师授，有《命湖光》文，拟韩而作。"②更明确地指出智圆《命湖光》一文为"拟韩而作"。

智圆在当时以"知古人道，有古人文"著称（《答李秀才书》）。其《闲居编》刚编成，就立刻引起范仲淹好友吴遵路的注意，吴氏主动为之作序，赞曰"理高文胜""摭实遗华"，非"咬哇之末响，雕刻之繁文"所能比（《闲居编序》）。智圆不但自己热心于"古文"写作，而且积极鼓励他人（包括庶几、汇征等僧人）致力于此，颇有韩愈当年"抗颜为师"的风采，其《答李秀才书》《送庶几序》《对友人问》《佛氏汇征别集序》《钱唐闻聪师诗集序》等都是当时思想的记录，从这些文献可以看出他对韩愈思想的继承与发展。

智圆"尊韩"是在柳开之后，同时也是在柳氏"弃韩"之后。柳开对"韩文"有个"始尚而今弃"的过程。24岁以后，柳开"所著文章与韩渐异"（《东郊野夫传》），甚至连"肩愈"之名也放弃了。与柳开不同，智圆对韩愈的推挹是始终如一的，这从其《言志》诗可以看出③，此诗写于他45岁时，离去世仅有两年。可以说，智圆是有宋以来韩愈最忠实的拥护者。

钱锺书说："韩昌黎之在北宋，可谓千秋万岁，名不寂寞者矣。欧阳永叔尊之为文宗，石徂徕列之于道统。"④由欧阳修继续领导的"古文运

①晁说之《嵩山文集》卷14《惧说赠然公》，《四部丛刊续编》本。
②潜说友《咸淳临安志》卷70《人物》，《景印文渊阁四库全书》本。
③《言志》："畴昔学为文，拟尽周孔道。心劳道未至，壮岁成衰老。畴昔学为诗，模范风雅词。立言多讽喻，反为时人嗤。为诗复为文，嗟嗟不复古。"
④钱锺书：《谈艺录》，中华书局1984年版，第62页。

动"终于取得了胜利,"古文"成为文坛主流,与此同时,韩愈地位也被推至巅峰,天下学者"仰之如泰山北斗"①,甚至痴迷到"非韩不学"的程度②。这一成就的取得,固然离不开欧阳修、石介等人的最后冲刺,而智圆等先驱者的筚路蓝缕之功也绝不应该忘记。

二、智圆对韩愈思想的理解与评价

北宋,"韩愈"作为一个文化符号,始终与"古文""道统""辟佛"三个关键词紧紧联系在一起,从而被古文家、道学家们按照各自需要向不同的方向诠释。智圆也是从这三个方面对韩愈进行评价的。

(一)对"韩文"的继承与发展

智圆高度赞扬韩愈发起并领导的"古文运动"的历史功绩。《读韩文诗》云:

女娲炼五石,能补青天缺。共工触不周,能令地维绝。杨孟既云没,儒风几残灭。妖辞惑常听,淫文蠹正说。南朝尚徐庾,唐兴重卢骆。雕篆斗呈巧,仁义咸遗落。王霸道不明,烟花心所托。文不可终否,天生韩吏部。叱伪俾归真,鞭今使复古。异端维既绝,儒宗缺皆补。高文七百篇,炳若日月悬。力扶姬孔道,手持文章权。来者知尊儒,孰不由兹焉。我生好古风,服读长洒蒙。何必唐一经,文道方可崇。

智圆认为,韩愈在打击浮华文风、昌明儒道方面所做的贡献,简直可以与女娲炼石补天相媲美。

智圆继承韩愈的首先是其文学复古思想。在上引《读韩文诗》中,智圆赞扬韩愈"鞭今使复古",接着又说"我生好古风",明确交待自己复古

①欧阳修、宋祁:《新唐书》(17),中华书局1975年版,第5269页。
②欧阳修:《欧阳修全集》(上),中国书店1986年版,第536页。

思想的来源。他还在《对友人问》《言志》等文中反复提出"宗古""复古"主张。韩愈之"复古"，主张取法先秦、西汉，尤其是儒家五经，这在《进学解》中讲得很清楚。①受韩愈影响，智圆也主张以先秦、西汉为法。他在《谢吴寺丞撰〈闲居编序〉书》中说：

> 吾虽无师之训教，无友之磋切，而准的五经，发明圣旨，树教立言，亦应可矣。于是杀青磨铅，不舍昼夜，将欲左揽孟轲之袂，右拍杨雄之肩，盘游儒官，鸣唱文教，金口木舌，大训乎衰世，使夫三王二帝之道不远复矣。

从"准的五经""左揽孟轲之袂，右拍杨雄之肩"等句可以看出，智圆与韩愈在"古文"取法对象上是完全一致的。

为了抵制"复古"主张所招致的冷嘲热讽，智圆大力宣扬韩愈的逆俗精神。他在《送庶几序》中说：

> 夫为文者，固其志，守其道，无随俗之好恶而变其学也。李唐韩文公《与冯宿书》曰："仆为文久，每自则意中以为好，则人为恶矣。……"观文公之言，则古文非时所尚久矣。

他借韩愈《与冯宿论文书》中事例来说明古文创作必须有坚定的信念，不能随顺流俗。本文中的律僧庶几，就是因为"能倍俗之好尚，慕淳古之道"，而得到智圆的大力赞扬。

对韩愈古文论，智圆也有诸多继承。创作目的论上，韩愈主张"文以明道"；方法论上，强调道德修养之于古文创作的重要意义。受韩愈影响，智圆大力倡扬"文以明道"。他在《送庶几序》中说："夫所谓古文者，宗古道而立言，言必明乎古道也。"在《评钱唐郡碑文》中也说："夫

---

①马其昶校注，马茂元整理：《韩昌黎文集校注》，上海古籍出版社1987年版，第46页。

文者，明道之具，救时而作也。"

与韩愈一样，智圆也非常强调道德修养之于"古文"创作的根本意义。他在《送庶几序》中说："非禀粹和之气，乐淳正之道，胡能好之（按：指古文）哉。"在《答李秀才书》中，提出"德为文之本"命题，并说："夫论文者多矣，而皆驳其妖蛊，尚其淳粹，俾根抵仁义，指归道德。不尔，而但在文之辞，似未尽文之道也。"这些都是对韩愈"心醇气和"（《答尉迟生书》）、"气盛言宜""仁义之人其言蔼如"（《答李翊书》）等思想的发挥。

以上是智圆对韩愈"古文"思想的继承，不仅如此，他对之更有引申与发展，这主要表现在两方面：一是申明韩愈"古文"概念之内涵，二是将"文以明道"命题扩大到诗学领域。

韩愈虽然屡次提及"古文"概念，却没有给它一个明确的定义。《题欧阳生哀辞后》说得相对明白一些："愈之为古文，岂独取其句读不类于今者邪？思古人而不得见，学古道则欲兼通其辞；通其辞者，本志乎古道者也。"①这段话透露有关"古文"的两点信息：一是与"古道"相联系，二是"句读不类于今"。在此基础上，有学者又根据韩愈曾赞扬过骈文佳作，且"韩文"屡夹骈文的事实，解释说："韩愈心目中的'古文'应是体现古代圣贤思想精髓，具有创新精神，而在辞句运用和语言形式上则视表达内容需要自由安排的文章，与骈散无涉。"②此话基本符合韩愈思想，但"与骈散无涉"之说似乎过于绝对，因为韩愈在整体倾向上还是提倡散体反对骈体的。

来看智圆对韩愈"古文"概念的理解。《送庶几序》云：

夫所谓古文者，宗古道而立言，言必明乎古道也。……仁义敦，礼乐作，俾淳风之不坠，而名扬于青史，盖为文之志也。古文之作，诚尽此

---

①马其昶校注，马茂元整理：《韩昌黎文集校注》，上海古籍出版社1987年版，第304—305页。
②张安祖：《韩愈"古文"含义辨析》，《文学遗产》1998年第6期。

矣，非止涩其文字，难其句读，然后为古文也。果以涩其文字、难其句读为古文者，则老庄杨墨异端之书，亦何尝声律耦对邪？以杨墨、老庄之书为古文可乎？不可也。……今其辞而宗于儒，谓之古文可也；古其辞而倍于儒，谓之古文不可也。虽然，辞意俱古，吾有取焉。

在这段较长的文字中，"明乎古道""非止涩其文字，难其句读"等说法，是对韩愈观点的复述，智圆的引申在最后一句：如果能"宗于儒"，即使"今其辞"也可以称为"古文"；反之，如果"背于儒"，即使"古其辞"也不能称为"古文"。智圆把文之"古"分为"意古"与"辞古"，前者的标志是"宗于儒"（即明道），后者的标志是不讲"声律耦对"（即散体）。他认为只有"意古"才是"古文"的决定因素。但这并不意味着"古文"与骈散无关。在智圆心目中，尽管"今其辞"而"宗于儒"也可以称为"古文"，但"辞意俱古"才是最高典范。这种观点，与现代学者所谓"与骈散无涉"相比，似乎更符合韩愈之意。

韩愈"文以明道"命题主要用于言文，很少用于言诗，他自己的诗歌也多为抒情体物之作。与韩愈不同的是，智圆把"文以明道"命题推及诗学领域。在《远上人湖居诗序》中，他说："古者卜商受诗于仲尼，明其道，申其教，而其序甚详。后世为诗者，虽辞尚平淡，意尚幽远，而子夏所序之道不可咈也。"这里明确提出"诗以明道"命题。他又说："夫诗之道本于三百篇也，所以正君臣、明父子、辨得丧、示邪正而已。"（《松江重佑和李白姑熟十咏诗序》）"或问诗之道，曰：'善善恶恶。……乐仁而怵义。'"（《钱唐闻聪师诗集序》）他所谓"诗之道"指的就是儒家仁义道德。这是对韩愈"文以明道"理论的发展。

(二)对"韩道"的理解与发展

韩愈在《原道》中解释儒家之"道"说："博爱之谓仁，行而宜之之谓义；由是而之焉之谓道，足乎己，无待于外之谓德。仁与义，为定名；

道与德，为虚位。"①在韩愈看来，儒"道"即是仁义道德。智圆对此表示赞同。他在《道德仁艺解》中说："仁义礼智信之谓道，行而得其宜之谓德。韩文公曰：'道德为其虚位，仁义为其定名。'"在《送庶几序》中，也说："古道者何？圣师仲尼所行之道也。昔者仲尼祖述尧舜、宪章文武，六经大备，要其所归，无越仁义五常也。仁义五常谓之古道也。"这两段材料都明确赞成韩愈"道即仁义五常"观点。

关于儒家"道统"，韩愈提出一个从尧舜禹汤文武周公孔子一直到孟子的传承系谱（《原道》）。对此，智圆在继承的基础之上又有所发展。他在《叙传神》中说："仲尼得唐虞禹汤文武姬公之道。……仲尼既没，千百年间能嗣仲尼之道者唯孟轲、荀卿、杨子云、王仲淹、韩退之、柳子厚而已。"《对友人问》也说："韩、柳生焉，宗古还淳，以述周、孔、轲、雄、王通之道也。"他不但把荀子、扬雄、王通三人列入"道统"之中，而且还加上了韩愈、柳宗元。

韩愈认为，荀子与扬雄对儒道"择焉而不精，语焉而不详"（《原道》），"大醇而小疵"（《读荀子》），因而不应列入"道统"。至于王通，韩愈更没有提及。智圆不太同意韩愈的观点。他在《读中说》中大力赞扬王通，并推测"韩柳诸贤悉不称文中子"的原因。他还在《辨荀卿子》《广皮日休法言后序》中为荀子、扬雄思想上的"小疵"辩护。可以说，智圆"道统"观是对韩愈思想的有意补充与修正。

（三）对韩愈辟佛思想的评价

智圆在《师韩议》中说："夫韩愈冠儒冠，服儒服，口诵六籍之文，心味五常之道，乃仲尼之徒也。由是摈黜释老百家之说，以尊其教，固其宜矣。"他认为韩愈排佛"固其宜"，理由是：评价一个人不能脱离其身份，韩愈既然是儒者，其言行当然就应该站在儒家立场之上。这种评论方

---

①马其昶校注，马茂元整理：《韩昌黎文集校注》，上海古籍出版社1987年版，第13页。

式，真可谓"了解之同情"①。

智圆还曾评论韩愈与柳宗元佛教观上的对立。韩柳二人，一个辟佛，一个佞佛，这是宋人判断二人高低的一个重要标杆。儒家一般认为韩高于柳，如柳开②；佛家一般认为柳高于韩，如志磐③。在此问题上，智圆的观点是："韩之毁佛，柳之信佛，亦情之好恶不同耳"（《驳嗣禹说》），"退之排释氏，子厚多能仁。韩柳既道同，好恶安得伦。一斥一以赞，俱令儒道伸"（《述韩柳诗》）。他认为，韩柳两人对佛教截然不同的态度，是缘于个人的不同喜好，其最终目标是一致的，即"俱令儒道伸"，因此对两者不应有所轩轾。

智圆对韩愈的辟佛思想能做到"了解之同情"，而对当时那些以"师韩"为名来打击佛教者就没那么客气了。他说："后生学韩文，于释长猖狂。未知韩子道，先学韩子嗔。忘本以竞末，今古空劳神。"（《述韩柳诗》）他还在《驳嗣禹说》中批评道士种放（征君）说："予谓征君以韩愈排斥浮图能嗣禹功者，其不类也，甚矣夫！"种放曾作《嗣禹说》，把韩愈排佛比喻为大禹治水。智圆说，韩愈排佛只限于口头，并没有实际行动，种放此喻实属不伦不类。在以上事例中，智圆只是批评那些师韩排佛者，而没有批评韩愈本人，可见其对韩愈感情之深。

综上所述，智圆从文、道、辟佛三个方面对韩愈做了较为全面的评论，对他持几乎完全肯定的态度，这可谓有宋以来对韩愈的最高评价。

三、智圆韩愈观的佛教动因

受柳开、王禹偁等人的影响，对儒学、"古文"的喜爱，以及对"时文"的反感，这些都是智圆推崇韩愈的表层原因。要挖掘智圆韩愈观的深

①陈寅恪：《金明馆丛稿二编》，生活·读书·新知三联书店2001年版，第279页。
②柳开在《东郊野夫传》中说："吾祖多释氏，于以不追韩也。"
③在《佛祖统纪》卷41《法运通塞志》中，志磐赞扬柳宗元对佛法的深刻理解，批评韩愈"不知佛，所以斥佛"。《大正藏》，第49册，第383页上。

层动因，必须从其释子身份入手。

韩愈因激烈排佛而招致佛门僧众的反感。比智圆小31岁的云门宗高僧契嵩，著《非韩》三十篇，对韩愈的辟佛言论及思想上、文学上的诸多问题进行了猛烈批判，几乎达到吹毛求疵的程度。《佛祖统纪》《佛祖历代通载》等佛教史论著作也都对韩愈极尽愚化、丑化之能事①。作为佛门高僧，智圆为什么如此钟情于韩愈这位排佛斗士呢？

智圆推尊韩愈，似乎不合常理，这不仅仅是因为其释子身份的特殊性，还因为其尊韩时机的特殊性。钱穆说："时儒学尚未兴，朝廷大臣如杨亿、王钦若、陈尧叟、夏竦之徒皆佞佛，范仲淹、胡瑗尚年少，智圆先入空门，晚知尊儒。……以一释子而切慕儒术于举世不为之时，宜为一时所诧怪矣。"②智圆倡导儒学于"举世不为之时"，这又为其韩愈观蒙上一层神秘的面纱。

要揭开这层神秘的面纱，必须了解当时佛教的发展状况。中国佛教经唐末武宗灭法、黄巢起义以及五代后周世宗灭佛等一系列打击后，逐渐走了下坡路③。北宋以降，虽然在太祖、太宗、真宗三代皇帝的扶持下，佛教又获得一些新的生机，但局部的繁荣难掩整体的颓势。对此，智圆有清醒的认识。他说：

> 大法下衰，去圣逾远，披缁虽众，谋道尤稀，竞声利为己能，视流通为儿戏。遂使法门罕辟，教网将颓。（《诫恶劝善》）

> 洎乎时君好之失其指，方袍事之非其人。失其指则节制不行，非其人则寂淡不守，乃以雕峻轮奂而奢夸，乃以轻肥温饱而炜烨。徒以多为贵，则坏其道者众矣；言以怪为美，则惑其听者庶矣。递相沿袭，浸以成俗，使夫清静仁恕之风无乃荡尽矣，于是蚕食蠹耗之谤自兹而生也。（《与骆

---

①参见李坤栋《佞佛·辟佛·诋韩——兼谈〈大藏经〉对韩愈反佛的写叙》，《四川师范大学学报》（社会科学版）1993年第3期。

②钱穆：《中国学术思想史论丛》（5），安徽教育出版社2004年版，第28—29页。

③参见洪修平：《中国佛教文化历程》，江苏教育出版社2005年版，第210页。

偃节判书》）

此时，虽然寺庙、僧侣数量都有所增加，但教团内部戒规松弛，乱象丛生。于此，智圆看到了"教网将颓"之大势。

智圆认为，佛教要想摆脱当前的颓势，必须借鉴、吸收儒家思想。他特别强调儒学对佛教生存发展的重要意义。他在《中庸子传上》中说："非仲尼之教，则国无以治，家无以宁，身无以安。国不治，家不宁，身不安，释氏之道何由而行哉？"当然，他强调儒学对佛教的重要性，并没有贬低佛教的意思。智圆提出新的儒佛关系论：一是"言异而理贯"，二是"共为表里"。两家思想，由于有一贯之"理"，即"俾迁善远恶"，因此具有融合的可能性；又由于有内外之别——儒家长于"饰身"，佛教长于"修心"——因此具有融合的必要性。基于这种认识，智圆提出"修身以儒，治心以释"的佛教修行观（《中庸子传上》）。也正因为此，智圆发愤自学儒家五经，并师法韩愈，倡导"古文"。

智圆推崇"韩文"，目的不仅在于融合儒家思想，而且在于倡导散文体制，因为散文不仅对于传播儒家思想很重要，对于传播佛家思想也同样重要。他在《与骆偃节判书》中说：《四十二章经》之所以在中国能流传这么久远，是因为"其辞简，其理明，遂得叙其由而训其义"。《四十二章经》的翻译所使用的正是散文体。在本文中，他又说："古之缁其服、释其姓者，凡有立言垂范靡不藉儒家者流以润色之、启迪之。"这其实也是强调散文写作功夫对佛经翻译、经论注疏的重要性。

基于以上认识，智圆鼓励本门弟子师法"韩文"以弘扬佛法。他说："释子果能师韩也，则盖演经律以为文，饰戒慧以为行，广慈悲以为政，使能仁之道巍巍乎有功，则可谓之师韩矣。"（《师韩议》）这句话道出了智圆推崇韩愈的初衷。

智圆推崇韩愈、倡导"古文"、宣传儒道的奇怪举动招致当时高僧大德的批评。北宋天台佛学有"山家""山外"之分，前者的代表为四明知礼，后者的代表为孤山智圆。双方曾就诸多问题进行了长达七年的辩论，这就是佛教史上著名的"山家山外"之争。在对待儒家典籍的态度上，两人也有矛盾。智圆主张学习、借鉴儒家文集之长，知礼则主张保持佛教自身的纯粹性。到了晚年，知礼终于明白智圆的良苦用心，劝告弟子向他学习："宜览儒家文集，博究五经雅言，图于笔削之间，不堕凡鄙之说。吾素乖此学，常所恨焉，汝既少年，不宜守拙，当效圆阇梨之作也。"①"圆阇梨"，即智圆。知礼劝弟子"览儒家文集"，学"五经雅言"，因为这样可以使自家著作"不堕凡鄙之说"。这也正是智圆师韩的真正原因。

综上所述，智圆推尊韩愈的动因有二：一是吸收儒家思想以挽救危机之中的佛教，二是学习"古文"写作，阐扬佛教思想。面对来自佛教内部的质疑，智圆再三申辩自己并没有违背本门信仰。他说："是以晚年所作，虽以宗儒为本，而申明释氏加其数倍焉。"(《谢吴寺丞撰〈闲居编序〉书》)交待自己的"宗儒为本"之作，其深层动机仍在于佛教的阐扬。

智圆对韩愈的推尊，折射出宋初佛教发展思路的新转变——由唐代竭力谋求与儒道两家的三足鼎立转向主动谋求与两家思想的融合，标志着宋代佛教儒学化的正式开始，体现了智圆对当时三教融合之大势的清醒认识，即其所谓"释道儒宗，其旨本融"(《三笑图赞》)。这是儒佛道三教关系在宋初发展的必然结果。

四、智圆韩愈观的文学意义

任何理论学说的提出都是有其现实针对性的，智圆的韩愈观也不例外。他在《评钱唐郡碑文》中提出"文为救时而作"命题。就其韩愈观而言，所谓"救时"，除了指上文所说的挽救佛教危机外，还指挽救当时的文学危机。

①宗晓编：《四明尊者教行录》卷5《四明付门人矩法师书》(第一书)，《大正藏》，第46册，第904页上。

（一）"时文"批判

《宋史·穆修传》描述宋初的文坛状况说："自五代文敝，国初柳开始为古文。其后，杨亿、刘筠尚声偶之辞，天下学者靡然从之。修于是时独以古文称，苏舜钦兄弟多从之游。"①这种说法基本符合事实，但说当时穆修"独以古文称"不够公正，因为比穆修稍早的智圆被忽略了。智圆的韩愈观正是针对杨亿及其所代表的"时文"而提出的。

喜欢雕章丽句的杨亿，对韩愈"古文"很不欣赏。王若虚引《傅献简嘉话》说："晏相常言大年尤不喜韩、柳文，恐人之学，常横身以蔽之。"②晏殊早年深受杨亿赏识，其"大年尤不喜韩柳文"的说法应是可信的。晏殊在《与富监丞书》中也说："洎入馆阁，则当时隽贤方习声律，饰歌颂，诮韩柳之迂滞，靡然向风，独立不暇。"③馆阁中这股"诮韩、柳之迂滞"风气的形成，当然离不开领袖人物杨亿的鼓吹。杨亿的个人喜好直接影响了当时文坛的价值趋向。欧阳修在《记旧本韩文后》中追忆说："是时天下学者，杨、刘之作号为时文，能者取科第，擅名声，以夸荣当世，未尝有道韩文者。"④由此可见杨亿及其对"韩文"的态度在当时的影响。

智圆比杨亿小两岁，比他晚去世两年，两人几乎生活在完全相同的时间段内。杨亿与智圆的论辩对手四明知礼交往密切、友情甚厚⑤，杨亿与智圆也许因此而相互了解。杨亿为馆阁重臣、文坛领袖，其昆体诗文是当时科场应试"时文"的典范，其对"韩文"的反感直接决定了"韩文"在当时文坛的命运。对此，智圆不可能不知道。然而就是在杨亿主盟文坛之时，智圆极力推尊韩愈、倡导"古文"，其针对性是不言而喻的。

智圆也对当时以"时文"为代表的浮华文风进行猛烈批判。

① 脱脱等：《宋史》（37），中华书局1985年版，第13070页。
② 王若虚：《滹南遗老集》（4），商务印书馆1935年版，第235页。
③ 曾枣庄、刘琳主编：《全宋文》（19），上海辞书出版社2006年版，第221页。
④ 欧阳修：《欧阳修全集》（上），中国书店1986年版，第536页。
⑤ 《四明尊者教行录》卷5收录知礼与杨亿二人之间的往来书信16篇。

风雅道息，雕篆丛起，变其声，耦其字，逮于今亦已极矣。而皆写山容水态，述游仙洞房，浸以成风，竞相夸饰。（《钱唐闻聪师诗集序》）

代人所为声耦之文，未见有根仁柢义、模贤范圣之作者，连简累牍，不出月露风云之状，诐时附势之谈，适足以伤败风俗，何益于教化哉？（《送庶几序》）

代人竟以淫辞媚语，声律拘忌，夸饰器用，取悦常情，何益于教化哉？（《答李秀才书》）

从"逮于今""代人"等词可以看出，智圆所批评的正是当下文风。为了扭转这种"风雅道息"的局面，智圆极力推崇韩愈"古文"，呼唤"文以明道"传统的回归。

智圆以上批评，并没有把矛头直接挑明，这是因为当时杨亿等昆体代表人物在政坛、文坛的势力非常强大。文学复古，举步维艰。王称说："文章之难，莫难于复古。亿与筠皆以文名于世，然去古既远，时尚骈俪。……夫欲维持斯文，使一变而复古，必得命世之大才而后可也。"[1]那个时代，以"古文"对抗"时文"简直如以卵击石，"复古"的实现只能寄望于未来"命世之大才"的出现。智圆的"复古"努力，虽不能为当时文坛带来什么实质性的改变，然其努力的方向无疑是正确的，其知其不可为而为的精神是值得赞扬的。

杨亿去世二十年后，石介开始挑明批判矛头。他说："今杨亿穷妍极态，缀风月，弄花草，淫巧侈丽，浮华纂组，刓镵圣人之经，破碎圣人之言，离析圣人之意，蠹伤圣人之道。"决心灭"杨亿之道"，使天下人"目唯见周公、孔子、孟轲、杨雄、文中子、韩吏部之道"[2]。这种观点与智圆当年的观点是完全一致的，只是多了一些火药味。此时，尽管杨亿已经去世多年，仍有人担心石介会因此得罪"杨亿之徒""诚自取祸"，由此可

①王称《东都事略》卷47《刘筠传》，《景印文渊阁四库全书》本。
②石介著，陈植锷点校：《徂徕石先生文集》，中华书局1984年版，第62页。

以想象智圆当年的勇气。

智圆去世三十五年后的嘉佑二年（1057），欧阳修主持贡举考试，大胆改革文风，以散文标准取士，从而使得苏轼、苏辙、曾巩等未来的散文大家脱颖而出，"古文"的春天终于到来。苏轼在总结"古文运动"的胜利成果时说："愈之后二百有余年而后得欧阳子，其学推韩愈、孟子以达于孔氏，著礼乐仁义之实，以合于大道。……士无贤不肖不谋而同曰：'欧阳子，今之韩愈也。'"①欧阳修"推韩愈""著仁义""合大道"的文学复古思路与智圆当年是完全一致的。沉浸在胜利喜悦之中的古文家们，都把敬佩的目光聚集在欧阳修这位"今之韩愈"身上，有谁还会想到曾经"以卵击石"的智圆呢？

综上所述，智圆的韩愈观有着极强的现实针对性，他在"未尝有道韩文者"的时代大力推尊韩愈，在"时文"风靡文坛之时倡导"古文"，以一先觉者的姿态为当时文坛指明了发展道路，也为几十年后"古文运动"的最后胜利奠定了较为坚实的基础。

（二）开理学家文论之先河

陈寅恪说："北宋之智圆提倡中庸，甚至以僧徒而号中庸子，并自为传以述其义。其年代犹在司马君实作《中庸广义》之前，似亦于宋代新儒家为先觉。"②智圆是北宋最早为《中庸》作注的人，而"中庸"学说对宋明理学的形成起着至关重要的作用，因此陈寅恪认为他应为"宋代新儒家之先觉"。事实上，智圆之于宋明理学的"先觉"性并不仅仅表现在对"中庸"学说的重视上，还表现在对韩愈的重视上，其韩愈观所折射的"文道合一""重道轻文"思想已开理学家文论之先河。

受韩愈影响，智圆特别强调道德修养对于为文的重要意义，与此相联系，他也主张以道德作为衡量文章好坏的标准，表现出明显的重道轻文倾向。在《评钱唐郡碑文》中，他把文学批评分为"道取"与"辞取"两

①苏轼著，孔凡礼点校：《苏轼文集》（1），中华书局1986年版，第316页。
②陈寅恪：《金明馆丛稿二编》，生活·读书·新知三联书店2001年版，第284页。

种，认为前者优于后者，并据此认为白居易的《石函记》高于《冷泉亭记》，因为前者表达的是"仁心、仁政"思想，而后者仅为"夸饰山水之辞"，是"无用之文"。智圆对"韩文"的评论所坚持的也是这种"道取"标准。综观《闲居编》中有关"韩文"的评价，无一处是涉及艺术形式的，全是对其"明道"思想的赞扬，如"力扶姬孔道""儒宗缺皆补"等。这种"道取"的文学批评方式，正是后来理学家韩愈观的经典话语方式。

与智圆高度赞扬韩愈不同，张载、二程、朱熹等理学家对韩愈时有微词。张载说："韩愈又只尚闲言词。"[1]二程说："韩子之学华，华则涉道浅。"[2]朱熹也说："盖未免裂道与文以为两物，而于其轻重缓急本末宾主之分，又未免于倒悬而逆置之也。"[3]智圆是从"文"的角度赞扬韩愈"文以明道"精神，理学家则是从"道"的角度批评韩愈过多地在"文"上下功夫。虽然一个赞扬一个批评，但所折射出的"文道合一""重道轻文"思想是没有区别的。这一思想成为理学家文论的基调。

结　语

陈寅恪说，韩愈是唐代文化学术史上的"关捩点之人物"，因为他"发起光大唐代古文运动，卒开后来赵宋新儒学新古文之文化运动"[4]。的确，不论是宋代理学家还是古文家，无不通过对韩愈的批评来阐发自己的学术思想、建构自己的学术体系。"韩愈"已经成为一个文化符号，与宋代"新儒学""新古文"紧紧联系在一起。由此回望，才能真正理解智圆等宋初"韩学"先驱者的智慧与伟大。

在那个"未尝有道韩文者"的时代，尤其是作为一名虔诚的佛教徒，

---

①张载著，章锡琛点校：《张载集》，中华书局1978年版，第291页。

②程颢、程颐著，王孝鱼点校：《二程集》（上），中华书局2004年版，第88页。

③朱熹《晦庵先生朱文公文集》卷70《读唐志》，《四部丛刊初编》本。

④陈寅恪：《金明馆丛稿初编》，生活·读书·新知三联书店2001年版，第332页。

智圆的韩愈观更有着不同寻常的价值与意义。遗憾的是，智圆的"韩学"成就被其释子身份所遮蔽，未能进入主流思想家的记忆之中。范仲淹在《尹师鲁〈河南集〉序》中描述宋代"古文运动"的发展历程时，赞扬柳开、穆修、尹洙、欧阳修等人的贡献，却只字未提智圆[1]。这种偏见一直到清代都没有改变[2]。当今学界，在研究北宋"韩学"时，也是把柳开、穆修等人一说再说，很少论及智圆。这位北宋"韩学"先驱已被沉封千年之久了。

[原载《文学遗产》2015 年第 5 期]

---

①范仲淹《范文正公集》卷6，《四部丛刊初编》本。

②《四库全书总目》卷152《穆参军集》："宋之古文，实柳开与修为倡，然开之学及身而止，修则一传为尹洙，再传为欧阳修，而宋之文章于斯极盛，其功亦不勘矣。"

释氏眼中的柳宗元

　　柳宗元与佛教的关系，是近三十年来"柳学"研究的一大热点，所依据的材料大都是《柳集》中的释教碑铭，及记寺庙、赠僧侣的诗文，较少有人注意佛教内典中的材料。佛教《大藏经》中有大量关于柳宗元的记载与评价，透过这些材料，我们可以清晰地看到释氏眼中的柳宗元，这对全面理解柳宗元的佛教观是大有裨益的。

　　先来看佛教史传典籍对柳文的收录情况。南宋天台宗僧志磐编撰的《佛祖统纪》，把柳宗元列为天台宗法师重巽的俗家弟子，并收录其《岳州圣安寺无姓和尚碑》及《碑阴记》《永州龙兴寺修净土院记》和《送僧浩初序》。南宋沙门祖琇编撰的《隆兴佛教编年通论》，除了收录上面四篇文章外，还收录了《南岳云峰寺和尚碑》《南岳般舟和尚第二碑》《南岳弥陀和尚碑》《南岳大明寺律和尚碑》及《碑阴》《龙安海禅师碑》《曹溪第六祖赐谥大鉴禅师碑》及苏东坡题跋、《送濬上人归淮南觐省序》、《送巽上人赴中丞叔父召序》、《送文畅上人序》、《送琛上人南游序》、《送元暠师序》、《送方及师序》、《送玄举归幽泉寺序》、《柳州复大云寺记》及《韩漳州书报彻上人亡因寄二绝》等诗文。南宋沙门宗晓编撰的《乐邦文类》，主要收录弘扬净土思想的诗文，该书收录了柳宗元的《东海若》《岳州圣安寺无姓和尚碑》《永州龙兴寺修净土院记》，还收录了苏东坡、橘洲和尚为《东海若》所作的跋。元代禅宗名僧念常编撰的《佛祖历代通载》，收录了《南岳云峰寺和尚碑》《送濬上人归淮南觐省序》《南岳般舟和尚第二碑》《南岳弥陀和尚碑》《永州龙兴寺修净土院记》《南岳大明寺律和尚碑》及《碑阴》《曹溪第六祖赐谥大鉴禅师碑》《送巽上人赴中丞叔父召序》等九篇文章。

以上所列,都是收录柳宗元全文的佛教史传著作,其他涉及柳氏的佛教典籍还有很多。如编成于宋代的《南岳总胜集》、元代觉岸著的《释氏稽古略》、元代怀则口述的《天台传佛心印记》、元代熙仲编的《历朝释氏资鉴》、明僧心泰编的《佛法金汤编》、明居士夏树芳撰的《法喜志》、清僧呆翁行悦编的《列祖提纲录》等,这些著作或介绍柳氏事迹,或节录柳文,或征引其观点,如此等等,不再一一列举。

以上介绍了宋元明清四个朝代多部佛教史籍对柳文的收录、征引情况,不但时间跨度大,而且涉及禅宗、天台宗、净土宗等多个大乘佛教宗派,由此可见柳宗元对中国佛教影响的广度与深度。

下面重点来看释氏对柳宗元佛教观的理解与评价。

(一)"深明内教"

柳宗元涉及佛教的文章数量在当时的士大夫中是最多的。《柳集》45卷诗文中,释教碑占2卷共11篇,记寺庙、赠僧侣的文章各占1卷共15篇,140多首诗里,与僧侣赠答和宣扬禅理者达20多首。从这些材料来看,柳宗元所接触的佛教宗派主要是禅宗、天台宗、净土宗与律宗,他对这四大宗派的理论学说都有很深的理解,并以一种十分理性的态度对其进行评价,其中对天台宗评价最高,对禅宗批评最多。有研究者说:"在有唐一代思想家中,真正对佛教义理有着深刻理解并富有相当同情心的是柳宗元。"[1]这种评价是很准确的。

下面来看佛教内典对柳宗元的评价。《释门正统》是南宋沙门宗鉴编撰的一部以天台宗为正统的佛教史书。在此书中,宗鉴评价柳宗元说:"深明内教,广赞台崖。审思笃信,明辨力行";又说:"其见之明,其辞之确,世未有如子厚之至者也。"[2]他不但高度赞扬柳宗元对佛法的深刻理

---

[1]庞朴主编:《中国儒学》(第一卷),东方出版中心1997年版,第235页。

[2]《释门正统》卷四,《大藏新纂卍续藏经》第75册,第312页中。

解，而且赞扬他在弘扬佛法上的实际行动，认为柳宗元在柳州修复大云寺是"弘阐诚实"之举。志磐在《佛祖统纪》中，逐句点评柳宗元的《送僧浩初序》，分析柳氏对韩愈"不斥浮图"指责的反驳，赞扬柳氏对佛法的深刻理解，批评韩氏"不知佛，所以斥佛"。[1]宗晓称赞柳宗元的《东海若》"诚为《乐邦文类》之冠"，并说："昔人以净土为诞妄，柳公故作斯文以讥其失。大哉！达佛旨者也。"[2]

（二）"深救时弊，有补于宗教"

柳宗元赢得释氏的好感，不仅仅是因为他同情、支持佛教，还因为他出于规范佛教之目的而对其进行的批评。柳宗元生活的时代，南宗禅一枝独秀，出现了"凡言禅皆本曹溪"的局面，但某些南宗后学过分执着于祖师所倡导的"不立文字""见性成佛"，完全抛却经论的颂读和必要的修持，结果造成宗教信仰的泛化，清规戒律的荒疏及对社会秩序的破坏。对此，柳宗元提出了尖锐的批评。他在《送琛上人南游序》中说："今之言禅者，有流荡舛误，迭相师用，妄取空语，而脱略方便，颠倒真实，以陷乎己，又陷乎人。"在《送方及师序》中，批评那些"文章浮图"说："代之游民，学文章不能秀发者，则假浮屠之形以为高；其学浮屠不能愿愿者，则又托文章之流以为放。以故为文章浮图，率皆纵诞乱杂，世亦宽而不诛。"他不仅在理论上对"狂禅"进行批评，甚至还呼吁以法律手段对之进行规范。

祖琇在《隆兴佛教编年通论》中，称赞柳宗元对禅宗的批评，称其有"深救时弊，有补于宗教"之作用。他说：

> 子厚赠诸僧之序，篇篇无非以佛祖之心为心。……于琛序，嫉逃禅趣寂而脱略方便……于方及，讥业文而昧己；于玄举，诚窃服而苟安。是皆深救时弊，有补于宗教。凡吾人当代主法，亦未必深思伟虑、宏范真风委

---

[1]《佛祖统纪》卷四十一，《大正藏》第49册，第383页上。
[2]《乐邦文类》卷二，《大正藏》第47册，第177页上。

曲如此。呜呼！古今缙绅作者以翰墨外护法门，如子厚之通亮典则，诚未之有也。①

祖琇列举了柳宗元在诸篇赠僧序文中的主要观点：在《送琛上人南游序》中，批评某些禅宗学人"妄取空语，而脱略方便"；在《送方及师序》中，批评"文章浮图"的"纵诞乱杂"行为；在《送玄举归幽泉寺序》中，批评某些僧人的"有貌而不心，名而异行"。祖琇认为，柳宗元的这些思想有"深救时弊，有补于宗教"之功效，其见解远超于其他好佛之文人士大夫之上，甚至连佛门"主法"之大德也自愧弗如。祖琇还赞扬柳宗元的《龙安海禅师碑》与《送僧浩初序》曰："《海师碑》称'空愚失惑纵傲自我者，皆诬禅以乱其教'，计当时禅宗方盛，未必皆然。迄今垂四百载，遂果如其言。妙哉，《送浩初序》！使世之儒者待吾人若此，顾不幸欤？"②宋代临济宗禅僧大慧宗杲也说："柳子厚以天台教为司南，言禅病最多，诚哉是言。"③

某些南宗禅后学，不但自己"妄取空语，脱略方便"，而且对净土等教宗的念佛、持戒活动大加批评，从而造成禅教之间关系的紧张。柳宗元对此极为不满，大力倡导为南宗禅所抛弃的"西方净土"观念及念佛、持戒等修行实践，以对治"狂禅"流弊，并站在"中道"立场之上，宣导"统合禅教"主张。宗鉴赞曰："唐柳子厚举龙安海公，斥晚学皆诬禅以乱其教，其道遂隐，乃太息而言曰：'呜呼！吾将合焉马鸣、龙树之道也。'信哉斯言！实万世学佛者之指南矣。"④称赞柳宗元"统合禅教"的主张为"万世学佛者之指南"。从中国佛教史来看，柳宗元对"西方净土"信仰及念佛、持戒等修行实践的提倡，预示了中唐以后中国佛教的发展方向。宋代以后，禅宗与净土宗走向合流，又带动了天台宗、华严宗、法相宗、律宗同归净土，净土信仰及念佛法门由此普及于各宗派。

① 《隆兴佛教编年通论》卷二十三，《大藏新纂卍续藏经》第75册，第224页下。
② 《隆兴佛教编年通论》卷二十，《大藏新纂卍续藏经》第75册，第210页中。
③ 《大慧普觉禅师语录》卷十六，《大正藏》第47册，第878页下。
④ 《释门正统》卷三，《大藏新纂卍续藏经》第75册，第284页中。

（三）"和会儒释"

柳宗元在《送文畅上人序》中明确提出"统合儒释"主张，这是他处理儒佛关系的基本立场。元和十年（815），唐宪宗下诏追谥惠能为"大鉴禅师"，柳宗元奉诏撰《曹溪第六祖赐谥大鉴禅师碑》。在这篇文章中，柳宗元概括惠能禅的基本精神曰："其教人，始以性善，终以性善，不假耘锄，本其静矣。"用"性善"来概括惠能禅的基本精神，是柳宗元的精心设计，这体现了他会通儒释的良苦用心。[①]苏轼在《又跋大鉴禅师碑》一文中对此大加赞赏，以"妙绝古今"许之。[②]祖琇十分赞成苏轼的说法，他说："故子厚著吾祖之碑，而东坡称之，以谓推本其言与孟轲氏合。于戏！子厚奭然不以儒佛为异趣，抑妙乎性教者欤？贤哉！"[③]祖琇高度赞扬这篇文章，不是因为它如实地反映了惠能的禅学思想，而是因为它起到了一个价值导向作用，它把禅宗的意旨导向儒家的"性善"，从而更好地服务于儒释会通。

柳宗元的《曹溪第六祖赐谥大鉴禅师碑》，在得到释氏赞赏的同时，也遭到来自佛教界的批评。清代大居士彭际清在《居士传发凡》中说："柳子厚制诸沙言碑铭，为苏子瞻所推服。然如曹溪一碑和会儒释，与六祖《坛经》之旨全无交涉。"[④]他认为，柳宗元做此碑铭的真实用意在于"和会儒释"，其实并没能正确传达出惠能禅法的特点。这虽是批评之语，却恰如其分地指出了柳宗元的用意之所在。

（四）"深明佛法而务行及物之道"

祖琇说："盖子厚深明佛法而务行及物之道，故其临事施设，有大过

[①]参见张勇《柳宗元〈大鉴碑〉中的"负问题"》，《中国社会科学院研究生院学报》2009年第5期。

[②]《苏轼文集》（第5册），中华书局1986年版，页2084。

[③]《隆兴佛教编年通论》卷二十一，《大藏新纂卍续藏经》第75册，页215下。

[④]《大藏新纂卍续藏经》第88册，页180中。

人力量也。如此，可不美哉！"①诚哉斯言！有唐一代，深明佛法之文人士大夫很多，如王维、梁肃、刘禹锡、白居易等，但大部分人所欣赏的只是佛教闲情安性的一面，而像柳宗元这样注重从佛法中挖掘"及物之道"之人是很少见的。在《岳州圣安寺无姓和尚碑》中，柳宗元说："生物流动，趋向混乱，惟极乐正路为得其归。"明确交待自己鼓吹"极乐世界"的意义，在于为处于乱世之中的人们提供一个美好的精神归宿，这对稳定社会秩序是至关重要的。据《柳州复大云寺记》记载，柳州人信鬼嗜杀，社会治安极为混乱，国家在此建造大云寺，引导当地人信仰佛教，情况出现了好转。后来，大云寺被大火烧坏，一百多年没有修复，周围三百多户人家"失其所依归"，又出现了混乱。柳宗元贬到柳州以后，修复大云寺，安居僧人，宣传佛法，于是人们"去鬼息杀，而务趣于仁爱"。柳宗元特别强调，人们的精神"失其所依归"是造成社会治安混乱的主要原因，此说法是极为深刻的。

为了发挥佛教"诱掖迷浊"之"佐世"功能，柳宗元在宣扬"西方净土"真实不虚的同时，又再三强调持戒等修行实践的重要性，其目的在于规范佛教，从而让它更好地担负起"佐世"之重任。②彭际清说："其为言尊尚戒律，翼赞经论，以豁达狂禅为戒。"③此语十分准确地指出了柳宗元佛教观的特点，此特点正是由他对佛教"佐世"功能的重视所决定的。

以上介绍了佛教内典对柳宗元的评价及收录、征引柳文情况，由此可以看到释氏眼中之柳宗元形象：对佛法有深刻的理解与同情；批评当时佛教界的混乱局面，为其发展指明正确方向；努力调和儒佛矛盾，充分发掘、利用佛教"辅时及物"之功能，为现实政治服务。这些评价都是很中肯的。历代佛教典籍对柳宗元评价之高，收录其作品之多，这在唐代士大夫中是极为少见的，这可从一个侧面看到柳宗元在中国佛教史上的地位与影响。

[原载《中国典籍与文化》2010年第2期]

---

① 《隆兴佛教编年通论》卷二十三，《大藏新纂卍续藏经》第75册，第223页下。
② 参见张勇：《论柳宗元的〈东海若〉》，《文学遗产》2009年第2期。
③ 《居士传》卷十九，《大藏新纂卍续藏经》第88册，第216页中。

论湛然居士的融和佛教观

耶律楚材（1190—1244），号湛然居士，出身于一个汉化很深的契丹贵族家庭，自幼博览群书，贯通经史百家之学，乃至天文、地理、历法、医卜之术。二十余岁时，楚材向圣安澄公参问心要，经其推荐，参访著名的曹洞宗禅师万松行秀（1166—1246），于是息心参究佛法，三年后得行秀印可。元太祖十四年（1219），被召随成吉思汗西征，常晓之以征伐、治国、安民之道。元太宗即位后，官至中书令，甚见宠信。楚材在太祖、太宗两朝任职近三十年，朝臣与居士双重身份，使他虽官高位显，仍布衣蔬食，淡泊如常，自谓"有发禅僧，无名居士"。作为朝臣，楚材对儒学有着极深的感情；作为居士，他对佛学又有着真诚的热爱。特殊的身份与信仰，使他极力倡导一种和谐的佛教观，提倡禅宗内部的融合、禅宗与教宗的融合，乃至儒佛道三教的融和。这种思想在其诗文中有鲜明地体现。

一、"禅教强分图施高"：融合的佛教

唐武后及中宗时，禅宗五祖弘忍以下，由惠能、神秀开创南北二宗，即所谓南顿、北渐二派。南宗禅从唐武宗到后周百余年间，又开创出临济、沩仰、曹洞、云门、法眼五宗，世称"禅宗五家"。元代佛教诸宗中，禅宗影响最大，其中临济宗与曹洞宗尤为尊显。耶律楚材的老师万松行秀即属曹洞宗，楚材所继承的也主要是曹洞禅法。

耶律楚材描述自己学佛的经历说：

> 当年嗜佛书，经论穷疏笺。公案助谈柄，卖弄猬头禅。一遇万松师，驾驵蒙策鞭。委身事洒扫，抠衣且三年。圆教摄万法，始觉担板偏。回视平昔学，尚未及埃涓。渐能入堂奥，稍稍穷高坚。疑团一旦碎，桶底七八穿。洪炉片雪飞，石土栽白莲。[①]

耶律楚材初参圣安澄公时，只为"搜摘语录，以资谈柄"，并没有真心皈依佛法，参访万松行秀后，焚膏继晷，废寝忘食，终悟禅法堂奥，被行秀誉为居士学佛"千载一人"。

作为曹洞法嗣，耶律楚材对本门禅法的基本精神理解很深。在《和百拙禅师韵》中，他说："十方世界是全身，气宇如王绝比伦。与夺机中明主客，正偏位里辨君臣。"这首诗指出曹洞宗禅法的基本特色，即偏正回互、五位君臣。他还写过《洞山五位颂》，以表达对"洞山五位"的理解。[②]在《和南质张学士敏之见赠七首》（其二）中，他又描述曹洞宗"默照"禅观法门曰：

> 漏沉沉，竹萧萧，蒲团禅定坐终宵。古庙香炉无气息，一条白练如琼绡。性海澄澄波不起，宛似冰壶沉玉李。……醒时呼起梦中人，遍济含生其利博。本无内外与中边，踏破威音劫外天。

"默照禅"是宋代曹洞宗的擎灯者宏智正觉（1091—1157）所倡导的禅观法门，是一种摄心静坐、潜神内观、内息攀缘，以至于悟道的观行方

---

① 《琴道喻五十韵以勉忘忧进道》，见谢方点校：《湛然居士文集》，中华书局1986年版，第257页。

② 洞山良价为广接上、中、下三根，因势利导，在事（现象）理（本体）回互关系上建立种种"五位说"来接引、勘验学人。曹洞宗所说"五位"，有正偏、功勋、君臣、王子四种，其中，"偏正五位"是基础，包括正中偏、偏中正、正中来、偏中至、兼中到五部分。

法。楚材此诗中，"蒲团禅定坐终霄"言"默"，"宛如冰壶沉玉李"言"照"，默而能照，照不伤默，默照一如，动静不二，即他所谓"本无内外与中边，踏破威音劫外天"。正觉《默照铭》云："默默忘言，昭昭现前，鉴时廓尔，体处灵然。"楚材所颂正与此同，可见他确实深得曹洞宗"默照"三昧。

"禅宗五家"尽管都属南宗禅，思想差异并不大，但由于门风的不同，而经常发生相互贬抑的现象，尤其是在曹洞宗与临济宗之间。两家的主要区别在于：曹洞主知见稳实，临济尚机锋峻烈；曹洞贵婉转，临济尚直截。北宋末南宋初，曹洞与临济的对立，演变为临济宗禅师大慧宗杲的"看话禅"与曹洞宗禅师宏智正觉的"默照禅"之间的对立。这种对立一直延续到元代。

耶律楚材虽嗣曹洞禅法，并不排斥临济宗，相反，对其呵佛骂祖的禅法特色还表现出很大程度上的欣赏。他在《请容公和尚住竹林疏》中说：

我容公禅师一条生铁脊，两片点钢唇，参透济下没巴鼻禅，说得格外无滋味话。呵佛骂祖，且存半面人情；揭海掀山，便有一般关捩。试问孤峰顶上，何如十字街头。若是本色瞎驴，好趁大队；既号通方水牯，何必芒绳。

他认为，曹洞宗与临济宗的区别只限于门庭施设上，所谓"三玄戈甲徒心乱，五位君臣莫眼花。只遮些儿难理会，草鞋包裹破袈裟"。[1]"三玄"是临济宗接引学人的方法，[2]五位君臣则为曹洞宗之法，两者都是"指"不是"月"，学人切不可认"指"为"月"，被其搞得眼花心乱，所以他又说："临济真颠汉，曹山放酒醡。许多闲伎俩，仔细好生参。"[3]

---

[1]《寄云中东堂和尚》，见谢方点校：《湛然居士文集》，中华书局1986年版，第207页。

[2]"三玄"，即体中玄、句中玄、玄中玄。

[3]《次韵黄华和同年九日诗十首》（其九），见谢方点校：《湛然居士文集》，中华书局1986年版，第207页。

耶律楚材对"禅宗五家"都很熟悉，在大量诗文、疏序中，经常拈提五家公案，引述五家禅语、禅典，得心应手，毫无斧斫之痕。他在《万松老人万寿语录序》中论"五家"禅法特点曰：

余忝侍万松老师，谬承子印，因遍阅诸派宗旨，各有所长，利出害随，法当尔耳。云门之宗，悟者得之于紧俏，迷者失之于识情；临济之宗，明者得之于峻拔，昧者失之于莽卤；曹洞之宗，智者得之于绵密，愚者失之于廉纤。独万松老人得大自在三昧。决择玄微，全曹洞之血脉；判断语缘，具云门之善巧；拈提公案，备临济之机锋。沩仰、法眼之炉鞲，兼而有之，使学人不堕于识情、莽卤、廉纤之病，真间世之宗师也。

在这里，他对"禅宗五家"，尤其是云门、临济、曹洞三家禅法，做了客观分析与评价，认为五家"各有所长"，可以"兼而有之"，并相互补充、相互融合。

耶律楚材极力倡导禅门内部的融合。他在《请定公庵主出世疏》中说："少林九年打坐，只得半提；曹溪五派分开，全没一滴。""禅宗五家"都源于曹溪六祖，不能相互排斥、相互攻击。五派虽然在门庭施设上有所区别，但终极目标是一致的，即都是引人见道，所谓"滔天岭上，只图同看有毛龟；绝顶山头，且要共栽无影树"。① "有毛龟""无影树"，都指有名无实之物，佛教经论常用来比喻虚幻不实之万法。这两句诗意思是说，禅宗各派尽管接引学人的方式不同，但最终目标都是引人破除我、法二执而见性成佛。他还用通俗而形象的比喻来说明这个问题："和尚拽砵子，不离寺内；老鼠拖葫芦，只在仓中。"②

耶律楚材不但主张禅宗内部的融合，他还提倡禅教之间的融合。先简

---

① 《请湛公禅师住红螺寺疏》，见谢方点校：《湛然居士文集》，中华书局1986年版，第177页。

② 《请某庵主开堂疏》，见谢方点校：《湛然居士文集》，中华书局1986年版，第178页。

单介绍一下禅、教这两个概念。禅即禅宗，指直接传承佛陀心法，以教外别传、不立文字为特色之宗派；教即教宗，指根据佛陀所说之法而建立，以学解为主之宗派。由于修行方法、教义侧重点等方面的差异，唐代以来，佛教界禅门与教门之间一直矛盾不断。这种矛盾在元代仍很激烈，甚至时常在宫廷举行禅教大辩论，有时还由皇帝亲自主持。

耶律楚材反对禅教之间的对立。他说："强分禅教者流，且图施设。"①禅宗与教宗的划分，只是一种方便法门，二者并没有实质性的差异。平阳净名院改律为禅，楚材赞曰："不居这那院，好个主人；本无南北心，悉为佛子。"②他对这种打破禅教壁垒的作法大加赞赏。精深的佛学造诣与很高的政治地位，使楚材的禅教融合主张在当时产生了较为明显的效果。有研究者指出："中唐以来，佛教义学衰微，僧侣'从教入禅'成为一种时髦；入元以后，也出现了'从禅入教'的潮流。"③元代"从禅入教"新潮流的出现，与楚材禅教融合观的推动是分不开的。

在极力鼓吹和谐佛教观的同时，耶律楚材对其中的不和谐音符也进行了无情批判。金元时期，北方盛行许多打着佛教幌子的邪教组织。楚材在《西游录序》中说："此方毗卢、糠、瓢、白经、香会之徒，释氏之邪也。"他对"糠禅"进行了猛烈批判。在《寄赵元帅书》中，他说："夫糠孽乃释教之外道也。此曹毁像谤法，斥僧灭教，弃布施之方，杜忏悔之路，不救疾苦，败坏孝风，实伤教化之甚者也。"此教"毁像谤法，斥僧灭教"，反对布施与忏悔，违背佛教的基本教义，同时，"不救疾苦，败坏孝风，实伤教化"，又与儒家传统相悖逆，因此被楚材斥为"外道""异端""邪教"。

---

① 《三学寺改名圆明仍请予为功德主因作疏》，见谢方点校：《湛然居士文集》，中华书局1986年版，第179页。

② 《平阳净名院革律为禅请润公禅师住持疏》，见谢方点校：《湛然居士文集》，中华书局1986年版，第180页。

③ 杜继文、魏道儒：《中国禅宗通史》，江苏古籍出版社1993年版，第472页。

二、"三圣真元本自同"：佛教的融合

儒佛道三教关系，从魏晋南北朝时期的"三教一致"，到唐代的"三教鼎立"，至宋代，酝酿出以"三教合一"为基本特征的新儒学，即理学。当时，理学的影响范围主要集中在北宋与南宋的统治地区，而对辽夏金等少数民族统治的地区影响甚微。入元后，理学在北方政治、思想等方面开始发挥重要作用。尽管耶律楚材对儒学有很深的感情，但对入宋以来的理学家却颇有微词，不满他们"窃取"佛教资源，又猛烈批判佛教的态度。他极力维护佛教的独立性，维护佛教与儒、道的三足鼎立局面，在此基础之上，从"三教同源"论出发，以佛教的理论与思维方式来论证"三教融合"的可能性与必要性。

宋代儒学家在新儒学体系的建构过程中，一方面大量吸收、借鉴佛教资源，另一方面又对其采取强烈批判态度。洪修平说：

> 这个时期，儒佛道三教的地位是不相等的，三教的力量也是不平衡的。新儒学适应封建社会强化中央集权的需要而成为官方正统的思想意识形态，佛道二教虽然各有发展，但都处于依附从属的地位，作为封建统治思想的补充，配合儒学发生着作用。因此，这个时期的儒家往往是以居高临下之势对佛道二教加以改造利用的，大多数儒家学者一方面从佛道那里大量吸取对自己有用的东西来丰富发展传统儒学，另一方面又往往贬低佛道，对佛道加以批判或攻击。①

理学们对佛教的态度很明确：暗吸收，明批评，最终消化、吸收之。宋代以后的佛教，由于基本观点和方法被儒家吸收，再加上儒家强大的攻势，出现日益衰微的局面。在这种情况下，佛教的理论家们重新举起"三

---

①洪修平：《中国佛教文化历程》，江苏教育出版社2005年版，第233页。

教一致""三教融合"的大旗，强调与儒、道，尤其是儒家思想的融合，意在表明自己是三教中的平等一员，而不是儒学的附庸。与楚材生活在同一时代的居士刘谧，著《三教平心论》，立足于佛教，倡导"三教融合"。元代"三教融合"思潮中，佛教方面的代表人物当数楚材。

耶律楚材批评理学家在佛教面前的气势凌人态度。他说："予又谓昔屏山居士序《辅教编》有云：'儒者尝为佛者害，佛者未尝为儒者害。'诚哉是言也！盖儒者率掌铨衡，故得高下其手。其山林之士不与物竞，加以力孤势劣，曷能为哉！"①他对儒者仗势欺"佛"的态度极为不满。楚材的同门师兄弟李纯甫曾著《鸣道集说》一书，对理学家进行批评。楚材为之作序，充分肯定其观点。他说：

> 江左道学倡于伊川昆季，和之者十有馀家，涉猎释、老，肤浅一二，著《鸣道集》，食我园椹，不见好音，诬谤圣人，聋瞽学者。噫！凭虚气，任私情，一赞一毁，独去独取，其如天下后世何！……鸣道诸儒力排释老，弃陷韩欧之隘党，孰如屏山尊孔圣与释老鼎峙耶！②

他批评理学家一面"食我园椹"，一面"诬谤圣人"的态度，认为三教关系的最好架构是在鼎足而立的基础上相互补充、相互融合。

元代，佛教与道教都极力主张"三教同源""三教合一"，但由于立足点不同，而常常相互矛盾。早在金代，全真道的创始人王重阳，就确立了"三教圆融""识心见性""独全其真"的立教宗旨。入元以后，王重阳的弟子丘处机，继续秉持"三教合一"的主张，提出"儒释道源三教祖，由来千圣古今同"。③然而，这只是就理论而言的，事实上，全真教依恃帝王宠信，肆无忌惮地排挤佛教，大量将佛寺改为道观。作为佛门弟子与朝中

---

① 《糠孽教民十无益论序》，见谢方点校：《湛然居士文集》，中华书局1986年版，第275页。

② 《屏山居士鸣道集序》，见谢方点校：《湛然居士文集》，中华书局1986年版，第308页。

③ 《磻溪集》卷1，《道藏》第25册，第815页。

高官，耶律楚材就自然而然地成了佛教的利益保障者与理论代言人。他不断重申"三教同源"的基本观点，对道教的侵犯进行回击。他曾批评道教强行改佛寺为道观的现象："三教根源本自同，愚人迷执强西东。南阳笑倒知音士，反改莲宫作道宫。"①立足于"三教同源"论，批评了道教的"愚人"之举。

耶律楚材严格区分"道家"与"道教"②，认为作为"三教"之一的"道"，应是老庄道家，而不是道教。他对以老庄哲学为代表的道家思想十分推崇，读之常有"起予之叹"，而对道教则持强烈的批评态度。他在《西游录序》中说："全真、大道、混元、太乙、三张左道之术，老氏之邪也。"把道教称为"老氏之邪"，认为它已经偏离了道家思想的"真精神"。楚材最反感的是道教的长生久视理论与炼丹、服饵之术。他说：

　　玄言圣祖五千言，不说飞升不说仙。烧药炼丹全是妄，吞霞服气苟延年。须知三教皆同道，可信重玄也似禅。趋破异端何足慕，纷纷皆是野狐涎。③

① 《过太原南阳镇紫薇观壁三首》（其三），见谢方点校：《湛然居士文集》，中华书局1986年版，第137页。

② 关于道教与道家的关系，目前学界有不同的看法。一般认为，道教与道家是两个不同的概念。道家是中国哲学史上的一个学派，可分为先秦老庄道家，秦汉黄老道家，魏晋玄学道家三个阶段；道教则是一种有组织的宗教形式，形成于东汉时期的五斗米道和太平道。道家没有组织体系，以"自然无为"为哲学旨归，而道教则有严密的组织体系，多从事神仙修炼之术。也有学者认为，道教的产生不能以是否形成组织体系为标志，而应以是否具有神仙思想与修炼之术为准的，由此前提出发，就可得出"道家即道教"的结论（见萧登福《道家道教与中土佛教初期经义发展》，上海古籍出版社2003年版，第19页）。也有学者提出以"道学"作为道家、道教的总称，而将理论色彩浓厚的重玄学与内丹心性学作为道家一系的思想来处理，认为"道家是道教的哲学基础，道教是道家的宗教形式"（胡孚琛、吕锡琛：《道学通论——道家·道教·仙学》，社会科学文献出版社1999年版，第7页）。

③ 《邵薛村道士陈公求诗》，见谢方点校：《湛然居士文集》，中华书局1986年版，第147页。

他批评道教"飞升""成仙""炼丹"之说违背老子原旨，是荒诞无稽之谈，认为道教在理论上是不能与佛教相提并论的，即使最富有理论色彩的重玄思想，也是从佛教借鉴而来的。这样，楚材就取消了"道教"成为"三教"之一的资格。

批评过理学家与道教后，耶律楚材明确提出自己的三教关系主张。他在《西游录》中说："三圣人之教鼎峙于世，不相凌夺，各安攸居，斯可矣。"他反对三教间相互排斥、相互争斗，认为三教应该"鼎峙于世""各安攸居"。这一主张有两个理论根据：一是"三教同源"。他多次提出"三圣真元本自同""须知三教皆同道""三圣元来共一庵"等说法。二是"三教"各有侧重。他说："吾夫子之道治天下，老氏之道养性，释氏之道修心，此古今之通议也。"①"三教"，由于同源，故有鼎立的可能；由于理论上各有侧重，故有鼎立的必要。

耶律楚材还从更深层的思维方式上论证三教的相通、相融性。他说："夫圣人设教立化，虽权实不同，会归其极，莫不得中"，这是"三圣之说不谋而同者"。②他认为，三教理论的终极归宿都是"中"，这是三教融合的纽结点。这种观点是很有见地的。儒佛道三教在思维方式上都强调"中"，儒家称"中庸"，佛教称"中道"，道家称"环中"。儒家"中庸"的核心是"叩两求中"，它是在"过"与"不及"两端之间寻求一个恰到好处的阈限，并能做到知权达变而"时中"。佛教"中道"最基本的涵义是：缘起即空，空有不二，不堕于"断""常"两边。道家"环中"的基本内涵是"中空"，立于"环中"，就抓住了环的枢纽，就能以虚运实，以静驭动。三教之"中"有很大程度上的不同，楚材也认识到了这一点，他所谓"权实不同"，但三者又有一定程度上的相通性，他正是抓住这些相通之处来融合三教的。

耶律楚材认为，三教之"中"的共同点表现在两大方面：一是中正、不偏邪；二是"有益于世"。他充分认识到"三教"学说的差异性，所谓

①《寄赵元帅书》，见谢方点校：《湛然居士文集》，中华书局1986年版，第189页。
②《辨邪论序》，见谢方点校：《湛然居士文集》，中华书局1986年版，第187页。

儒"治天下"、道"养性"、佛"修心",理论侧重点虽然不同,但"三圣人教皆有益于世"。万松行秀在《湛然居士文集序》中把楚材的三教观概括为"立三教而废邪伪"。楚材在极力鼓吹三教并立的同时,又立足于"中",对佛道两教中的异端思想进行了猛烈批判。"糠禅"不救疾苦、伤风败俗,故为"释氏之邪";道教一味追求长生、成仙,无益于世,故为"老氏之邪"。两者都违背了"中"的原则,只是佛教或道教中的异类,不能算作真正的一员。

总之,耶律楚材坚决维护佛教的独立性,认为三教关系的最好格局是"三教鼎立",主张在此框架内实现佛教与儒、道二教的融合,并从理论与实践两方面探讨了三教融合的可能性与必要性。他对理学家的批评及对道教作为"三教"之一资格的否定,初步显了示其佛教立场。

三、"礼乐因缘尽假名":佛教理论本位

前面讨论了耶律楚材和谐佛教观的具体表现,从禅宗内部融合,到禅教融合,再到"三教融合",他不但提倡佛教内部的和谐,而且提倡佛教与儒、道两家关系的和谐。还有一个问题需要解决:耶律楚材的佛教观是以哪家思想为本位的呢?其儒士与居士的双重身份,使这个问题有些扑朔迷离,有进一步探讨的必要。

魏晋以后,士大夫们与佛教就结下了难解之缘。虽同是好佛,然目的各异。楚材对此现象作了具体分析:

吾儒中喜佛乘者固亦多矣,具全信者鲜焉。或信其理而弃其事者,或信其理事而破其因果者,或信经论而诬其神通者,或鄙其持经,或讥其建寺,尘沙之世界,以为迂阔之言,成坏之劫波,反疑驾驭之说,亦何异信吾夫子之仁义,诋其礼乐,取吾夫子之政事,舍其文学者耶?或有攘窃相似之语,以为皆出于吾书中,何必读经然后为佛,此辈尤可笑也!且窃人

之财犹为盗，矧窃人之道乎？[①]

他列举了儒士"喜佛"而"不全信"的种种表现，最典型的是喜欢佛教的义理，而不喜欢其因果报应之说。这些儒士的佛教观有一个共同特点，即都是以儒学作为参照系，以儒学作为对佛教取舍的唯一标准。与这些儒士不同的是，耶律楚材具有儒士与居士双重身份。作为一名有远见卓识的政治家，耶律楚材对儒学有着根深蒂固的信仰，而作为一名已经皈依佛法的居士，他对佛教又有着非常真挚的情感。耶律楚材的佛教观是以什么为立足点的呢？

对于这个问题，早在清代就已经开始讨论了。清末芳郭无名人在为《湛然居士文集》所作后序中指出："观居士之所为，迹释而心儒，名释而实儒，言释而行儒，术释而治儒。"《四库全书总目》说："今观其诗语皆本色，惟意所如，不以研炼为工。虽时时出入内典，而大旨必归于风教。"[②]近人王国维也说："公虽洞达佛理，顺其性格实与儒家近，其毅然以天下生民为己任，古之士大夫学佛者，绝未见有此种气象。古所谓墨名而儒行者，公之谓欤！"[③]这些观点都认为，耶律楚材表面信仰佛教，而内心实为儒家，其佛教观是以儒学为立足点与参照系的。

耶律楚材的确对儒学有着极深的感情。其文化理想是"百蛮冠带文轨同"，主张以中原的礼乐文明来实现各民族的文化统一。任职期间，他向蒙古统治者"时时进说周孔之教"，劝君主以"圣人之名教"来治理国家。他还依照汉文化模式，提出《时务十策》，劝说朝廷进用汉族儒臣、收太常礼乐生，召名儒讲解儒家经典，宣扬圣人之道。楚材认为儒家思想的核心是"治天下"。他说："仁义且图扶孔孟，纵横安肯效秦仪。行看尧

①《楞严外解序》，见谢方点校：《湛然居士文集》，中华书局1986年版，第272页。
②《钦定四库全书总目》（整理本），中华书局1997年版，第2201页。
③王国维：《耶律文正公年谱馀记》，见谢方点校：《湛然居士文集》，中华书局1986年版，第378页。

舜泽天下，万国咸宁庶绩熙。"①主张以儒家"仁义"之道来治理国家。他还大力倡导"安民"政策："安得夔龙立廊庙，扶持尧舜济斯民"②；"泽民致主本予志，素愿未酬予恐惶"。③

关于儒佛区别，耶律楚材说："予谓穷理尽性莫尚佛法，济世安民无如孔教。用我则行宣尼之常道，舍我则乐释氏之真如。"④两者的最主要区别在于，一个主"济世安民"，一个主"穷理尽性"，与此相联系，"用我"时取前者，"舍我"时取后者。这种说法招致万松行秀的批评。万松认为，只"治心"而不"治天下"，是小乘见解，大乘佛教不仅能"治心"，也能"治天下"。因此，他批评耶律楚材"以儒治国，以佛治心"的观点说："近乎破二作三，屈佛道以徇儒情者。"这其实就是指责楚材没有把佛学作为惟一的立场，而是一脚在儒学，一脚在佛学。耶律楚材辩解说，这只是佛家所谓"方便"之说，又进一步解释说：

虽然，非屈佛道也，是道不足以治心，仅能治天下，则固为道之余滓矣。戴《经》云："欲治其国，先正其心；未有心正而天下不治者也。"是知治天下之道为治心之所兼耳。⑤

他指出，"治心"与"治天下"不能截然分开，"治天下"要从"治心"开始，"治心"本身就包含着"治天下"的功能。这就是说，佛教兼具"治心"与"治天下"双重功能。此番解释，意在向老师表明自己的佛教立场。

①《和杨居敬韵二首》（其一），见谢方点校：《湛然居士文集》，中华书局1986年版，第36页。
②《和人韵二首》（其二），见谢方点校：《湛然居士文集》，中华书局1986年版，第86页。
③《用前韵感事二首》（其一），见谢方点校：《湛然居士文集》，中华书局1986年版，第27页。
④《寄用之侍郎》，见谢方点校：《湛然居士文集》，中华书局1986年版，第130页。
⑤《寄万松老人书》，见谢方点校：《湛然居士文集》，中华书局1986年版，第293页。

耶律楚材又利用佛教理论来解决立场上的儒佛矛盾问题。他说："宣父素心施有政，能仁深意契无生。儒流释子无相讽，礼乐因缘尽假名。"[①]这里有必要先简单介绍一对佛教术语，"实相"与"假名"。"实相"，指一切诸法的真实体相，即佛教所说的绝对真理。佛教认为，宇宙间一切事物都是因缘（条件）和合而成，变化无常，没有永恒的、固定不变的自体，这就是"空"。"空"就是宇宙万有的"真性"，亦即诸法"实相"。与"实相"相对的术语是"假名"。"假名"，指一切诸法没有自性，只是假名而有。在佛教那里，"实相"与"假名"是体用关系。从体上讲，诸法性空，性空即实相；从用上讲，诸法宛然，宛然即假名。"实相"与"假名"，一而二，二而一，不可分离。楚材在这首诗里说，儒家理论的核心是"有政"，佛教则是"无生"，表面看来两者是矛盾的，其实不然。"无生"，即"空"、即"实相"，是从体上来说的，但从用上来讲，佛教并不一味谈空说无，更不否定在现实世界有所作为。楚材一生"历艰险，困行役，而志不少沮；跨昆仑，瞰瀚海，而志不加大"，自谓是由于"汪洋法海涵养之力"使然。[②]可见，他并不认为皈依了佛法就不应有所作为。楚材说"礼乐因缘尽假名"，其实就是避开佛教"体"上之"空"，而在形而下的实践层面论述佛与儒的相通性。

耶律楚材又说："有为无为俱有为，寿穷尘劫元非迟。"[③]大乘佛教主张，学人在了悟空观、见性成佛以后，不能高居于"无生"之峰巅，还要回到现实中来普度众生。曹洞宗"偏正五位"的最高位"兼中到"，表达的就是这种思想，楚材颂之曰："撒手转身人不识，回途随分纳些些。"[④]这两句诗颂出了大乘佛教随缘渡众的悲悯情怀。楚材说"有为无为俱有为"，其实就是说，儒学与佛学虽然就终极意旨来讲是有实质性差异的，

①《释奠》，见谢方点校：《湛然居士文集》，中华书局1986年版，第46页。

②万松行秀：《湛然居士文集序》，见谢方点校：《湛然居士文集》，中华书局1986年版，第1页。

③《和黄山张敏之拟黄庭词韵》，见谢方点校：《湛然居士文集》，中华书局1986年版，第230页。

④《洞山五位颂》，见谢方点校：《湛然居士文集》，中华书局1986年版，第164页。

但实践意义是一致的，即都是为了济渡苍生。

有学者指出：

作为一位身体力行的儒术实践者，耶律楚材推崇的主要是经验论与目的论的早期儒学，并把它作为一种经世思想来看待，而在更深层次的思维哲学方面，他实际上还是以佛学思想为主导地位的。他非常欣赏李纯甫的"会三圣人理性之学，要终指归佛祖而已"的观点，走的是一条以佛包容万象的路子，认为佛学才是更深层次上的思维哲学，儒学虽然也有助于个人修养，但主要是经世致用的学问，是佛学利他济世、普度众生的一种外在于段。①

这种观点是很有见地的。撇开"究竟意"上之"空"，而在"方便说"上寻求佛教与儒、道两家的相通之处，从而实现三教的融合，这是典型的佛教思维方式。比如，佛教理论家为了调和其"缘起论"与儒、道两家"元气论"的矛盾，先肯定"元气"在形成人的肉体和外界事物方面的决定性作用，然后再说"元气"为心识所变现，这样就把"元气论"纳入佛教的心识理论之中，从而凸显其以佛教为本位的"三教融合"立场。②同样，楚材"礼乐因缘尽假名""有为无为俱有为"等说法也是这种思维方式，既调和了儒佛矛盾，又在理论上坚持了佛教的本体地位。

[原载《民族文学研究》2009年第2期]

---

①刘晓：《耶律楚材评传》，南京大学出版社2001年版，第260—261页。

②如宗密在《原人论》中说："然所禀之气，展转推本，即混一之元气也。所起之心，展转穷源，即其一之灵心也。究实言之，心外的无别法，元气亦从心之所变，属前转识所现之境，是阿赖耶相分所摄。"（见《大正藏》第45册第710页下。）

天主教与佛教儒学化之比较与反思

——以"礼仪之争"与"沙门议敬"为中心

两汉之际的佛法东渐与明清之际的天主教来华，是中外思想文化交流史上两件大事。佛教、天主教与中国本土思想相摩相荡过程中酿成的"沙门议敬"与"礼仪之争"，是两件非常有代表性的案例，比较这两个案例，会给我们留下很多值得回味与反思的东西。

一

狭义的"礼仪之争"（Chinese Rites Controversy），指从17世纪30年代到18世纪40年代100余年间发生的关于中国礼仪和译名问题的争论，主要内容包括：是否允许中国天主教教徒参加"祭祖敬孔"仪式，是否可以用中国典籍中的"天""上帝"及西文Deus之音译"陡斯"称呼天主。利玛窦（Matteo Ricci，1552—1610）是耶稣会早期在华传教方针的制定人，"礼仪之争"所讨论的焦点大都是"利玛窦规矩"的主要内容，①实际上，在利玛窦生前耶稣会内部就有传教士如龙华民、庞迪我对其持有异议。所以，本文不在狭义上使用"礼仪之争"这个概念，本文所谓的"礼仪之争"，泛指从利玛窦来华至1939年罗马天主教庭废除"祭祖敬孔"禁令这一段时间内所发生的天、儒之间关于中国礼仪的争论。

①利玛窦允许以"天""上帝"称呼"天主"，允许中国天主教徒参加"祭祖敬孔"仪式，这些做法被康熙称为"利玛窦规矩"。

基督信仰与儒家文化交接，可远溯到唐代的景教来华。当时，景教借道、释二教之名相来诠释其概念与教义，并没有在义理上与儒学直接交涉。元代，基督教再次传入，但流传不广，随着元朝的灭亡又告中断。天主教与儒学义理上的正面交涉当从明末天主教来华算起。最早来华传教的天主教士是耶稣会士方济各·沙勿略（Francis Xavier，1506—1552），但他只到达了距广东海岸30海里的上川岛，而没能获得明政府的准入。30年后，耶稣会士罗明坚（Michael Ruggieri，1543—1607）、利玛窦获准在广东肇庆居住，标志着天主教正式迈入中华大门。

刚刚进入中国的传教士们，沿用他们在日本的成功经验，把自己打扮成"番僧"的形象，但传教并不顺利，后来发现中国僧侣的社会地位与日本并不相同，在中国占主导地位的是以儒家思想为主体的士大夫，因此如何处理好与士大夫的关系成为传教士首先必须考虑的重要课题。1592年，在华传教已有十年的利玛窦决定放弃僧侣装束，蓄发留须，改穿儒服，完成了传教士从"番僧"向"西儒"的形象转换。在给教会的信中，利玛窦解释道："神父们应该象高度有教养的中国人那样装束打扮，他们都应该有一件在拜访官员时穿的绸袍，在中国人看来，没有它，一个人就不配和官员、甚至和一个有教养的阶层的人平起平坐。"①除穿儒服、戴儒巾外，利玛窦还研读"四书五经"，俨然一个虔诚的孔子信徒。利玛窦还根据中国人"敬天"的传统习惯，并借鉴中国文化"至高莫若天，至大莫若主"之说，从会通天、儒的立场出发，把基督宗教中的造物主Deus译为"天主"或"上帝"。在《天主实义》中，利玛窦把天主教描述成一种与原始儒学同宗的学说。他说："吾国天主，即华言上帝。"②他还大量引用中国古典经籍中带有"上帝"的语句，努力在天主教的"天主"与中国传统文化中的"上帝"之间画上等号。在《天主实义》的明刻本中，凡称"天主"的地方都用了"天"或"上帝"，以求与儒家经书保持一致。这样，儒家的"敬天"与天主教的"敬天主"就合二为一了。利玛窦的这些策略

①利玛窦、金尼阁：《利玛窦中国札记》，中华书局1983年版，第276页。
②利玛窦：《天主实义》（上册），土山湾慈母堂1904年版，第12页。

赢得了当时士大夫的好感，为天主教的传播创造了良好的条件。

儒士对传教士情感上的接受并没能抹平天主教与儒学之间思想上的差异与冲突。两者之间最主要的矛盾表现在伦理上，如亲子之伦、夫妇之伦等①，而礼仪上的冲突则是矛盾焦点之所在。"礼仪之争"最主要的内容是"祭祖敬孔"问题。中国封建社会是一个以"家国同构"为基本特征的宗法社会，祖先崇拜十分发达。祖先崇拜的核心内容是通过祭祀来慎终追远，感恩报德，祈求祖宗荫护子孙，祭祖是传统中国家庭最重要的礼仪活动。在中国传统社会中，老师的地位很高，有"天地君亲师"之说，师生关系与君臣、父子关系一样重要。作为"万世师表"的孔子，在唐代被封为"文宣王"，成为儒家准宗教的"教主"，被中国人当作先圣先师供奉祭祀，因此祭孔也是中国传统礼仪中的重要内容。与中国社会的"祭祖敬孔"礼仪不同，基督教把尊奉和敬拜天主作为第一教义，这是其"十戒"中的第一条，舍天主不得有别的拜祭偶像。天主教还将世界分为"上帝之城"和"世俗之城"，为入"上帝之城"，基督徒可以弃世俗的君主和先祖于不顾，而唯上帝为唯一至尊。天主教的"一神论"与儒家的"祭祖敬孔"之间形成了尖锐的冲突，能否处理好这一冲突是决定天主教在华命运的关键。

利玛窦充分认识到"祭祖敬孔"在中国传统礼仪中的不可动摇性，他既要承认"祭祖敬孔"仪式的合法性，又要坚持天主教的"一神论"，为了调解这一矛盾，他提出"儒教非宗教"的主张。他说："虽然这些被称为儒家的人的确承认有一位最高的神祇，他们却并不建造崇奉他的圣殿。没有专门用来崇拜这位神的地方，因此也没有僧侣或祭司来主持祭祀。我们没有发现大家都必须遵守的任何特殊礼仪，或必须遵循的戒律，或任何最高的权威来解释或颁布教规以及惩罚破坏有关至高存在者的教规的人。也没有任何念或唱的公众或私人的祷词或颂歌用来崇拜这位最高的神

---

① 刘海鸥：《天儒冲突——中西方家庭伦理的初次冲撞》，《伦理学研究》2003年第4期。

祗。"①儒教没有教规，没有宗教仪式，没有固定的宗教场所，因而不具备一般宗教的基本属性。利玛窦还说，中国人祭祖只是表示对死者的尊敬，是为了教育后人行孝道；祭孔则表示"对他著作中所包含的学说的感激"。②因此，"儒教不是一个正式的宗教，只是一种学派，是为了齐家治国而设立的。因此他们可以属于这种学派，又成为基督徒，因为在原则上，没有违反天主教之基本道理的地方。"③利玛窦在处理文化冲突态度上的包容性与策略上的灵活性，为天主教在中国的广泛传播奠定了基础。

1610年，利玛窦去世，不久耶稣会内部就发生了关于中国的"天"和"上帝"能否代表创造万物的尊神的争执，有人开始反对利玛窦的传教方针，开始干涉中国教徒参加"敬祖祭孔"仪式，于是酿成了天主教史上的"中国礼仪之争"。1700年起，"礼仪之争"上升为罗马教廷与清政府之间的公开冲突。1704年，罗马教宗发布谕令，禁止中国教徒参加"祭祖敬孔"礼仪，不许用"天"以及"上帝"来称呼"天地万物之主"。针对罗马教宗的谕令，康熙皇帝指出："中国二千年来，奉行孔学之道。西洋人来中国者，自利玛窦以后，常受皇帝保护，彼等也奉公守法。将来若是有人主张反对敬孔敬祖，西洋人就很难再留在中国。"④1715年，教皇发布诏谕，重申祭祖敬孔禁令，违者与异端同罪。康熙皇帝认为这是干涉中国内政，遂拘捕传教士，禁止传教。雍正年间，终于全面禁止了天主教在中国的传播，中西近代文化交流告一段落，中西关系进入排斥和敌意阶段。

由"礼仪之争"而导致天主教在中国被全面禁止，其中根源值得细细挖掘。相比之下，佛教在刚传入中国时也有类似的遭遇，但在处理与儒学冲突的过程中，佛教采取了与天主教不同的态度，结果不但没有被禁止，反而融入了中国文化，成为中国文化不可分割的一部分。下面来看一下佛教与儒学在礼仪上的一个著名争端——沙门议敬。

①利玛窦、金尼阁：《利玛窦中国札记》，中华书局1983年版，第102页。
②利玛窦、金尼阁：《利玛窦中国札记》，中华书局1983版，第104页。
③刘后余：《利玛窦中国传教史》（上册），王玉川译，（台北）光启出版社1986年版，第86—87页。
④罗光：《教廷与中国使节史》，（台北）传记文学出版社1983年版，第115—116页。

二

魏晋南北朝时期，佛教获得迅速发展，同时与儒学的摩擦也在加剧，双方围绕"沙门议敬""沙门袒服""夷夏之辩""形神之辩"等问题展开激烈争论。佛教对于儒学，由最初机械地将其伦理道德观念引入佛教经典，逐步变化为认识到两家思想各自具有的特色，从而确立了佛儒同旨、内外有别的关系定位，慧远的"内外之道可合而明"之命题是对这种关系的经典概述。我们以"沙门议敬"为中心来考察佛教与儒学之间的冲突，看看佛教是如何处理冲突从而为自己在中华大地上赢得生存、发展机会的。

在印度，出家沙门见到包括帝王在内的任何在家人都不跪拜，只是双手合十以示敬意。佛教初传入汉地时，沙门仍秉持这一礼仪传统，这与中国传统礼仪相悖。到东晋南北朝时，佛教势力大盛，沙门不跪拜帝王与封建皇权和儒家纲常之间的矛盾愈益突出，沙门是否敬王的问题成为佛儒之间矛盾的焦点。东晋成帝咸康六年（340），车骑将军庾冰辅政，代成帝作诏书，指责沙门不礼敬王者破坏了儒家纲常，令沙门见皇帝时行跪拜礼。佛教信徒尚书令何充等上表反对，认为沙门礼王破坏佛法。经过反复辩论，庾冰失败，沙门见皇帝仍不行跪拜礼。元兴元年（402），太尉桓玄执政，重提沙门应该敬王的问题，并与中书令王谧及名僧慧远等展开激烈争论，慧远做《答桓太尉书》《沙门不敬王者论》等文章，全面而有力地论证了沙门不应跪拜君王的理由，终于得到桓玄的许可。

佛教作为一种外来宗教，要想在中国生存与发展，就必须依靠政权的力量，正如慧远的老师道安所说"不依国主则法事难立"。[1]慧远对这一点也有充分的认识，同时他也认识到沙门敬王给佛教带来的不利影响，他说："遂令无上道服毁于尘俗，亮到之心屈乎人事。"[2]如何既能保持沙门阶层礼制上的独立性，又不与世俗王权相抵触，是摆在慧远面前的一个十

①释慧皎：《高僧传》，中华书局1992年版，第178页。
②《沙门不敬王者论》，《大正藏》第52册第30页上。

分重要而棘手的问题。

慧远把佛教的教化分为在家处俗和出家修道两个方面，认为这两个方面应该有所区别：在家处俗弘教，必须遵守名教礼法，讲求忠孝之道，而一旦出家修道，便意味着脱离了尘世而成为"方外之宾"，也就不必服从世俗礼教（《沙门不敬王者论》）。慧远的高明之处并不仅仅在于把教化作了"处"与"出"两分，他还进一步论证了佛教礼制与世俗名教之间不但不存在根本的对立，相反佛教还可以促进世俗礼法的实行与王权的巩固。慧远说："如令一夫全德，则道洽六亲，泽流天下，虽不处王侯之位，亦已协契皇极，要宥生民矣。"（同上）这就是说，出家之人一旦修得正果，他的道行业绩不但可以惠及六亲，而且可以泽及生民，从而起到"拯溺俗于沈流，拨幽根于重劫"的作用，大大有益于世俗政权的统治。慧远的这一理论，既适当地承认了王权的地位与尊严，又保持了僧伽的自主地位，是符合中华民族的心理特点与中国社会的实际情况的，在很大程度上促进了佛教在中国的进一步发展。

三

"礼仪之争"与"沙门议敬"这两个中外文化交通史上的著名案例，有一些相同之处，又有很大程度上的不同。相同之处表现在：

第一，两者都是外来宗教与中国儒学之间在礼制上的冲突。"沙门议敬"，涉及君权与神权、佛教与儒家名教的关系问题。中国传统儒家思想认为，君臣之义无所逃于天地之间，沙门理应敬拜君王，而佛教礼仪则认为，僧人出家已经超出世俗政权的统治之外，不应受世俗礼法的约束，因此沙门不应跪拜君王。"礼仪之争"的焦点是西方天主教的"一神论"与中国儒家传统的"祭祖敬孔"之间的冲突。"祭祖敬孔"是儒家道德体系的核心，在中国文化思想史上占有不可动摇的地位，而西方传教士们却以反对偶像崇拜为由禁止中国天主教徒"祭祖敬孔"，这就使两者之间产生了不可调和的矛盾。"沙门议敬"与"礼仪之争"，虽然一个发生在六朝，一个发生在明清，一个发生在中印文化之间，一个发生在中西文化之间，但两者都指向异质文化与儒家思想之间的冲突与碰撞，都具有决定异质文化能否在中国生存与发展的关键意义。

第二，在这两个案例的冲突过程中，佛教与天主教内部都出现了杰出人物为化解矛盾做出了富有智慧的努力，起到了很好的缓解作用。"沙门议敬"以慧远为代表，"礼仪之争"以利玛窦为代表。慧远与利玛窦都认识到儒家思想对本教传播的重要性，在教理、教义的解释，以及措辞等形式上尽量儒学化。慧远从儒家经权思想出发，调和了"沙门议敬"问题，促进了佛教的儒学化及其在中国的进一步发展。同样，利玛窦确立了适应中国文化思想的"利玛窦规矩"，成为明末中西交通史上的核心人物。[①]

第三，两者都以向儒学让步而告终。"沙门议敬"并没有因慧远的智慧表现而得到彻底解决，以后儒佛双方冲突还时有发生。唐玄宗开元二年(714)，诏令僧尼致敬父母，对皇上称"臣"而不称"贫道"，从此以后"沙门议敬"才渐渐平息。"礼仪之争"的结果也是如此。利玛窦去世后，有人开始反对利玛窦的传教方针，干涉中国教徒参加"祭祖敬孔"活动，后来"礼仪之争"上升为罗马教廷与清政府之间的公开冲突，致使天主教在中国被全面禁止。1939年，罗马天主教庭废除以往对中国礼仪的禁令，允许天下的中国天主教徒进行"祭祖敬孔"仪式，"礼仪之争"至此彻底结束。

以上我们比较了"礼仪之争"与"沙门议敬"两个案例的相同点，下面我们再来分析两者的区别。

首先，冲突的强度不同。"沙门议敬"反应的只是佛教与儒学在礼制上的冲突，沙门是否跪拜君王并不影响佛教的根本教义，其实，沙门敬王在北朝佛教界是不成问题的。北魏法果说："太祖明睿好道，即是当今如来，沙门宜应敬礼。"(《魏书·释老志》)他把天子等同于佛，认为敬王就是礼佛。法果的说法还有些拐弯抹角，北周道安则直接宣称"君为教

---

① 孙尚扬：《明末天主教与儒学的交流和冲突》，(台北)文津出版社1992年版，第2页。

主"。对君主来说，"沙门不敬王者"也不是什么根本性的问题，东晋以前沙门都是不跪拜王者的，况且六朝时期佛教势力极盛，佛教是社会稳定的一个极其重要的因素，因此君主在这个问题上也容易让步。相对于"沙门议敬"来说，"礼仪之争"所反应的矛盾则要尖锐的多。天主教来华以后虽然不断儒学化以适应中国社会，但在"一神"（Monotheism）和"三一"（Trinity）问题上是绝不肯让步的，因为在此问题上让步就会使天主教面临失去其神学本位的危险。对儒家来说，"祭祖敬孔"是维系宗法社会结构的极其重要的一环，也是绝对不可能动摇的。因此，"祭祖敬孔"与"一神"之间的矛盾极其尖锐，天主教与儒家都不肯让步，最终导致耶酥会在中国的解散。

其次，冲突的性质不同。"沙门议敬"中，作为本土思想的儒学批评外来的佛教不合儒家礼制，佛教则以温和的态度运用各种手段加以调和，尽量避免与儒家伦理观念的冲突，努力实现佛教的儒学化。而在"礼仪之争"中，外来的天主教激烈批评中国传统礼仪，把这一在儒家思想中占举足轻重地位的仪式指斥为"异端邪教"，这完全是站在自己的立场之上，置中国本土文化于不顾。[①]"沙门议敬"中，佛教是防守性的，而在"礼仪之争"中，天主教则是进攻性的，佛教的目的是通过自身儒学化而融入中国文化之中，天主教的目的是想通过"合儒""补儒"而最终取代儒家，这是一种文化扩张思维。

第三，调节冲突的方式不同。利玛窦与慧远在调节"礼仪之争"与"沙门议敬"时所采取的方式不同。自从佛教踏入中土的那天起，深谙中国传统文化精髓的高僧大德们就非常自觉地利用儒家的经权思想来解释佛教与儒学之间的矛盾。慧远强调，佛教与儒家并不存在实质上的差异，同时又有"处"与"出"上的不同，因此可以作为儒家思想的补充。如果君主许可沙门不敬王者，这在形式上就抬高了沙门的地位，佛教就会争取更多的信众，从而更好地起到"协契皇极，大庇生民"的作用。因此，辅助教

①1693年，福建主教颜珰（C.Maignot）发布命令，要求教区内严禁"祭祖敬孔"，并发动欧洲神学界把中国礼仪定为"异端邪教"。

化是不变之经，"敬王者"是可变之权，经权相宜，才符合儒家的中庸之道。这种利用儒家的思维方式来解决儒佛矛盾的方法很容易被儒家所接受。利玛窦在调解"祭祖敬孔"与"一神论"之间的矛盾时，没有像慧远那样站在"治世安民"的立场之上找寻圆融两者的途径，而是利用抹杀"祭祖敬孔"仪式的宗教性以敷衍罗马教廷。天主教只是外在形式上具有了一定的儒家色彩，而在实质上并没有实现儒学化。利玛窦还坚持以基督教的伦理标准来复位中国人的"父子之伦"，认为在天主面前，君臣、父子关系都是平等的兄弟关系，正是立足于这种"三父说"，天主教认为中国人的"祭祖敬孔"是不能和天主崇拜相提并论的[1]，这种思想是中国人难以接受的，被儒家卫道士们斥为"率天下无父子"（《圣朝破邪集》卷一）。

比较"沙门议敬"与"礼仪之争"，给我们留下许多值得反思的东西。

汤用彤先生认为，外来思想与本土思想交流时，大致经过三个阶段：一是"因为看表面的相同而调和"；二是"看见不同而冲突"；三是"因再发见真实的相合而调和"[2]。佛教在中国的发展亦如此，它与儒家的关系大致可分为四个时期：一是汉魏时期：佛教对儒学的依附阶段；二是两晋南北朝时期：佛学与儒学既相融又相拒阶段，"沙门议敬"主要发生在这一阶段；三是隋唐时期：随着八大宗派的形成，佛教中国化的过程基本结束，而成为完全意义上的中国佛教，开始与儒、道两家呈三足鼎立之势；四、宋明时期：随着理学的出现与被定于一尊，儒佛道三教形成了绵延千年之久的以儒家为本位的三教合一思潮。

佛学内化为理学的一部分，与其说是儒学的胜利，不如说是佛学的胜利，因为它成功地融入了儒学的内部，再也不可能被从中国传统文化中剥离出去。这是中外文化交通史上一个成功的范例。佛教的成功经验很多，最主要一点就是它的调和性。印度佛教重自家经论的坚守，具有强烈的排他性，把异于己的思想统统视为"外道"，对其怒目而视。佛教传入中国

---

①林中泽：《利玛窦的"大西三父说"与儒家的忠孝论》，《学术研究》2002年第4期。
②汤用彤：《文化思想之冲突与调和》，刘梦溪主编：《中国现代学术经典·汤用彤卷》，河北教育出版社1996年版，第778页。

以后，一改往日的倔强品格，积极而温和地寻求与中国文化的融合渠道，不断调整自己以适应中国人的国民性格与心理结构。佛教与中国文化的冲突、抗衡是也被动的，是守卫性的，它很少向中国本土文化发动进攻性的挑战，佛教的调和性在"沙门议敬"中表现得十分明显。

天主教传入中国以后，也积极寻求与中国传统文化的结合，先是依附佛教，继而依附儒学。天主教选择儒学作为依附的对象，除因为儒学显赫的政治、社会地位外，还因为它具有较为理性的学术个性。早在先秦时期，孔子就提出"敬鬼神而远之"的人生态度，主张对鬼神一方面不能否定它的存在，故要"敬"，另一方面又要保持理性的审慎态度，故要"远之"。这种既富有理性又不乏超越性的学术品格，是天主教所欢迎的。但天主教所欢迎的儒学只是先秦儒学，而对宋明儒学持批判态度。利玛窦认为，宋明理学的发展已经偏离了先秦儒家的轨范，建议恢复先秦儒学，并主张以天主教补儒学之不足。天主教这种以自我为中心，锋芒毕露地对待本土文化的态度，与佛教是大相径庭的。

"沙门议敬"的圆满解决与"礼仪之争"的不欢而散，共同昭示了一个主题：一种外来文化要想在中国生存、发展，就必须在尊重中国本土文化的前提之下，走多元融合之路。当然，对比这两个事件的意义还远不止这一点。当今世界已进入高科技的信息时代，各国、各民族间的相互关系日益密切，文化的发展日益呈现出世界化的趋势。在这种背景之下，一个崭新的命题便凸显了出来：世界文化的发展方向到底是"普世主义"（Universalism）还是"多元主义"（Multiculturalism）？一般说来，前者以"一神论"宗教为基础，在哲学上趋向于一元化，因而具有排他性，而后者则倡导宗教宽容和民族文化价值的独立。一些"西方中心主义"者坚持"普世主义"，并认为这种普世性要由欧洲和基督教文明国家输出。这种想法是危险的。佛教中国化的成功，"利玛窦规矩"所带来的丰硕成果，以及利玛窦死后天主教在中国的挫折，都说明了多元文化间对话的必要性和重要性。

[原载《东疆学刊》2009年第1期]

敬畏生命：中国传统文化的一个关键词

近年来，我国大学生自杀、伤人、虐待动物等暴力事件屡有发生，并呈逐渐上升趋势。究其原因，情感受挫、经济贫困、学业压力过大、人际关系紧张、就业困难、心理障碍等是这些事件的直接导火线，而其深层原因则是由于责任者生命意识的淡薄与责任感的缺失。对大学生进行"生命教育"，已经成为一个刻不容缓的课题。在我国，虽然已经有个别省市率先颁布了有关推行"生命教育"的方案，但"生命教育"课程还没有普遍进入大学课堂，各种校园心理咨询活动的服务范围也十分有限，为了弥补当前"生命教育"的不足，我们必须充分利用某些专业基础课中的"生命教育"资源。20世纪90年代中期，"中国传统文化"课程普遍进入大学课堂，我们利用她培养大学生的"民族自信心与自豪感"的同时，往往忽略了其中蕴涵的十分丰富的"生命教育"资源。"敬畏生命"，应当成为当代大学"中国传统文化"课程的一个十分重要的关键词，它包括体认生命的神圣、提升生命的价值、摆脱生命的羁绊、泛爱生生等多重内涵。

一、体认生命的神圣

对大学生进行"生命教育"，首先要培养他们对人之生命的敬畏感，而"贵生"思想恰是中国传统文化的精髓所在。早在中国传统文化的萌芽期，先哲们就提出了"生最贵"的思想。据马王堆汉墓出土简书《十问》

载，尧问舜："天下孰最贵？"舜答："生最贵。"这种"贵生"思想被后来的儒家学派继承并发扬光大。面对生机勃勃的大千世界，孔子不禁赞叹："天何言哉？四时行焉，百物生焉，天何言哉？"①《周易》进而把这种天地氤氲，万物化醇的过程称为"生生之德"，并提出"天地之大德曰生"命题②，这是儒家生命伦理的理论精髓。对此，后来的宋明理学家又做了进一步的理论提升。周敦颐说："天以阳生万物，以阴成万物。生，仁也；成，义也。"③这就把儒家的核心道德范畴"仁"与天地之大德"生"紧紧联系在一起，从而成为儒家生命伦理的理论依据。

中国传统文化的"贵生"观念，首先表现在对人之生命的珍视上。西周时期，周武王提出"惟人万物之灵"的主张。人为万物之灵，人的生命是最为尊贵的。马厩失火时，孔子"问人不问马"，把人的生命看作第一位。孔子反对轻易剥夺人的生存权利。《论语·颜渊》载："季康子问政于孔子曰：'如杀无道，以就有道，何如？'孔子对曰：'子为政，焉用杀？子欲善，而民善矣。'"④孔子认为，即使对"无道"之人，也不能轻易言杀，要通过加强道德教化使其改过。孟子继承了孔子的"贵生"思想，鼓吹"仁政"，极力反对滥杀无辜。他说："杀一无罪，非仁也"；"不嗜杀人者能一之"⑤，认为只有"不嗜杀人"的君主才具有统一天下的资格。战国时期儒家学派的另一位代表人物荀子也说："人有气、有生、有知亦且有义，故最为天下贵也。"⑥

道家也蕴含着十分丰富的"贵生"思想。老子反复强调生命的重要性，谆谆教导世人"修身""存身""保身"。他反对世人孜孜于外在名利的追逐而主张全身葆真，认为：与生命相比，名利是微不足道的，甚至连

---

①朱熹：《四书章句集注》，中华书局1983年版，第180页。

②黄寿祺，张善文：《周易译注》，上海古籍出版社1989年版，第569页。

③周敦颐：《周子通书》，上海古籍出版社2000年版，第36页。

④朱熹：《四书章句集注》，中华书局1983年版，第138页。

⑤朱熹：《四书章句集注》，中华书局1983年版，第359、206页。

⑥荀况：《荀子》，上海古籍出版社1996年版，第80页。

"天下"也不足论。他说："奈何万乘之主，而以身轻天下？"[①]他认为，君主贵天下而轻身的做法是不足取的。"存身"就是"贵生"。老子反复倡导"摄生""益生""长生""贵生"。老子企慕长生，并提出自己独特的"长生久视"之道："治人事天，莫若啬。"[②]这里，"啬"指爱惜、保养生命力，使生命之根深固。基于对生命的珍视，老子强烈反对战争，认为战争是"不祥之器"，并说"乐杀人者，则不可以得志于天下"[③]。庄子继承并发展了老子的"贵生"理论。他在《骈拇》中批评人世间的生命异化现象说：

> 自三代以下者，天下莫不以物易其性矣。小人则以身殉利，士则以身殉名，大夫则以身殉家，圣人则以身殉天下。故此数子者，事业不同，名声异号，其于伤性以身为殉，一也。[④]

他认为，名利、天下都是身外之物，只有生命本身才是人之最为重要者，他劝告世人要善待生命，以"终其天年"。

秦汉新道家秉承了先秦老庄道家的"贵生"思想。《吕氏春秋》说："由贵生动则得其情矣，不由贵生动则失其情矣。此二者死生存亡之本也。"[⑤]提出以"贵生"作为判断行为得失的标准。《淮南子》也提出"大己而小天下""生尊于天下""身得则万物备"等观点。诞生于东汉的道教，更加重视人之自然生命的延长，明确提出以延年益寿、羽化登仙为其宗旨。在道教思想体系中，一切教理、教义都是围绕生命而展开的。可以说，对生命的渴望与对人世间的挚爱，是道教最重要的精神。

佛教于两汉之际传入中国。从踏上中土的那天起，佛教就开始了其中国化历程，最终成为中国传统文化不可分割的一部分。在此过程中，印度

---

① 陈鼓应：《老子今注今译》，商务印书馆2003年版，第176页。
② 陈鼓应：《老子今注今译》，商务印书馆2003年版，第288页。
③ 陈鼓应：《老子今注今译》，商务印书馆2003年版，第288页。
④ 王先谦：《庄子集解》，中华书局1987年版，第80页。
⑤ 《吕氏春秋》，上海古籍出版社1996年版，第32—33页。

原始佛教中的无生、厌世思想被注入了贵生、乐生的情愫。中国佛教虽然也宣扬"四大皆空"思想，但并不否定生命的意义。如《因缘义》说："凡含灵之性，莫不乐生，求生之路，参差不一。……好生之性，万品斯同。"[①]"乐生"是有情识、有灵性之物的自然本性，尽管求生之路各不相同，但对生命的热爱与眷恋是没有区别的。基于这种生命观，中国佛教坚决反对轻生行为。明代高僧紫柏真可说："故有志于养生者，生不可轻。如果重生，先养其主。主者谁？主乎生者也。"[②]中国佛教孜孜于现世解脱之路的探求，提倡人间净土，禅宗甚至提出"快乐无忧，故名为佛"命题（牛头法融语），把印度佛教所宣扬的彼岸世界的佛国，落实到了此岸世界，佛不再是那种高高在上的、神秘的、外在力量，而是一种内在于每个人心中，只要抛开外来的烦恼，回归自己的本心，就能达到的愉悦境界。

综上所述，尽管中国传统文化中的儒道佛三家思想在理论内涵与表现形式上都有实质性差异，但在"贵生""乐生"问题上三家思想是一致的，三家共同撑起中国传统文化的生命大厦。当代大学"中国传统文化"课程，应该凸显这些"贵生""乐生"思想，帮助大学生们体认生命的神圣性，从而增强抵御各种挫折、困难及悲观、厌生情绪影响的能力。

二、提升生命的价值

人一来到这个世界，就不可选择地处于一定的社会关系之中，其生命不仅属于他自己，也属其家庭、社会，个体生命的价值也只有在与他人、与社会的关系中才能得以形成与展现。因此，人之生命不仅是一个有机体的自然发展过程，更是一个完善道德、履行责任的过程。个体责任感的强弱，取决于他对自己与他人及社会之间关系的理解。受种种因素的影响，现在的大学生们往往过分关注自我而忽视对他人、家庭及社会的责任。责任感的淡薄使他们不能正确认识自己生命的价值，从而导致抵御挫折与困

---

① 《大正藏》第52册，第253页上。
② 《卍新纂续藏经》第73册，第222页上。

难能力的下降，在失败与压力面前，易产生强烈的失落感、孤独感、空虚感与幻灭感，在这种情绪的左右之下，失范行为就在所难免了。因此，加强以道德感、责任感、使命感为核心的生命价值观教育，是"生命教育"十分重要的内容，这种教育资源在中国传统文化中有着鲜明的体现。

中国传统文化的生命观，是一种伦理型的生命观，生命价值与伦理道德紧紧联系在一起。儒家把对自我生命的敬惜与对父母的孝敬联系起来。《礼记·哀公问》："身也者，亲之枝也，敢不敬与？不能敬其身，是伤其亲。伤其身，是伤其本。"①爱身就是敬亲，伤身就是伤亲，就是不孝。

为了提高生命的社会价值，儒家标举"修身、齐家、治国、平天下"为人生目标，并以此作为安身立命的终极根据。宋代理学家张载则把个体生命的使命概括为："为天地立志，为生民立道，为去圣继绝学，为万世开太平。"②有了这种人生目标，人就不会拘泥于个体的得失，而会自觉地调节个体与群体之间的矛盾，把个体的情感欲求限制于群体的框架内，孔子所谓"从心所欲，不逾矩"③。

儒家文化提倡"以和为美"，主张人与人之间和睦相处。孔子把这种思想概括为"仁"，"仁者爱人"，他主张以"爱"作为处理人与人之间关系的基本准则，具体表现为"己欲立而立人，己欲达而达人""己所不欲，勿施于人"④。在"爱人"的基础上，形成了"老吾老以及人之老，幼吾幼以及人之幼"的宽广情怀与安老怀少的社会风尚，形成中华民族大家庭社会生活中浓烈的人文情怀和生活情趣。

正确处理人与人、人与社会之间矛盾的过程，其实就是履行责任与使命的过程，有了强烈的历史责任感与时代使命感，就会对生命、生活持积极乐观的态度。《周易》说："天行健，君子以自强不息。"⑤这是中国传统文化对积极人生态度的经典概括。孔子十分重视"刚"的品德，他说"刚

①杨天宇：《礼记译注》，上海古籍出版社1997年版，第858页。
②张载：《张载集》，中华书局1978年版，第320页。
③朱熹：《四书章句集注》，中华书局1983年版，第54页。
④朱熹：《四书章句集注》，中华书局1983年版，第92、132页。
⑤黄寿祺、张善文：《周易译注》，上海古籍出版社1989年版，第8页。

毅、木讷，近仁"①，又说"三军可夺帅也，匹夫不可夺志也"②。有了这种积极的人生态度，人就会更加热爱生活，热爱生命，也就不会为日常生活中的小事而烦恼了。所以，孔子说："发愤忘食，乐以忘忧，不知老之将至。"③

秉承个体自然生命至上主义的道家、道教，也十分重视个体生命的道德性与社会性。从先秦老庄道家"无为而治"的政治主张，到秦汉新道家"身国同治"的社会实践，再到魏晋玄学"游外冥内"的人生追求，道家在努力保全自我生命的同时，一刻也没有忘记对人生使命的践履。老子说："贵以身为天下，若可寄天下；爱以身为天下，若可托天下。"④认为只有珍爱自己生命的人，才能担负起治理天下的大任，人民才能放心地把天下托负于他，这就把"贵生"与"治天下"紧紧联系在一起。《吕氏春秋》说："成其身而天下成，治其身而天下治。"⑤将个体生命价值的实现提升至社会价值的高度。魏晋玄学家郭象标举"内圣外王"的人格范式，既强调对个体生命自由的护持，又强调生命社会价值的实现。道教经典《太平经》反复强调"人命最重""寿最为善"⑥，不但重视延年益寿，而且把"寿"直接与伦理道德的善恶判断联系起来，以伦理道德眼光来审视生命的价值。道教还主张"欲修仙道，先修人道"，认为修仙与做人是不可分离的，做人与养生都必须遵守那些合乎生命大道的社会公德。

佛教虽是一种出世的宗教，但其慈悲普渡的悲悯情怀天然地含蕴着火热的社会责任感。佛教主张"大慈与一切众生乐，大悲拔一切众生苦"⑦，要求把所有生命的欢乐与痛苦当作自己的欢乐与痛苦来体验，这就是所谓"正命"。"正命"是一种体现佛教大慈大悲的生活方式，是一种

①朱熹：《四书章句集注》，中华书局1983年版，第148页。
②朱熹：《四书章句集注》，中华书局1983年版，第115页。
③朱熹：《四书章句集注》，中华书局1983年版，第98页。
④朱熹：《老子今注今译》，商务印书馆2003年版，第121页。
⑤《吕氏春秋》，上海古籍出版社1996年版，第49页。
⑥王明：《太平经合校》，中华书局1960年版，第34、222页。
⑦《大正藏》第25册第256页中。

热爱生命的伦理态度，是一种体现道德感与责任感的生命观。

中国传统文化的生命价值观，对大学生树立正确的生命观具有十分重要的意义。它启发大学生们以一种道德眼光看待个体生命，以强烈的责任感与使命感来充实生命的内涵，有了强烈的责任感与使命感，就会对生活充满信心与热情，就会积极关心他人与社会，以积极、负责的态度对待自己的命运与前途。

三、摆脱生命的羁绊

对大学生进行生命教育，除了帮助他们体认生命的神圣，提升生命的价值外，还要积极引导他们学会摆脱物欲束缚，以审美的眼光看待生命、以审美的态度对待生活。受市场经济的冲击，现在的大学生们往往把物质利益看得太重，甚至以金钱作为衡量一切价值的标准。家庭经济条件较好的学生在家庭经济条件较差者面前往往表现出极强的优越感，致使后者感觉自尊心受到严重伤害，从而造成尖锐的冲突，近年来多起校园暴力事件都是由此原因而引起的。帮助大学生树立正确的价值观，让其心灵从物欲的束缚中解放出来，这是大学"生命教育"的又一重要内容，中国传统文化在这方面也给我们提供了大量的教育资源。

中国传统文化向来重义轻利，主张用人的理性精神来约束感性欲求。孔子说："君子喻于义，小人喻于利。"[1]这并不是否定人正当的物质欲求，而是主张对物质利益要取之有道，要节之以礼。孔子最得意的弟子颜回，虽然家贫如洗，却丝毫不影响其对生活的热爱。孔子赞曰："一箪食，一瓢饮，在陋巷。人不堪其忧，回也不改其乐。贤哉，回也！"[2]周敦颐称这种超越物质享受的精神愉悦为"孔颜之乐"，这是一种清风明月般韵致高远，淡泊洒落的情怀，是一种超越名利富贵的生命自由境界。

道家鄙弃扭曲自己的灵魂，去满足物欲的人生态度，主张以超然物外

---

[1] 朱熹：《四书章句集注》，中华书局1983年版，第73页。
[2] 朱熹：《四书章句集注》，中华书局1983年版，第87页。

的态度与世俗相处。老子提倡"见素抱朴,少私寡欲"①,主张摆脱物欲的束缚,回归生命的本真。庄子也极力批判世人逐物迷己,困而忘返的现象,认为物欲是人类心灵自由的最大桎梏。他说"其耆欲深者,其天机浅"②,如射而赌物者,以瓦作赌注时其心思灵巧,以钩作赌注时其心里恐惧,以黄金作赌注时其心智昏乱,这就是"外重者内拙"③。

佛教禅宗更是提倡生命的自由境界。日本著名禅学家铃木大拙说:"禅就其本质而言,是看人自己生命本性的艺术,它指出从枷锁到自由的道路。"④这就是说,禅是一种生命的自由境界。禅宗认为,佛就是人人本自具有的"平常心"。对于"平常心",禅宗的高僧大德们作了诗意的阐释。景岑说:"要眠即眠,要坐即坐。热即取凉,寒即向火"⑤;慧开说:"春有百花秋有月,夏有凉风冬有雪。若无闲事挂心,便是人间好时节"⑥。"平常心"并不是麻木不仁的生活态度,而是一种对宇宙、人生的达观情怀。唐代船子和尚《垂钓诗》说:"千尺丝纶直下垂,一波才动万波随。夜静水寒鱼不食,满船空载月明归。"⑦钓者垂下千尺丝纶,等待游鱼上钩,忽然游丝一动,心中顿起层层欲望之波,但夜静水寒,游鱼并没有光顾,垂钓者不但没有因此而沮丧,反而欣悦于自己所收获的满船明月。此时,垂钓者已经完全抛开了外在的物质欲求,而进入澄明的生命自由境界。

在金钱至上、物欲横流的社会里,中国传统文化对人之生命自由境界的倡导,能启发大学生们以审美的眼光看待生命,从而摆脱物欲的束缚,以自由、宁静、平和的心态对待学习与生活。

---

①陈鼓应:《老子今注今译》,商务印书馆2003年版,第147页。
②王先谦:《庄子集解》,中华书局1987年版,第56页。
③王先谦:《庄子集解》,中华书局1987年版,第159页。
④铃木大拙、佛洛姆:《禅与心理分析》,孟祥森译,中国民间文艺出版社1986年版,第175页。
⑤普济:《五灯会元》,中华书局1984年版,第210页。
⑥洪修平、张勇:《禅偈百则》,中华书局2008年版,第163页。
⑦洪修平、张勇:《禅偈百则》,中华书局2008年版,第58页。

四、泛爱生生

"敬畏生命"，既指对人之生命的尊重，也指对其他动物、植物生命的尊重。近年来发生在大学生身上的"泼熊事件""虐猫事件"等，不但反映了大学生对其他生命体的漠视，也反映了其与自然的对立态度，这与现代教育过分张扬"工具理性"，轻视人文精神是分不开的。近代以来工业文明的高度发达，导致了一种以科技为主导的"工具理性"的极度膨胀与人文精神的相对萎缩。受此潮流的影响，重科技、轻人文现象在今天中国大学校园也十分普遍。大学在教学生"何以为生"本领的同时，往往忽视了教育他们进行"为何而生"的理性思考。大学课程的设置、学生专业的选择都屈从于市场的需求，就业率与收入的高低是衡量专业"冷热"的唯一标准，"实用"是学生判断课程价值的主要尺度。利用科技征服自然的观念，在现代大学生中间是很普遍的，这是十分危险的。法国学者贝尔纳·斯蒂格勒说："技术既是人类自身的力量也是人类自我毁灭的力量。"[①]此论绝非危言耸听。以"天人合一"为基本思维方式的中国传统文化，秉持着一种人情化、人伦化的自然观，这对引导大学生走出生命观上的误区是大有裨益的。

儒家在鼓吹"人最为天下贵"的同时，并没有忽视其他生命体的生存权。他们以推己及人的思维方式，把对生命的珍重推广到其他生物。孔子提倡"钓而不网，弋不射宿"[②]。"钓而不网"，主张对自然的索取要有节制，不可一网打尽，在整体上给物种以繁衍生息的机会；"弋不射宿"，主张不杀归巢之鸟，不破坏鸟正在享受的天伦之乐。孟子把作为"仁之端"的"恻隐之心"推及牛羊，力劝"君子远庖厨"[③]。汉代，儒家思想演变为以董仲舒为代表的天人感应理论，虽然理论内涵与表现形式都发生了很

①贝尔纳·斯蒂格勒：《技术与时间》，裴程译，译林出版社2000年版，第100页。
②朱熹：《四书章句集注》，中华书局1983年版，第99页。
③朱熹：《四书章句集注》，中华书局1983年版，第208页。

大变化，但"贵生爱物"的根本思想是没有改变的。董仲舒说："质于爱民，以下至于鸟兽昆虫莫不爱。不爱，奚足谓仁？"①至宋明，理学家们又把"贵生爱物"思想上升到理论高度。二程提出"天地万物为一体"命题，张载提出"民胞物与"命题，认为人与万物都是禀理而生，气化而成，因此在本原上是一体的。这就为儒家敬畏生命、善待万物提供了形而上的理论依据。

儒家对生命的敬畏，还表现在对大自然生态平衡的维护上。早在远古时期，我们的先人就已经意识到，不可对大自然过分索取，要注意保持生态的平衡。《逸周书·大聚》载："禹之禁：春三月山林不登斧，以成草木之长；夏三月川泽不入网罟，以成鱼鳖之长。"②这种思想为后来的儒家学者所继承并上升至道德伦理高度。曾子说："树木以时伐焉，禽兽以时杀焉。夫子曰：'断一树，杀一兽，不以其时，非孝也。'"③孔子及其学派认为，过度砍伐、狩猎就是不孝。大自然本来是一个和谐的生命体，《中庸》所谓"万物并育而不相害"，作为"有知""有义"的万物之灵，人只有爱惜物命，才能与天地相参。

道家反对"人类中心论"，竭力批判人类以"智"征服自然、破坏自然的行为。庄子说：

> 故天下每每大乱，罪在于好知。……故上悖日月之明，下烁山川之精，中堕四时之施，惴耎之虫，肖翘之物，莫不失其性。甚矣夫好知之乱天下也！④

人类对自然的过分索取，悖乱了日月的光明，销蚀了山川的精华，毁坏了四时的运行，甚至使地上蠕动的小虫和空中飞舞的小蛾都失掉了其本

---

①苏舆：《春秋繁露义证》，中华书局1992年版，第251页。
②张闻玉：《逸周书全译》，贵州人民出版社2000年版，第166页。
③杨天宇：《礼记译注》，上海古籍出版社1997年版，第816页。
④王先谦：《庄子集解》，中华书局1987年版，第88—89页。

性。道教主张以平等的态度对待自然万物，认为人与万物都是"道"的显化，人对自然万物的尊重就是对"道"的尊重，因此修道者应该广施"仁德"于天下，尤其对动物生命更应该加以保护。《太上洞真智慧上品大诫》《要修科仪戒律钞》等道教戒律文书，都主张以仁慈之心对待自然万物，把人类社会的伦理法则推及自然界的飞禽走兽、草木虫鱼。

佛教也大力提倡呵护自然万物的生命，与自然和谐相处。佛教宣扬"不杀生"，并把"杀生"定为"十恶"之首。佛教认为，世间万物都是因缘和合而成，整个世界就是一张《华严经》所谓的"因陀罗网"，其中的一切事物都处于重重无尽、相互含摄的关系之中。人的存在也有赖于种种因缘，人的生命与大自然中的其他生命息息相关。佛教反对"人类中心"论，提倡"众生平等"。佛教所宣扬的"众生平等"，也表现在众生与无情物之间。大乘佛教认为"万法"皆有佛性，此"万法"既包括有生命、有情识的动物，也包括无情识的植物与无机物。禅宗认为，大自然的一草一木都是佛性的体现，所谓"青青翠竹尽是法身，郁郁黄花无非般若"。这种思想具有极为重要的生态学意义。方立天说："在同样具有佛性这一点来说，无情之物与众生并无本质区别，彼此是平等无二的。应当说，这是对自然界生物和无生物的尊严的确认，是对自然界万物的敬重、悲切和摄护。"①

结　语

中国传统文化中蕴藏着丰富的"生命教育"资源，对培养当代大学生正确的生命观具有十分重要的意义。其一，中国传统文化的"贵生"思想，能帮助大学生们体认生命的神圣性，更加珍视自己与他人的生命。其二，中国传统文化对个体生命道德感、使命感的强调，使大学生充分认识生命不但属于自己，而且属于家庭、属于社会，生命不仅仅是一个有机体

---

①方立天：《中国佛教哲学要义》，中国人民大学出版社2002年版，第1215页。

的自然展开过程，更是一个道德完善，使命担当过程。其三，中国传统文化批判人之生命为物欲所异化的现象，不懈地追求个体生命的自由，这启发大学生以审美的眼光看待生命，在嘈杂、喧嚣的世界中为心灵寻觅一片富有诗意的栖息之地，这对克服当代大学生受市场经济影响而形成的功利主义、金钱至上等过于世俗化的思想是大有裨益的。其四，中国传统文化人情化、人伦化的自然生命观，使大学生们在现实生活实践中，树立人与其他生物平等的观念，尊重其他生命体的生存权，尊重自然、善待自然、保护自然，为重构和谐的人与自然关系贡献自己的力量。总之，"敬畏生命"应当成为当代大学"中国传统文化"课程的一个十分重要的关键词。

[原载《现代大学教育》2009年第2期]

下编　哲学的诗性

论《庄子》"环中"的美学意蕴

"环中"作为一个概念是由《庄子》一书最早提出来的，而作为一种思想却早在《老子》中就已产生。《老子》第五章有谓："天地之间，其犹橐籥乎！虚而不屈，动而愈出。多言数穷，不如守中。"虚静无为的道体就像一个没被人鼓动时的大风箱一样，中间是空的，而在运动时又能产生万物。这里说的"中"字，是"中空"的意思。①老子"守中"思想的核心在于以"无"驭"有"，无为而无不为。庄子在此思想的基础上提出了"环中"这个概念。本文拟从理论内涵、实践意义、美学价值三个方面，来探讨《庄子》"环中"的美学意蕴。

一、"环中"的理论内涵

庄子认为，整个宇宙就是个大环："万物皆种也，以不同形相禅，始卒若环，莫得其伦，是谓天均。"（《庄子·寓言》，以下只注篇名）万物秉道而成，各有其类，各有其形，始终如环，没有端倪。他进一步解释说："种有几，得水则为继，……青宁生程，程生马，马生人，人又反入于机。万物皆出于机，皆入于机。"（《至乐》）"几"字与下面的三个"机"字同义，概指"最初的几微"。②"几"经物至人，最后又返回

---

① 张默生：《老子章句新释》，成都古籍书店1990年版，第7页。
② 崔大华：《庄学研究》，人民出版社1992年版，第115页。

"几"，正好形成一个环。庄子此段话的用意不在于描述生物进化的具体路线，而在于从整体上说明万物"始卒若环"的道理。

"始卒若环"，一方面指万物在顺向上的相互生成，另一方面又指在逆向上的相互累害。《山木》篇中，庄子通过人对异鹊、异鹊对螳螂、螳螂对蝉的转相侵袭，深刻地说明了物类相害的道理。庄子生活在一个昏上乱相的混乱时代。政治上，诸侯纷争，战乱频繁，人与人之间尔虞我诈、钩心斗角；思想上，家家自谓抱荆山之玉、怀灵蛇之珠，各是其所是，各非其所非，相互诽谤，相互攻击。面对人生的诸多困惑，诸多痛苦，庄子努力寻找解脱的途径。于是，他提出了"环中"这个概念："彼是莫得其偶，谓之道枢。枢始得其环中，以应无穷。"(《齐物论》)郭象注曰："夫是非反复，相寻无穷，故谓之环。环中，空也；今以是非为环而得其中者，无是无非也。无是无非，故能应夫是非。是非无穷，故应以无穷。"万物相生相害，始卒如环，循环不已。立于"环上"，就要参与环的无限运动，受彼此是非的束缚，而不得自由。立于"环中"，就好比抓住了环的枢纽，不论环怎样转动，它的中心是不动的，这样，人就能以虚运实，以静驭动，独居于循环不已的矛盾纷争的中央，超然于纷纷扰扰的具体物象之外。具体而言，《庄子》的"环中"思想包含以下几个方面的内涵。

第一，"环中"是绝对待、超时空的。"彼是莫得其偶，谓之道枢"，说的就是"环中"的绝对待特征。"环中"没有相对待的两端，它始终合一，空虚不倚，立于环中，就能超越彼此是非善恶美丑之间的纠纷，应物而不滞于物。掌握道枢，得其环中，也叫"两行"。庄子说："独与天地精神往来而不敖倪于万物，不谴是非，以与世俗处。"(《天下》)这句话解释了"两行"的内涵：一是是非并行。"不谴是非"并不是否定是非的存在，而是超越是非，不为是非所役使。二是内外并行。"独与天地精神往来"，故内能"与天为徒"；"不敖倪于万物""与世俗处"，故外能"与人为徒"。立于"环中"，超越对待，就会进入物我双遣，人我两忘的"明道"境界，所以"环中"在《齐物论》中又称为"以明"。

"环中"的绝对待特性又表现为时间上的无始无终，空间上的无边无际。如《则阳》："冉相氏得其环中以随成，与物无始无终，无几无时。"立于"环中"，其实就是"游心"于虚空，《在宥》篇所谓："人无穷之门，以游无极之野。"这是一种绝对的心灵自由境界。《庄子》又把这种境界描绘为"出六极之外，而游于无何有之乡"（《应帝王》）、"游乎四海之外"（《逍遥游》）等。在这种境界中，没有时间的限制，也没有空间的约束，一朝风月，万古长空。

第二，"环中"是虚实动静合一的。庄子说："休则虚，虚则实，实者伦矣。"（《天道》）这里所谓"虚"是"中空"之虚，而非"外旷"之虚。"虚"并非让人"空诸所有"，而是让人"实诸所无"，不论是《齐物论》所谓的"得其环中，以应无穷"，还是《则阳》所谓的"得其环中以随成"，立于"环中"的最终目的还是因应万物。虚为体，实为用，以无驭有，以虚运实，虚实结合，以应无穷。

"环中"若从其涵容方面而言，称"虚"；从其存在状态而言，则称"静"。"环中"不但是虚与实的合一，而且还是静与动的合一。这可从两个方面理解：一是以静应动。庄子说："圣人之静也，非曰静也善，故静也；万物无足以挠心者，故静也。"（《天道》）《大宗师》篇称这种修养功夫为"撄宁"："撄"，烦扰也，"宁"，宁静也，虽撄而宁，动不伤寂。二是以静驭动。庄子说："虚则静，静则动，动则得矣。"（《天道》）"静"指内心排除了主观杂念和纷杂现象之后的凝静纯一。"动"，一方面指端坐寰宇之中而心游四海之外的"游心"（《人间世》），另一方面指与时俱化、效物而动的"日徂"（《田子方》）。前者是由静而动、动静相济的心灵之"神游"；后者是以静制动、无为而无不为的处事之道。

第三、"环中"绝对待、超时空、合虚实、一动静的特点决定了其内涵的超功利性。《应帝王》曰："无为名尸，无为谋府，无为事任，无为知主。体尽无穷，而游无朕；尽其所受乎天，而无见得，亦虚而已。""无穷""无朕""虚"，即是"环中"。立于"环中"的前提条件是，排除"名""谋""事""知"等功利要素。这个排除功利的过程，老子称为"为道"，庄子称为"心斋""坐忘""刳心""丧我""外天下""外物""外我"等。庄子主张通过疏瀹五脏，澡雪精神，而臻于"丧我"之"吾"。"我"指具有偏执之见的个体之我，即"小我"；"吾"则指破除了"物执""我执"的，"与天地并生，与万物为一"的"大我"。"吾"的特点是"人貌而天虚"（《田子方》）。俞樾《庄子平议》曰："'虚'者，孔窍也。……'孔窍'，故亦训'心'。……'人貌而天虚'，即人貌而天心，言其貌则人，其心则天也。""其心则天"，故能"体尽无穷，而游无朕"；"其貌则人"，故能随顺万物，与物委蛇。

综上所述，"环中"即"中空"，相对于宇宙之"环"，它是"内"，是"虚"，但它又超越了内外、虚实的两极对待，而归于内外、虚实的合一。"环中"实质上就是人虚静的心灵，是一种与天地并生，与万物为一的精神境界。得"环中"之道，就可以顺"道"而行，以无应有，以静驭动，无为而无不为。

为了更好地理解《庄子》的"环中"思想，我们有必要把它与儒家的"中庸"、佛家的"中道"作一比较。"环中"与"中庸""中道"的共同之处在于：三家都强调"中"，而这三家之"中"都立足于"心"，而最终归于精神境界之"和"。"中庸"通过"心"对实践的调节，来把握无过无不及的度，而实现其精神境界之"诚"；"环中"通过"心"对空灵虚静的体验，而最终归于精神之"逍遥"；"中道"则通过"心"对不落二边的超越，而最终归于精神之"涅槃"。

"环中"与"中庸""中道"又有本质的区别。"环中"与"中庸"的不同主要表现在两个方面。一是"中庸"是有对待的，"环中"是超对待的。"中庸"思想方法的核心是"叩两求中"，它是以承认两极对待为前提的，它是在"过"与"不及"两端之间寻求一个恰到好处的阈限。"环中"之"中"是"虚"，它超越了"过"与"不及"的两极对待，它是在万有之"实"中，营造一个虚灵的心理空间，万物经过这个心理空间的浸润就变得自然天成，机心全无了。二是作为方法论，"中庸"是功利性的，而"环中"是超功利的。"中庸"以肯定人与客观物质世界的价值联系为前提，它是儒者实现其"内圣外王"之道的必由之路；"环中"以否定人与客观物质世界的价值联系为前提，它侧重于主体独立、自由心态的建构。

"环中"与"中道"，虽然都超越了两极对待，但两者也有本质的区别：前者肯定现实世界和一切事物的真实存在，后者否定现实世界和一切事物的真实存在。龙树《中论·观四谛品》称："众因缘生法，我说即是空，亦为是假名，亦是中道义。"这个著名的"三是偈"认为，一切现象都是因缘和合而成，因而是无自性的，无自性则为"空"，但"空"不是绝对的虚无，因为它还有现象的"假名"在。人既不执迷于假有，也不执着于真空，这便是中道观。"环中"并不否定万物的真实存在，它只是主张以"无心"的态度对待之。

总之，与"中庸"相比，"环中"是绝对待、超功利的；与"中道"相比，"环中"是既肯定现实又超越现实的。因而，"环中"更赋有审美意义。

二、"环中"的实践意义

《庄子》"环中"思想的实践意义，主要表现在养生与处世两个方面。

庄子鉴于对现实社会人生诸多困惑的思考，而特别重视个体生命的价值，达生、卫生、养生、全生等思想，始终是其哲学的主要倾向。《庄子》之"生命"有三个层次：一是肉体生命（"形"），二是精神生命（"神"或"精"），三是宇宙生命（"和"）。庄子重肉体生命的保养，但他又能理智地认识到肉体生命的"自然之限"，因而他并不渴求肉体生命的无限延长，只求"终其天年而不中道夭"（《人间世》）。人的肉体生命是有限的，而人的精神生命是无限的，人类可以在有限的肉体生命中培养出无限的人格精神。他说："慎守女身，物将自壮，我守其一，以处其和。"（《在宥》）"守身"是养形，"守一"则是养神，形神和融，超越有限进入无限，而抵达宇宙生命（"和"）。以上三种生命的保养，始终贯穿着超越两极对待而立于"环中"的思想。

《养生主》曰："为善无近名，为恶无近刑。缘督以为经，可以保身，可以全生，可以养亲，可以尽年。""缘督以为经"是把握道枢而得其"环中"的另一种说法。"缘"，循也；"督"，"中空"也。凡事莫不有当中之空隙，循此空隙以应物，依乎天理，因其固然，便可游刃有余，不必劳神。作为养生之法，"环中"表现为既不为恶，亦不为善，如此则名固不至，刑亦不及，可得从容之余地，以全其生命。

《达生》篇中，庄子用一则寓言说明了"环中"思想在养生上的具体运用。鲁国有个单豹的人，隐居深山，与世无争，到了七十岁了脸色还像婴儿一样，但不幸有一天被老虎吃掉了。还有个叫张毅的，本地的大家小户没有他不走动过的，可是到了四十岁时便得了内热病死掉了。前者注意保养内心，可老虎从身外吃掉他；后者注意保全身外，而病从内心侵害他。太藏太露都会招致祸端，最安全的办法就是"无入而藏，无出而阳，柴立其中央"。这有些像儒家的中庸之道，其实不然。成玄英《疏》曰："不滞于出，不滞于处，出处双遣，如槁木之无情，妙合二边，而独立于一中之道。""柴立其中央"并不是说处两端之中间，而是立于无入无出，亦入亦出的"环中"，以无心而顺有，以无为而应物。

《山木》篇更明确地对比了"环中"与"中庸"在养生之法上的不同。大木由于无用而终其天年，不会鸣叫的鹅由于无用而被杀食。处于"材"与"不材"两端都不安全，庄子说："周将处乎材与不材之间。"既不过于露才扬己，也不过于深藏而显得无用，这是中庸之道的典型表现之一。追求"有材"是有"成心"，追求"不材"也是有"成心"，调和"材"与"不材"的对立而取中，也同样是"成心"的表现，有"成心"就不能摆脱物累，心凝滞于物而失去本真，就是"心死"，"哀莫大于心死，而人死亦次之。"（《田子方》）所以，庄子说："材与不材之间，似之而非也，故未免乎累"。他认为最好的养生之道应是"乘道德而浮游"。成《疏》曰："既遣二偏，又忘中一，则能虚通而浮游于代尔。""乘道德而浮游"就是"得其环中，以应无穷"之意。这样，既超出"材"与"不材"的两极对立，又无心于求中，立于虚空，一龙一蛇，与时俱化，一上一下，以和为量，一方面可以摆脱物累，另一方面可以主宰万物，无为而无不为。

就个人而言，"环中"是卫生之经；就社会而言，"环中"又是处世之道。作为处世之道，"环中"表现为"游"与"化"两方面。

"游"是"环中"处世原则的另一表述。"游"有两个层面的内涵：内能"游于道"，外能"游于世"。前者指超越世俗的两极对待而蹈于虚空，"游心乎德之和"（《德充符》）；后者指不脱离俗世而与物委蛇，"游于世而不僻，顺人而不失己"（《外物》）。"环中"是外与内的合一，"游于道"与"游于世"的合一。宣颖解释《则阳》篇所谓"除日无岁，无内无外"说："除去日子，更何有岁。外者，内所形也。若内先无得，更何有外。可见环中者，内心无心以握枢，故能随成以任化。"（《南华经解》）"环中"是内与外的合一，内是体，外是用，内若能"无心以握枢"，外便能"随成以任化"。所以，作为处世原则，"环中"最基本的含义就是无心以待物。《庄子》中的"真人""圣人""至人""神人"无不是内能"游于道"，外能"游于世"者。

"化"是"环中"处世原则的又一表述。《知北游》："古之人，外化内不化；今之人，内化外不化。与物化者，一不化者也。"关于"外化内不化"，成《疏》曰："古人纯朴，合道者多，故能外形随物，内心凝静。"关于"内化外不化"，成《疏》曰："内心缘通，变化无明，外形乖误，不能顺物。""内不化"指内心凝静纯一，"内化"则指内心摇徙不定；"外化"指外形随物，与物偕逝，"外不化"则指外形乖误，凝滞于物。庄子认为"化"与"不化"的关系应是："与物化者，一不化者也。""一不化"即内不化，是无，是虚，是体；"与物化"即外化，是有，是实，是用。"内不化"显于外就是"外化"，"内不化"与"外化"的合一就是"环中"。

"游"与"化"是"环中"理论在处世之道上的总原则，《则阳》篇还讲述了它在实践中的具体运用。魏莹和田侯牟订了盟约，后来田氏违背了盟约，大将公孙衍建议魏王攻打田氏。贤臣季子听说后，劝魏王不要动武，并指责公孙衍作乱。魏国的另一贤臣华子听说后，对魏王说："主战的人是作乱的人，反战的人也是作乱的人，说主战与反战都是作乱的人也是作乱的人。"他建议魏王"求其道"。接着，庄子又借戴晋人之口解释了"求其道"的方法。戴氏给魏王讲了蜗角触蛮的故事后，进一步启发他说：

> "君以意在四方上下有穷乎？"君曰："无穷。"曰："知游心于无穷，而反在通达之国，若存若亡乎？"君曰："然。"曰："通达之中有魏，于魏中有梁，于梁中有王；王与蛮氏有辨乎？"君曰："无辨。"客出，而君惝然若有亡也。

戴晋人首先引导魏王突破时空的拘限，破除世俗是非观念的束缚，使其精神驰骋于无穷无尽的空间，立于"环中"来反观熙来攘往的现实，这时，是非善恶之心顿然消失，自己与蛮氏也没有了区别，纠纷自可消除了。

李泽厚说："如何超越苦难世界和越过生死大关这个问题，正由于并不可能在物质世界中现实地实现，于是最终就落脚在某种精神——人格理想的追求上了。个体存在的形（身）神（心）问题最终归结为人格独立和精神自由，这构成庄子哲学的核心。"[①]的确，就实践层面来说，现实世界的苦难、人生的生死之限都是不可能超越的，但人类可通过"心斋""坐忘"等方法，摆脱"功""名""己"的束缚，而营造一个太虚寥廓般的心灵空间，让生命在此空间中优游徘徊、自由舒卷。在此意义上，"环中"已与艺术、审美款款相合了。

三、"环中"的美学价值

"环中"不但是《庄子》的卫生之经、处世之道，也是其艺术之源。《齐物论》提出"乐出虚"，并把乐分为"人籁""地籁"和"天籁"。所谓

---

①李泽厚：《中国古代思想史论》，人民出版社1986年版，第183页。

"人籁"指人吹箫管所产生的声音;"地籁"是指风吹各种洞窍所产生的声音。什么是"天籁"呢?庄子说:"夫天籁者,吹万不同,而使其自己也,咸其自取,怒者其谁邪!"郭象注曰:"夫天籁者,岂复别有一物哉?即众窍比竹之属,接乎有生之类,会而共成一天耳。"天籁是众声的本体,它是无声,却又是众声之所自出者。天籁并不是与人籁、地籁不同的"别有一物",而是寓于人籁、地籁之中,与人籁、地籁合二而一的存在。宣颖说:"待风而鸣者,地籁也。而风之使窍自鸣者,即天籁也。"(《南华经解》)从待风而鸣的角度来看,众窍发出的声音是"地籁";但从众窍自鸣的角度来看,它又是"天籁"。风无心而使鸣,窍无心而自鸣,风窍自然凑泊,以天合天,便是"天籁"。同样,"人籁"是人从箫管中吹出来的,但人若能"丧我",而形若槁木,心如死灰,那么他所吹的声音,也就是自然天成的"天籁"了。

"三籁"之说是从审美创造的角度而言的,主体必须立于"环中",才能创造出无乐之"至乐"。从审美接受角度而言,主体也必须立于"环中",才能体味无言之"大美"。《天运》篇载,黄帝在洞庭之野奏《咸池》之乐。北门成"始闻之惧,复闻之怠,卒闻之而惑;荡荡默默,乃不自得。"成玄英解释这个由"惧"到"怠"再到"惑"的过程曰:"不悟正乐,初闻之时,惧然惊悚;再闻其声,稍悟音旨,故惧心退息;最后闻之,知全乐与二仪合德,视之不见,听之不闻,故心无分别,有同暗惑者也。"这其实是接受主体由骇志到息心再到忘己,而逐步蹈入"环中"的过程。主体只有立于"环中",才能体悟到这"无言而心说"之"天乐"。

《庄子》的"环中"思想对中国古代美学产生了重大影响。首先,"环中"绝对待、超功利的特点,契合了审美观照中主体的心理机制。"环中"是一种有巨大包容性的虚体,其实质就是人虚静的心态。唯有心虚,才能涵纳万物;唯有神静,才能明照本体。审美主体要是以虚静的心态去观照大"道",乘物以游心,澄怀以观物,就会发现无言之"大美",体会到无乐之"至乐"。在此意义上,"环中"就是一种宁神静观,一种超越现实的自由,一种感受至美至乐的审美心态。张彦远《历代名画记》云:

"遍观众画，唯顾生画古贤，得其妙理。对之令人终日不倦，凝神暇想，妙悟自然，物我两忘，离形去智。身固可使如槁木，心固可使如死灰，不亦臻于妙理哉！所谓画之道也。""物我两忘，离形去智"八字，是对审美观照的心理机制的典型概括，它与《庄子》的"环中"思想显然是相通的。

其次，"环中"超时空、一动静的特点揭示了虚静心态与审美想象之间的辩证关系。"虚则静，静则动"，虚静之心可以超越时空的拘限，在一片宁静的观照中，实现最大的自由。这是一种最空灵的美！庄子的这一思想对后世的艺术理论产生了重大影响。陆机《文赋》云："伫中区以玄览"。所谓"中区"，李善《文选注》认为是"区中"之意。"中区"或"区中"，近似庄子的"环中"。"伫中区"是强调文学创作必须具备虚静的精神状态，"玄览"是强调文学创作中艺术想象的活动规律，前者是后者的基础，后者是前者的展开。关于虚静状态下思维想象的自由性和超越时空性，刘勰《文心雕龙·神思》曰："文之思也，其神远矣。故寂然凝虑，思接千载；悄焉动容，视通万里。"刘勰将作家的这种精神、心理活动，称之为"神思"，并把它运用于文学领域，对后世产生了深远影响。

第三，"环中"虚实合一的特点影响了中国艺术对虚实关系的处理。"环中"是无始无终，超越时空的，它因对时空的超越而达到时空合一的返虚入浑的境界。这是一种高级审美体验境界和整体感性形式，它表现为"无形"之"大象"、"希音"之"大声"、"无言"之"大美"。受此影响，中国古代艺术大都遵循"超以象外，得其环中"的原则。因为艺术要表现的是事物的本质之"道"，而"道"存在于"象"之中，所以在艺术创造中，必须通过"象"，而又要超越于实存的"象"，于"象外"达于对"道"的表现，达于"环中"。如东晋顾恺之在《魏晋胜流画赞》中提出"迁想妙得"说："迁想"，即超于可见形象之外的想象；"妙得"，乃"迁想"之结果，即捕捉到对象超以象外的微妙的"神"，而"得其环中"。绘画如此，书法也同样是这样。宗白华先生说："书法的妙境通于绘画，虚空中传出动荡，神明里透出幽深，超以象外，得其环中，是中国艺术的一切造境。"①司空图把"环中"概念运用于诗歌理论中，其《二十四诗品·雄浑》曰："大用外腓，真体内充。返虚入浑，积健为雄。具备万物，横绝太空。荒荒油云，寥寥长风。超以象外，得其环中。持之匪强，来之无穷。"超以象外，达于外腓，然后返于冥无，得其环中，这是内在充实之美与外在虚空之美的统一。

[原载《文艺理论研究》2005年第1期]

---

①宗白华:《美学散步》，上海人民出版社1981年版，第83页。

《世说新语》审美范畴摭论

　　人物品评古已有之，至东汉形成风气且与政治紧密联系在一起，它是征辟察举之制的根据，品评的标准主要是儒家所宣扬的伦理道德。汉魏之际，随着战乱的频繁发生，儒家道德体系的轰然坍塌，文化思想的多元激荡，人物品评的标准由重德转向重才。正始以后，大批名士由于卷入司马氏集团与曹氏集团的斗争旋涡，而成为刀下之鬼、俎上之肉，于是名士们淡化入世意识，借清谈玄理以自娱，人物品评的政治意义进一步淡化。东晋以后，随着士族世袭权的确立，人物品评更失去了升官晋爵的实际意义，在许多情况下表现为对人物的容貌、智慧、风度的赞叹欣赏，成为贵族文化身份的装饰，从而具有了更多的超功利的审美价值。在这场充满游戏色彩的人物品评活动中，孕育了中国古代独特的超越美学，正如宗白华先生所说："中国美学竟是出发于人物品藻之美学。美的概念、范畴、形容词发源于人格美的评赏。"①《世说新语》②生动、全面地记载了从汉末到刘宋长达三百年间的人物品评活动，包含不少审美范畴。本文拟从这些零散的记录中爬罗剔抉出其中的"清""远""神"三个审美范畴。

---

　　①宗白华：《论〈世说新语〉和晋人的美》，《美学散步》，上海人民出版社1981年版，第210页。

　　②本文所引《世说新语》，出自余嘉锡《世说新语笺疏》，上海古籍出版社1993年版。

一、清

"清"字本义为水澄澈，《说文解字》曰："清，朖也，澄水之貌。从水，青声。"早在先秦，"清"就被引申来形容人品貌的娴淑和品德的高尚。东汉的人物品评中，文人名士多以"清"自许或相互品题，以示操行的高洁；至魏晋，"清"在人物品评中出现得更为频繁。"清"字在《世说新语》中出现八十多次，其中《赏誉》《品藻》两门，类似"清伦""清令""清直""清婉""清蔚"等词就有三十多例。"清"就是"美""好"的代名词，声誉好称"清誉"，肤色美称"肤清"，识鉴高称"清鉴"，性格温和称"清和"，等等。《世说新语》中，"清"的内涵有偏重道德意义的"清贞""清廉"，更多的是偏重审美意义的"清雅""清简"。

"清"作为审美范畴的第一层意思是"雅"。魏晋玄学以无为本，以虚为体，把超言绝像的"自然"推到了绝对的高度，这种致思理路影响到人物品评，必然以寂虚、静逸、逍遥、洒脱为士风之大雅。"清"就是对这种风度的概括。如《赏誉》：

山公举阮咸为吏部郎，目曰："清真寡欲，万物不能移也。"（一二）
有人目杜弘治标鲜清令，盛德之风，可乐咏也。（七一）
司马太傅为二王目曰："孝伯亭亭直上，何大罗罗清疏。"（一五四）

这里的"清真""清令""清疏"等都是指超尘绝俗，不以俗务经怀的潇洒风姿，具有这种风姿的人被称为"清士"。《赏誉》六五："庾公为护军，属桓廷尉觅一佳吏，乃经年。桓后遇见徐宁而知之，遂致于庾公，曰：'人所应有，其不必有，人所应无，己必无，真海岱清士。'""清士"正道出了徐宁不同流俗，自然、自由的人格之美。

"简"是"清"作为审美范畴的另一层含义。在反对汉代经学繁琐主义基础上出现的清谈玄论，摒弃"泛滥多言"，主张用简洁而精练的语言表达丰富深远的含义，此乃"言约旨远"或"辞约而旨达"。晋人把这种言约意广之辞称为"清辞"，"清"就是简洁，不芜杂之意，在此意义上，"清"常与"简"对举。《赏誉》一五五："王恭有清辞简旨，能叙说而读书少，颇有重出。有人道孝伯有新意，不觉为烦。""清辞简旨"，即言辞洁净、意思简明。这种侈谈名理、旨归玄远、辞尚简要之风直接影响了当时的人物品评——以通脱简约为尚。如《品藻》七四：

> 王黄门兄弟三人俱诣谢公，子猷、子重多说俗事，子敬寒温而已。既出，坐客问谢公："向三贤孰愈?"谢公曰："小者最胜。"客曰："何以知之?"谢公曰："吉人之辞寡，躁人之辞多。推此知之。"

"吉人之辞寡，躁人之辞多"，语出《易传·系辞下》，谢安以此语作为品评人物的标准，昭示了士人对清简之风的崇尚。又如：

> 武元夏目裴、王曰："戎尚约，楷清通。"（《赏誉》一四）
> 谢幼舆曰："友人王眉子清通简畅，嵇延祖弘雅劭长……"（《赏誉》三六）
> 抚军问孙兴公："刘真长何如?"曰："清蔚简令。"……"谢仁祖何如?"曰："清易令达。"（《品藻》三六）

魏晋士人崇尚清简通脱，厌弃繁文缛节。《雅量》一九载，太傅郗鉴派人到丞相王导家选婿。王家子侄"咸自矜持"，只有王羲之"在东床上坦（祖）腹卧，如不闻"，而被选中的却正是他，这正说明人们对清简通脱品质的认可，所以殷浩评王羲之曰"清贵人"（《赏誉》八十）。

对"清雅""清简"人格美的赞叹润濡了六朝以清真自然为美的审美情趣。受儒家文化与《楚辞》文学的浸润，汉代审美理想以"错彩镂金、雕缋满眼"为主流，气势恢宏的建筑、五彩缤纷的壁画、"铺采摘文"的汉赋是其典型的代表。魏晋以后，人们的审美理想开始由"雕缋满眼"转向"出水芙蓉"。人们以"清"来品评人物，同样也以"清"来品评文学、艺术。

"许掾尝诣简文，尔夜风恬月朗，乃共作曲室中语。襟情之咏，偏是许之所长，辞寄清婉，有逾平日。"（《赏誉》一四四）

"南人学问清通简要"。（《文学》二五）

贺司空入洛赴命，为太孙舍人，经吴阊门，在船中弹琴。张季鹰本不相识，先在金阊亭，闻弦甚清，下船就贺，因共语，便大相知说。（《任诞》二二）

这里的"清婉""清通简要""甚清"都是指文学艺术风格上的"清雅""清简"。魏晋人提倡清省纯净的艺术风格，反对芜杂雕饰之作。如《文学》八九，孙绰比较潘岳与陆机的文章云："潘文浅而净，陆文深而芜。"陆机的弟弟陆云也在《与兄平原书》中批评乃兄的文章说："文适多，体便欲不清"。尽管陆机的文章有"深而芜"之病，但在理论上他却奉"清"为圭臬，其《文赋》论文体曰"箴顿挫而清壮"，论辞意之美曰"藻思绮合，清丽千眠"，论文词之简洁曰"清虚以婉约"。南北朝时期，刘勰《文心雕龙》标举"自然之道"以针砭"讹、滥、淫"的创作倾向，提出了一系列"清"的审美概念："清省""清要""清新""清英""清和""清越""清靡""清通""清畅"等等；钟嵘《诗品》十七次用"清"，标举诗歌的"清捷""清雅""清润""清远"之美。陆机、刘勰、钟嵘等人都生活在"《世说新语》时代"，他们的理论是对当时审美经验的总结和升华。

二、远

"远"是一种距离，既指空间上的旷远，又指时间上的悠远，但在中国古代哲学中，"远"往往超越时空上的自然距离属性，而归于心灵之远、境界之远。魏晋时期，士人借助谈玄说远来建构其人格本体论，更是注重"远"的形而上意义。玄学就是"玄远"之学，"玄"就是"远"，这里的"玄远"有两方面的含义。一是政治人伦领域中的远离俗务，如《德行》十五：阮籍"言皆玄远，未尝臧否人物"；《规箴》九：王衍"雅尚玄远"，口不言钱。二是本体论领域中的"性与天道"，如《文学》九："荀粲谈尚玄远"，刘孝标注引《粲别传》云："粲能言玄远，常以子贡称'夫子之言性与天道，不可得而闻也'，然则六籍虽存，固圣人之糠秕。"荀氏所谈的"玄远"之学应是指"性与天道"。

东晋以后，清谈的哲理思辨意味渐渐淡化，清谈者更多地关注姿态的优雅、措辞的华美，表现出明显的游戏化、审美化倾向。《文学》四十载，"支道林、许掾诸人共在会稽王斋头，支为法师，许为都讲。支通一义，四坐莫不厌心；许送一难，众人莫不抃舞。但共嗟二家之美，不辩其理之所在。"与其说东晋士人借清谈来探索那缥缈恍惚的抽象哲理，不如说他们是借玄谈来挣脱时空束缚，为性灵营造一个旷朗无垠的世界，而在此境界中优游自适。随着清谈内涵的演变，"远"范畴的哲理色彩大大淡化，而审美意味渐渐加浓。

"远"是魏晋人物品藻的重要标准。如：裴楷评山涛曰"幽然深远"（《赏誉》八）；孙绰评许掾曰"远有致思"、评殷洪远曰"高情远致"（《品藻》三六、五四）。作为审美范畴，"远"首先表现为一种超越功利、自然自由的人格精神。《任诞》三五，王光禄云："酒，正使人人自远。""自远"指远离世俗之我，而臻于本我，清代江顺诒《词学集成》所谓"雪涤凡响，棣通太音，万尘息吹，一真孤露。"又如《轻诋》二二，孙绰为王濛作诔曰："余与夫子交非势利，心犹澄水，同此玄味。""玄味"就是他所说的"托怀玄胜，远咏老庄，萧条高寄，不与时务经怀"（《品藻》三六），这是一种"事外有远致"，不沾滞于物的自由精神。

"远"是一种纵浪大化、神游天倪的宇宙情怀。谢安登冶城，"悠然远想，有高世之志"；荀粲登北固、临大海，产生凌凌入云之意，飘飘欲仙之感（《言语》七十、七四）；谢尚踮着脚尖在北窗下弹琵琶，"故自有天际真人想"（《容止》三二）。晋人追求玄远之境，是为了创造一个巨大的心灵空间，让生命在此空间中优游徘徊、自由舒卷，"目送归鸿，手挥五弦，俯仰自得，游心太玄"（嵇康：《赠秀才入军》十四）正是其生动的写照。

"远"是一种齐物的、审美的观照方式。郭象的"游外冥内"哲学思想认为，"所谓尘垢之外，非伏于山林也"①，于方内照样可极尽方外之妙，关键在于要有玄心。《容止》二四注引孙绰《庾亮碑文》曰："公雅好所托，常在尘垢之外，虽柔心应世，蝼屈其迹，而方寸湛然，固以玄对山水。""以玄对山水"就是让心灵汇入那一片恍惚幽渺、渐远渐无的"远"的境界中，去体悟山水的真意、谛听自然的奥秘。又如《言语》四八："竺法深在简文坐，刘尹问：'道人何以游朱门？'答曰：'君自见其朱门，贫道如游蓬户。'"竺法深高远心襟、超然物外，以艺术的、审美的眼光观照生活、玩味人生，所以能视皇宫如蓬户。

魏晋人把对无限之"远"的追求落实在有限的、具体的感性生命之中，借感性生命来体味玄远之境，所以"远"不是"无"，而是"有"与"无"的统一，"远"的境界既鲜活又悠远。《言语》六一载，简文游华林园，说："会心处不必在远，翳然林水，便自有濠、濮间想也，觉鸟兽禽鱼自来亲人。"所谓"会心处不必在远"，是指会心之处不在空间距离之远，而在意中之远。审美主体如果以其本真的生命节奏去玄合自然的生命跃动，以天合天，便能与机趣流荡的自然造化泯然相契，体悟自然诗意的微笑。

"远"作为审美范畴的形成，标志着六朝美学发展到一个新水平。先秦两汉的审美精神是一种现实的理性精神，它重规矩、质实，旨在引导人们通过对现实社会所认可的事物的体验来产生美感。在这种审美精神指导下，人的精神无法脱离现实的羁绊而达于自由之境。魏晋的审美精神则是通过对现实的否定和超越，使人的生命力得以张扬，在人的内心培植起在非自由世界对自由的永恒企慕与追求。六朝人多以"远"论人，以之论艺

---

①郭庆藩：《庄子集释》（上册），中华书局1961年版，第270页。

者不多，而唐五代以后，则蔚为大观。宋代郭熙提出"高远""深远""平远"的三远审美观照法，韩拙提出"阔远""迷远""幽远"的三远审美境界论，元代赵孟頫标举"清远"为画的最高境界，清代王士禛则提出"诗以清远为尚"，如此等等，不绝如缕。

三、神

作为审美范畴的"神"，是作为哲学范畴的"神"经由魏晋人物品藻发展、演变而来，它不再是人的精神本身，不再是抽象的生命符号，而是人的真实生命形态的呈现，是魏晋人所追求的深藏于人的生命本体之内却又自然鲜明地表现于外的人的精神自由及由此而来的潇洒飘逸之美。[1]

《世说新语》记载了大量以"神"来品评人物优劣的事例，如《雅量》：

桓公伏甲设馔，广延朝士，因此欲诛谢安、王坦之。王甚遽，问谢曰："当作何计？"谢神意不变，谓文度曰："晋阼存亡，在此一行。"相与俱前。王之恐状，转见于色。谢之宽容愈表于貌。望阶趋席，方作洛生咏，讽"浩浩洪流"。桓惮其旷远，乃趣解兵。王、谢旧齐名，于此始判优劣。（二九）

王子猷、子敬曾俱坐一室。上忽发火，子猷遽走避，不惶取屐；子敬神色恬然，徐唤左右，扶凭而出，不异平常。世以此定二王神宇。（三六）

祖士少好财，阮遥集好屐，并恒自经营。同是一累，而未判其得失。人有诣祖，见料视财物。客至，屏当未尽，余两小簏，着背后，倾身障之，意未能平。或有诣阮，见自吹火蜡屐，因叹曰："未知一生当着几量屐！"神色闲畅。于是胜负始分。（一五）

---

① 王毅：《神韵：从汉末人伦鉴识到魏晋人物品藻》，《思想战线》2000年第1期。

魏晋士人推崇这种临危不乱、宠辱不惊的风姿气度。《世说新语》中，类似"神色""神情""神气""神姿""神隽""神王""神情散朗""神怀挺率""风神调畅""器朗神俊"等词比比皆是。

魏晋名士们大都追求一种孤傲如冷月，缥缈如孤鸿的人生境界，这必然引起精神上超越俗尘的玄远之思，人生上摆脱形累的幽远情绪，诚如汤用彤先生所说："按玄者玄远，宅心玄远，则重神理而遗形骸。"①所以，尽管魏晋人十分欣赏形貌之美，玄学思想却在更深的层次上影响着他们对生命在审美意义上的真谛的理解，决定着他们在形神之间虽不有意制造对立，但更欣赏神韵之美的基本态度。"刘伶身长六尺，貌甚丑悴。而悠悠忽忽，土木形骸。""庾子嵩长不满七尺，腰带十围，颓然自放。"（《容止》一三、一八）刘、庾两人土木形骸，冰雪性情，正如《庄子·德充符》中的几位形残而神全，体畸而德充者。

魏晋人还常用"韵"字来描述人的个性、风度。如《品藻》七：杨乔"有高韵"；《任诞》二二："阮浑长成，风气韵度似父"；《雅量》六注引《孚别传》："孚（阮孚）风韵疏诞，少有门风。"《世说新语》以及刘孝标注中，类似"性韵""天韵""拔俗之韵""风韵遒迈"等词还有很多。"韵"在这里与"神"意思相近，都指一个人的风姿神貌。

"神"是妙极万物、不可形诘的，顾恺之所谓"画'手挥五弦'易，'目送归鸿'难。"（《巧艺》十四）"目送归鸿"正是"神"意之所在。所以，对于人格之"神"的认识，不能靠秦汉时期那种外在的认识论，而只能靠内在感悟。魏晋人常利用形象化的比喻来传达难以用逻辑概念表达的人格之"神"，如：

太慰神姿高彻，如瑶林琼树，自然是风尘外物。（《赏誉》一六）
世目李元礼："谡谡如劲松下风。"（《赏誉》二）
时人目王右军，"飘如游云，矫若惊龙。"（《容止》三十）

①汤用彤：《魏晋玄学论稿》，见《汤用彤学术论文集》，中华书局1983年版，第225页。

"神"范畴形成于人物品藻，又广泛地渗透于六朝的绘画、书法、音乐等领域。先秦两汉的绘画大都以模仿、写实为主，特别是汉代，由于强调绘画的惩恶劝善的训诫作用，而特别注重外形、动态的描绘及义理的表现。①魏晋时期，随着"神鉴"风气的深入，人物画由注重"形似"而转为注重"神似"。在此基础上，顾恺之提出著名的"传神写照"说："四体妍蚩本无关妙处，传神写照正在阿堵（眼睛）中。"（《巧艺》一三）他肯定人物画创作中"传神"的重要性，同时强调眼睛的描绘对于"传神"的特殊意义。为了达到"传神"的目的，顾恺之认为还可对"形"加以适当处理以突出审美对象的个性特点。他画裴楷在其颊上加三根毛，突出其见识高妙；把谢鲲画在岩壑里，以突出其陶情山水的生活情调。（《巧艺》九、一二）六朝书法，从总体上说打破了先秦两汉以来朴茂方正的风格而代之以神韵卓荦的艺术风格。后人评王羲之的书法曰"飘如游云，矫若惊龙"，这与对他本人的品评是一样的。此期出现的书法论著，如王羲之的《书论》、索靖的《草书状》、袁昂的《书评》、庾肩吾的《书品》、王僧虔《笔意赞》等，都主张书法要有内在的神气韵致，表现出人的精神气质之美。音乐方面，阮籍的《乐论》、嵇康的《琴赋》等，也都提倡音乐要抒发人的超神远迈的幽情微绪。

结　语

《世说新语》"清""远""神"三个审美范畴，各有侧重："清"侧重于审美趣味的清新自然，"远"侧重于审美本质的空灵超越，"神"侧重于审美感知的内在体悟；同时，这三者之间又是紧紧相连、密不可分的。《世说新语》中，"清"也有"远"的意思，如《德行》五中，李膺赞荀淑"清识难尚"，"清识"即远见卓识，"清"即"远"。魏晋人还常把"清""远"并称，而成为一固定范畴。《德行》一九：王祥"理中清远"；《言

---

① 袁济喜：《六朝美学》，北京大学出版社1989年版，第77页。

语》三四："会稽贺生，体识清远"；《赏誉》二九：嵇绍"清远雅正"。魏晋六朝人不但以"清远"论人，而且以之论艺术，如钟嵘《诗品》评嵇康曰："然托谕清远，良有鉴载"。《世说新语》中，"神"也常与"清"并列使用，如《赏誉》一五二：王弥"风神清令"；《品藻》四二注引《江左名士传》："叔宝神清"；等等，"神清"就是指那种不粘滞于物、超脱自由的风姿神韵。

《世说新语》"清""远""神"三个审美范畴的形成，昭示出六朝美学的新转变：在美的本质上，由有限向无限的转变；在审美趣味上，由规矩质实向空灵静远的转变；在审美感知上，由外在认识向内在体悟的转变。可以说，这三个审美范畴的形成标志着中国古代独特的超越美学的诞生。

〔原载《江汉大学学报》（人文科学版）2005年第5期〕

"水中月"的佛学渊源与艺术生成

"月"是中国古人最喜爱的诗歌意象之一，虽然早在先秦时期，月就已经成为歌咏的对象，但作为一个专有名词，"水中月"或"水月"却是伴随佛法东渐的舶来品。"水中月"，是梵语 udaka-candra 的意译，为印度大乘佛教"十喻"之一[①]，指水中所现之月影，比喻诸法虚空、无自性。伴随着佛教中国化的步伐，"水中月"内涵不断丰富，并逐渐脱却宗教意味而向诗歌、艺术领域生成。

一

作为印度大乘佛教最重要的两大学派，瑜伽派（有宗）与中观派（空宗）都爱用"水中月"来喻显"诸法性空"之理。瑜伽派主要经典之一的《摄大乘论》说："云何应知依他起自性，应知譬如幻、炎、梦、像、光影、谷响、水月、变化。"[②]这里，"水月"比喻"三性"之一的"依他起

---

① "十喻"，指大乘经典常以幻、焰、水中月、虚空、响、犍闼婆城、梦、影、镜中像、化等十种譬喻，来喻显诸法性空、人身无常之理。

② 《大正藏》第31册第140页中。

性"①。《摄大乘论释》进一步解释说:

> 说水月喻,显依他起。譬如水月,其义实无,由水润滑澄清性故,而现可得。定心亦尔,所缘境义,虽无实有,而现可得,水喻其定,以是润滑澄清性故。②

水中之月虽无实体,但也不是绝对的空无,因为还有月之影像的存在,月之影像是多种因缘和合而成,从因缘生,假现月相,这就是"依他起性"。"水月喻"中,"水"比喻"心","月"比喻"法","水"有清浊,"月"无去来,"水"清则"月"现,"水"浊则"月"隐,同样,心有染净,法无生灭,心净则种种法生,心染则种种法灭。以"水中月"比喻"依他起性",突出现象为"假有",意在说明境相的因缘和合性。

中观派的核心理论"中道观"认为,世界上的一切事物都是因缘和合而成,因而是无自性的,无自性则为"空",但"空"不是绝对的虚无,因为它还有现象的"假名"在。人既不执迷于"假有",也不执着于"真空",便是中道观。中观派常用"水中月"来譬喻"中道"。《大智度论》云:"解了诸法,如幻,如焰,如水中月,如虚空、如响、如犍闼婆城、如梦、如影、如镜中像,如化,是十喻为解空法故。"③《大智度论释》解释曰:

> 菩萨于般若波罗蜜中,无有一法定性可取故,则不可破;以众生著因

---

①瑜伽派的核心理论为"三性说",即遍计所执性、依他起性、圆成实性。遍计所执性,意谓世界万法并非真实的存在,人们"周遍计度"(普遍观察思量)、虚妄分别而执为"实我"、"实法"。依他起性,"他"指"众缘","依他起"即"依他众缘而得起"之意,意谓世界万法虽非真实,但也不是绝对的空无,还有"假有"的存在。圆成实性,意谓在"依他起性"上远离"遍计所执性"的谬误,破除妄执,便能体悟到万法既无"人我"又无"法我"的真实本性。

②《大正藏》第31册第344页下。

③《大正藏》第25册第101页下。

缘空法故，名为可破。譬如小儿见水中月，心生爱着，欲取而不能得，心怀忧恼。智者教言，虽可眼见，不可手捉，但破可取，不破可见。菩萨观知诸法从四缘生，而不取四缘中定相。四缘和合生如水中月，虽为虚诳无所有，要从水月因缘生，不从馀缘。有诸法亦如是，各自从因缘生，亦无定实。①

"水中月"，无月之实体，故"非有"，又有月之形象，故"非无"。只知"毕竟空"会堕入"断灭边"，只知"缘起有"则会堕入"常边"，只有即空的缘起，而不落于"断灭边"，即缘起的性空，而不落于"常边"，方为缘起与空寂不偏的"中道"。"水中月"恰如其分地表达了"中道"非有非无之特征。

大乘佛教传入中国后不断中国化，至隋唐，形成了具有中国特色的八大宗派，其中，禅宗、三论宗、天台宗、华严宗以中观学派的经典为立宗根据，法相宗（或称唯识宗、慈恩宗）以瑜伽行派为基础。"水中月"概念也随之融入中国文化中，其内涵既保留了印度佛教"诸法性空"之基本意义，又在中国化的过程中不断得以丰富。具体而言，在中国大乘佛教中，"水中月"主要有以下几方面内涵：

第一，法身的显现。隋代，三论宗的代表人物吉藏解释"诸法既空，云何诸法从四缘生"曰："如水中月，虽空，要从月从水生，虽从此二生而实无生，一切法亦尔也。"②他秉承大乘中观学派以"水中月"显喻"万法皆空"的传统，同时认为，虽然"水中月"为空，但仍离不开"月"与"水"这两大因缘，正是由于这两大因缘合和才生出"水中月"之"假名"。"水中月"无自性，故为"空"，但又宛然可见，故为"有"，空有相依，是名"中道"，"中道"即"法身"、即"实相"。他又说："佛真法身犹如虚空，应物现形，如水中月。既但有一迹一本，亦是本迹俱合。"③

①《大正藏》第25册第297页上。
②吉藏：《中观论疏》卷三，见《大正藏》第42册第46页上。
③吉藏：《法华义疏》卷十，见《大正藏》第34册第603页中。

"水中月"是虚空法身的显现，是虚空之"本"与现象之"迹"的俱合，即僧肇所谓"不真空"①。

禅宗更爱用"水中月"来喻显法身、佛性。如：

（有僧问福州安国院祥禅师）"应物现形，如水中月，如何是月？"师提起拂子，僧曰："古人为甚么道水月无形？"师曰："见甚么？"②

学人问"如何是月"，其实就是在问"什么是佛"，禅师用一个动作、一句反问，启发学人：佛身、法性如"水中月"，非有非无，不可说、不可取。禅宗大德们一方面以"水中月"之"空"来破除学人对"佛""法"的执着，所谓"佛性犹如水中月，可见不可取"，另一方面又以"水中月"之"有"来警示学人不可堕入"顽空"，所谓"佛真法身犹如虚空，应物现形，如水中月"。永明延寿说："心本性者，如水中月，究竟远离积习之相。"③翠岩可真在回答弟子"如何是佛法大意"的提问时，说："无云生岭上，有月落波心。"④有人问云门匡真禅师："佛法如水中月，是不？"师云："清波无透路。"⑤"水月"之喻是启发学人不要把佛法执为实有，而有的学人却又走到另一极端，即执着于"空"，所以禅师用"清波无透路"提撕学人领悟非有非无之"中道"。宏智正觉用诗一样的语言描述道："气韵寥寥兮风清山瘠，性灵湛湛兮月落潭深。太虚之心，万象之身，濯濯水中月，英英华上春。"⑥

第二，无分别、绝对待。禅宗常用"水中月"来比喻本心、法身的无分别性。如：

---

①僧肇在《不真空论》中说："欲言其有，有非真生；欲言其无，事象既形。象形不既无，非真非实有，然则不真空义显示兹矣。"

②普济著，苏渊雷点校：《五灯会元》（中），中华书局1984年版，第491页。

③延寿：《宗镜录》卷二二，《大正藏》第48册第537页上。

④普济著，苏渊雷点校：《五灯会元》（中），中华书局1984年版，第728页。

⑤《云门匡真禅师广录》卷上，《大正藏》第47册第545页中。

⑥《宏智禅师广录》卷七，《大正藏》第48册第80页中。

自己心灵，体离断常，性非垢净。湛然圆满，凡圣齐同。应用无方，离心意识。三界六道，唯自心现。水月镜像，岂有生灭①？

佛体本无为，迷情妄分别。法身等虚空，未曾有生灭。有缘佛出世，无缘佛入灭。处处化众生，犹如水中月。非常亦非断，非生亦非灭。生亦未曾生，灭亦未曾灭。了见无心处，自然无法说。②

本心、法身犹如"水中月"，非生非灭、非常非断、非垢非净、剿绝情识、齐同凡圣。

绝对待是无分别境界的表现之一，其核心是泯能所。禅宗认为，"能"指动作之主体，"所"指动作之客体（对象），有能所则为凡夫，泯能所则为圣人③。禅宗三祖僧璨《信心铭》云："能由境灭，境逐能沉。境由能境，能由境能。欲知两段，元是一空。一空同两，齐含万象。"④禅宗常用"水月两忘"来描述这种能所俱泯之境。丹霞子淳云："宝月流辉，澄潭布影。水无蘸月之意，月无分照之心。水月两忘，方可称断。"⑤

无分别、绝对待之境是非理性、反逻辑的。有僧问晖禅师："牛头未见四祖时如何？"师曰："如月在水。"又问："见后如何？"师曰："如水在月。"⑥"牛头未见四祖时"，指悟前，"见后"指悟后。悟前"如月在水"，悟后"如水在月"，前者合逻辑，为"有迹"，后者非逻辑，为"无迹"。晖禅师用"如水在月"启发学人不可执着于"水月"之喻，只有泯灭能所，跳出分别知见，才能见道。

---

①普济著，苏渊雷点校：《五灯会元》（上），中华书局1984年版，第255—256页。

②普济著，苏渊雷点校：《五灯会元》（上），中华书局1984年版，第147—148页。

③唐末牛头宗云居禅师说："凡夫于清净性中计有能所，即堕生死；诸佛大士善知清净性中不属有无，即能所不立。"见普济著，苏渊雷点校：《五灯会元》（上），中华书局1984年版，第70页。

④普济著，苏渊雷点校：《五灯会元》（上），中华书局1984年版，第49页。

⑤普济著，苏渊雷点校：《五灯会元》（下），中华书局1984年版，第890页。

⑥普济著，苏渊雷点校：《五灯会元》（中），中华书局1984年版，第312页。

第三，理事圆融。禅宗吸收华严宗理事无碍思想，立"事理不二"门，常用"水中月"来比喻理事圆融之境。永嘉玄觉《证道歌》云："一性圆通一切性，一法遍含一切法。一月普现一切水，一切水月一月摄。"[1]对于这个著名的比喻，随庵守缘禅师解释说："以一统万，一月普现一切水。会万归一，一切水月一月摄。展则弥纶法界，收来毫发不存。虽然收展殊途，此事本无异致。"[2]真如法身当体即空，但它又能随缘而显现为万法。参禅者如能外不著"有"，内不著"空"，应机随缘以应万法，就会发现青青翠竹尽是法身，郁郁黄花无非般若。黄檗希运说："所以一切色是佛色，一切声是佛声。举著一理，一切理皆然。见一事，见一切事。见一心，见一切心。见一道，见一切道。一切处无不是道。"[3]"水中月"正是这种理事圆融、当下即是之大全世界的表征。

现代著名美学家宗白华说："然而它（按：指文艺境界）又需要超凡入圣，独立于万象之表，凭它独创的形相，范铸一个世界，冰清玉洁，脱尽尘滓，这又是何等的空灵？"[4]他指出了艺术境界的独立自足、超旷空灵特性，这种特性与"水中月"无分别、绝对待、自在圆成、当下即是之特性合若符契，说明了"水中月"概念天然的艺术品格及向艺术生成的必然趋势。

二

"水中月"向诗歌艺术的生成，是以佛教偈颂为中介的。偈，梵语gāthā，音译为伽陀，意译为"偈颂"，是一种以阐扬佛理为主要内容的诗歌样式。魏晋以后，中土僧人在讲经的过程中，也开始自创偈颂。这些偈颂在用韵、属辞、造句等方面都与中土诗歌接近，逐渐演变为哲理化的佛

---

[1]《大正藏》第48册第396页中。

[2]普济著，苏渊雷点校：《五灯会元》（下），中华书局1984年版，第1373页。

[3]赜藏主编集，萧萐父等点校：《古尊宿语录》（上），中华书局1994年版，第47页。

[4]宗白华：《论文艺的空灵与充实》，见《美学散步》，上海人民出版社1981年版，第25页。

理赞诗。中唐以后，随着僧人文士化的演进，出现了一些深谙诗调、韵律与体式的诗僧，这些诗僧的创作越来越远离以前质木无文的偈颂体，而接近唐之近体诗。与此同时，文人墨客热衷参禅访道，并创作了大量富有禅理、禅趣的诗歌。在这种氛围中，"水中月"由一个佛教概念，逐渐演变为诗歌意象。

东晋著名佛经翻译家鸠摩罗什是较早创作偈颂的中国僧人之一，其《十喻诗》歌咏包括"水中月"在内的"大乘十喻"曰："十喻以喻空，空必待此喻。借言以会意，意尽无会处。既得出长罗，住此无所住。若能映斯照，万象无来去。"指出设喻目的，在于启发学人借言会意，了悟空观。入唐以后，"水中月"开始大量出现于僧诗、禅偈之中。如王梵志诗云："观影元非有，观身一是空。如采水中月，似捉村头风。揽之不可见，寻之不可穷。众生随业转，恰似梦寐中。"这里，"水中月"也比喻诸法之空性。此时，"水中月"也进入绘画等佛教艺术之中。唐代有"水月观音"像①，画面是：观音菩萨立于漂浮在海面的莲瓣之上，聚精会神地观看着水中之月。

"水中月"由于能引人通达禅寂，了悟"空观"，而成为诗僧热衷参究的对象。皎然《水月》诗云："夜夜池上观，禅身坐月边。虚无色可取，皎洁意难传。若向空心了，长如影正圆。"通过观"水月"，而参悟"色即是空，空即是色"之理。品行高洁，有"越之澈，洞冰雪"之美誉的诗僧灵澈，喜欢深夜观"水月"，其好友刘禹锡赞曰："越江千里镜，越岭四时雪。中有逍遥人，夜深观水月。"（《敬酬彻公见寄二首》其二）宋代诗僧惟政参"水月"的方式令人拍案叫绝。据《补续高僧传》记载："（惟政）夏秋好玩月，盘膝大盆中，浮水上，自旋其盆，吟笑达旦，以为常。"其《自题像》曰："貌古形疏倚杖藜，分明画出须菩提。解空不许离声色，似听孤猿月下啼。"②"解空不许离声色"，正道出了其参"水月"

---

① "水月观音"图像在敦煌千佛洞中曾被发现，法国卢浮宫美术馆收藏有其中最古老的一种，相传是唐代中叶所作。

②《大藏新纂卍续藏经》第77册第414页上、中。

意趣之所在。

唐代，谈禅论道成为文人雅士的癖好，"观水月"也成为文人诗歌的热门话题。钱起说："水月通禅观，鱼龙听梵声。"（《送僧归日本》）明确指出"观水月"的目的在于参禅悟道。张说云："澄江明月内，应是色成空。"（《江中诵经》）杨巨源也说："王维证时符水月，杜甫狂处遗天地。"（《赠从弟茂卿（时欲北游）》）又如：

随缘驻瓶锡，心已悟无生。默坐烟霞散，闲观水月明。竹深风倍冷，堂迥磬偏清。愿作传灯者，忘言学净名。（李中《贻毗陵正勤禅院奉长老》）

晓服云英漱井华，寥然身若在烟霞。药销日晏三匙饭，酒渴春深一碗茶。每夜坐禅观水月，有时行醉玩风花。净名事理人难解，身不出家心出家。（白居易《早服云母散》）

昔闻玄度宅，门向会稽峰。君住东湖下，清风继旧踪。秋深临水月，夜半隔山钟。世故多离别，良宵讵可逢。（皇甫冉《秋夜宿严维宅》）

从以上例子可以看出，"水月"虽已成为诗歌意象，仍始终与佛教主题紧密联系在一起。

"水中月"意象具有如下审美特征：

（一）清

"清"字本义为水澄澈，后又引申出清净、清冷等意。禅宗常用"水中月"来比喻本心、佛性的清净无染，因此，在受禅学浸润的诗篇中，"水中月"意象也常常含有清净之意。如施肩吾《听南僧说偈词》："惠风吹尽六条尘，清净水中初见月。"李白《陪族叔当涂宰游化城寺升公清风亭》："了见水中月，青莲出尘埃。"常建《渔浦》："碧水月自阔，安流净而平。"常建《江上琴兴》："江上调玉琴，一弦清一心。泠泠七弦遍，万木澄幽阴。能使江月白，又令江水深。始知梧桐枝，可以徽黄金。""水中月"意象也经常出现于宋人诗词之中。如邵雍《清夜吟》："月到天心处，风来水面时。一般清意味，料得少人知。"张伯寿《临江仙》："观音常自在，水月净无尘。"宋人甚至创造"水月精神"一词，以示清净高洁之意。如李光《汉宫春》："危阁临流，渺沧波万顷，涌出冰轮。星河澹澹，天衢迥绝纤尘。琼楼玉馆，遍人间，水月精神。"又如王从叔《浣溪沙》："水月精神玉雪胎，乾坤清气化生来。"

清，作为"水中月"之基本特征，还有清冷之意。"寒""冷"都是禅宗喜爱的字眼，如"寒潭雁迹""一丸冷月"等。晓通禅师云："冷似秋潭月，无心合太虚。"[1]钱起《宿远上人兰若》云："梵筵清水月，禅坐冷山阴。"皎然《与卢孟明别后宿南湖对月》："五湖生夜月，千里满寒流。"又如：

末路思前侣，犹为恋故巢。江山多胜境，宾主是贫交。饮舫闲依苇，琴堂雅结茅。夜清僧伴宿，水月在松梢。（郑谷《南康郡牧陆肱郎中辟许棠先辈为郡从事因有寄赠》）

碧草径微断，白云扉晚开。罢琴松韵发，鉴水月光来。宿鸟排花动，樵童浇竹回。与君同露坐，涧石拂青苔。（马戴《春日寻浐川王处士》）

凉夜窥清沼，池空水月秋。满轮沉玉镜，半魄落银钩。蟾影摇轻浪，菱花渡浅流。漏移光渐洁，云敛色偏浮。似璧悲三献，疑珠怯再投。能持千里意，来照楚乡愁。（张子容《璧池望秋月》）

在这几首诗中，"水月"意象都笼罩在清冷、淡远的氛围之中，都带有一层淡淡的忧伤。明代徐上瀛《溪山琴况》，把琴声分为二十四况，其中"清况"为："澄然秋潭，皎然寒月，湉然山涛，幽然谷应。"[2]这是以"水月"意象来凸显琴声意境的清冷特征。

---

①普济著，苏渊雷点校：《五灯会元》（下），中华书局1984年版，第1065页。
②胡经之主编：《中国古典文艺学丛编》（三），北京大学出版社2001年版，第118页。

（二）静

禅宗强调本心的寂静无为，所以，在诗僧笔下，禅境总是与空灵幽寂的气氛联系在一起。刘禹锡说："故自近古而降，释子以诗名闻于世者相踵焉。因定而得境，故翛然以清。由慧而遣词，故粹然以丽。"[①]这里，"清"即静，刘氏指出僧诗幽寂气氛形成的主要原因在于主体内心之静。文人诗也不例外。常建《题破山寺后禅院》曰："山光悦鸟性，潭影空人心。万籁此俱寂，但馀钟磬音。"潭中虚影能启发人了悟色空之理，从而回归宁静之本心。

在佛教，"水中月"是真如佛性的显现，具有清静之义涵，同样，在佛学浸润下的诗歌中，"水中月"意象也具有这种内涵。如：

水月心方寂，云霞思独玄。（陈子昂《同王员外雨后登开元寺南楼因酬晖上人独坐山亭有赠》）

夜来江上如钩月，时有惊鱼掷浪声。（崔道融《秋霁》）

方外主人名道林，怕将水月净身心。居然对我说无我，寂历山深将夜深。（严维《宿天竺寺》）

空洲夕烟敛，望月秋江里。历历沙上人，月中孤渡水。（刘长卿《江中对月》）

幽独之人与澄澈而清静的"水月"融为一体，此时之以"水月"，已经不是眼前所见之景，而是诗人幽静本心的呈显。

（三）空

虚幻不实，是"水中月"意象最基本的特征。张瀛《赠琴棋僧歌》曰："我尝听师法一说，波上莲花水中月。不垢不净是色空，无法无空亦

---

① 《秋日过鸿举法师寺院便送归江陵序》，见《刘禹锡全集》，上海古籍出版社1999年版，第217页。

无灭。"这里,"水中月"喻显"诸法性空"之理。"水中月"意象的这层内涵,在宋词中也常出现。如无际道人《渔家傲》:"七坐道场三奉诏,空花水月何时了。"邓肃《临江仙》:"初恨水中徒捉月,而今水月俱空。"

在古诗词中,"水中月"意象常常承载着空幻、无常之意蕴。所以,苏轼面对"江月",而生"人生如梦"之感(《念奴娇·赤壁怀古》)。在《前赤壁赋》中,他说:

客亦知夫水与月乎?逝者如斯而未尝往也,盈虚者如彼而卒莫消长也。盖将自其变者而观之,而天地曾不能以一瞬;自其不变者而观之,则物与我皆无尽也。

从体上讲,诸法性空,故不去不来,不生不灭;从用上讲,诸法因缘合和而生,故瞬息万变,转瞬即逝。苏子正是通过参"水月",而彻悟"变"与"不变"之理。刘克庄《水调歌头》曰:"翁意在乎林壑,客亦知夫水月,满腹贮清寒。赋咏差有愧,赤壁与滁山。""客亦知夫水月",典出苏子参"水月"的故事,"满腹贮清寒"指出苏子的凄清、无常之感。

(四)明

禅宗认为,众生之本心、佛性光明朗洁,犹如水中之月。寒山子诗曰:"吾心似秋月,碧潭清皎洁。无物堪比伦,教我如何说。"[1]韶山和尚《心珠歌》曰:"此心珠,如水月,地角天涯无殊别。"[2]"心珠",即本心、佛性,如"水月"般光明澄澈,超越时空。洞山良价《玄中铭》云:"夜明帘外,古镜徒耀。空王殿中,千光那照。澄源湛水,尚棹孤舟。……碧潭水月,隐隐难沉。青山白云,无根却住。峰峦秀异,鹤不停机。灵木迢然,凤无依倚。"[3]明代深谙佛学的儒家学者宋濂也说:"大圣

---

①项楚:《寒山诗注》,中华书局2000年版,第137页。
②《景德传灯录》卷三十《韶山》,见《大正藏》第51册第464页上。
③《禅门诸祖师偈颂》上之上,见《大藏新纂卍续藏经》第66册第723页中、下。

全体皆真，不失其圆明之性，如月在寒潭，无纤毫障翳，清光烨如也。"①

唐宋诗词中，以"水中月"比喻光明澄澈境界的例子很多。李白《赠宣州灵源寺仲濬公》曰："观心同水月，解领得明珠。""水月"与"明珠"都具有圆满光明之特性，因此，禅宗常用它们来象征"本心""佛性"。皎然《溪上月》："秋水月娟娟，初生色界天。蟾光散浦溆，素影动沧涟。何事无心见，亏盈向夜禅。"又如：

蜀国烟霞异，灵山水月澄。（刘得仁《送智玄首座归蜀中旧山》）
莫愁归路远，水月夜虚明。（孙逖《同邢判官寻龙湍观归湖中》）
烟岚晚过鹿裘湿，水月夜明山舍虚。（曹唐《赠南岳冯处士二首》其一）
川流有本源源听，月入容光处处明。（张载《集义斋诗》）

受禅学影响，文人诗词总爱以"水月"象征内心的清明，人格的高洁。如苏轼《次韵子由书王晋卿画山水一首而晋卿和二首》："我今心似一潭月，君已身如万斛舟。"又如张孝祥《念奴娇·过洞庭》："素月分辉，明河共影，表里俱澄澈。""素月""明河"、昊昊苍天、绵绵时空，经词人禅心浸润而圆成一佛性的世界，此刻，词人敞开自我生命，在自我的光明体验中浩然与天地同流。

三

根据现有资料来看，最早把"水中月"用于诗学中者，可能是唐代日本僧人空海编的《文镜秘府论》。该书"南卷"《论文意》曰：

夫置意作诗，即须凝心，目击其物，使以心击之，深穿其境。如登高山绝顶，下临万象，如在掌中。以此见象，心中了见，当此即用。如无有

①宋濂《宋学士文集》卷二一《瑞岩和尚语录序》，四部丛刊景明正德本。

不似，仍以律调之定，然后书之于纸。会其题目，山林、日月、风景为真，以歌咏之。犹如水中日月，文章是景，物色是本，照之须了见其象也。①

自然物色表现于文，正如日月映照于水。这是以"水中月"来比喻诗歌意象的建构。

"水中月"本来是一个佛学概念，它与诗有什么相通之处呢？明代学者胡应麟说："作诗大要不过二端：体格声调，兴象风神而已。体格声调有则可循，兴象风神无方可执。……譬如镜花水月，体格声调，水与镜也；兴象风神，月与花也。必水澄镜朗，然后花月宛然。讵容昏鉴浊流，求睹二者？故法所当先，悟不容强也。"②总体而言，诗的构成无外乎两大方面，一是象，二是意，前者主要表现为体格、声调，后者主要表现为兴象、风神。就结构而言，诗之"象"犹如"水"，"意"犹如"月"，"月"在"水"中，犹如"意"泯"象"外；就性质而言，"水中月"为空，可望而不可取，意象为虚，可悟而不可解。胡氏此论，的确道出了"水中月"与诗歌之间的密秘。

"水中月"虽然在唐代就已经进入了诗学领域，但作为一个诗学概念，它成熟于南宋严羽的《沧浪诗话》，此后则蔚为大观，被广泛应用于文学创造论、作品论及接受论，具有十分丰富的美学内涵。

艺术创造方面，"水中月"泯能所、绝对待、自在圆成、当下即是之特性契合了审美兴会的心理机制。受佛学影响，唐代诗歌创作与理论普遍重视"兴会"，强调心物交融的偶然性与随机性。《文镜秘府论》曰："自古文章，起于无作，兴于自然，感激而成，都无饰练，发言以当，应物便是。"③《二十四诗品·自然》曰："俯拾即是，不取诸邻。俱道适往，著

————————
①遍照金刚撰，卢盛江校考：《文镜秘府论汇校汇考》（三），中华书局2006年版，第1312页。

②胡应麟：《诗薮》，上海古籍出版社1979年版，第100页。

③遍照金刚撰，卢盛江校考：《文镜秘府论汇校汇考》（三），中华书局2006年版，第1282页。

手成春。"①艺术创造是一个感而遂通、无心凑泊的过程，恰如风行水上，自然成文。理论家们爱用"水中月"来描述这一过程。宋人陈洞上赞美画僧觉心（字虚静）说："虚静师所造者道也。放乎诗，游戏乎画，如烟云水月，出没太虚，所谓风行水上，自成文理者也。"②清人王士禛说："夫诗之道，有根柢焉，有兴会焉，二者率不可得兼。镜中之象，水中之月，相中之色，羚羊挂角，无迹可求，此兴会也。"③主体机心全无、不着一念，静观万象，万象如水中之月，光明莹洁，自在具足，自成境界，苏轼所谓"随物赋形，而不可知也"（《文说》），叶梦得借用云门宗语谓"随物应机，不主故常"（《石林诗话》）。王夫之借用佛教相宗术语"现量"来描述审美意象形成的过程，认为"现量"之"现"，有"现在""现成""显现真实"三层涵义，强调审美意象的当下性、直观性与整体性（《相宗络索·三量》）。在此意义上，"现量"与"水中月"有异曲同工之妙。

艺术接受方面，"水中月"表现为空灵淡远，只可意会不可言传的无限韵味。皎然《诗议》论"诗家中道"曰："大抵而论，属于至解，其犹空门证性有中道乎。……可以神会，不可言得，此所谓诗家之中道也。"④"诗家之中道"与大乘中观学派之"中道观"在思维方式上是一致的，都具有可见不可取，只可意会不可言传之特征，都可用"水中月"来比喻。元代黄子肃述《诗法》曰："是以妙悟者，意之所向，透彻玲珑，如空中之音，虽有所闻，不可仿佛；如象外之色，虽有所见，不可描摸；如水中之味，虽有所知，不可求索。……每每有似真非真、似假非假、若有若无、若彼若此之意为得之。"⑤明代谢榛也说："诗有可解，不可解，不必解，若水月镜花，勿泥其迹可也。"⑥清人叶燮说：

①何文焕辑：《历代诗话》（上），中华书局1981年版，第40页。

②邓椿、庄肃：《画继·画继补遗》，人民美术出版社1963年版，第62页。

③王士禛：《带经堂诗话》（上），人民文学出版社1963年版，第78页。

④张伯伟：《全唐五代诗格汇考》，凤凰出版社2002年版，第209页。

⑤吴景旭：《历代诗话》（下），中华书局1958年版，第1019—1020页。

⑥谢榛：《四溟诗话》卷一，丁福保辑：《历代诗话续编》，中华书局1983年版，第1137页。

诗之至处，妙在含蓄无垠，思致微渺，其寄托在可言不可言之间，其指归在可解不可解之会；言在此而意在彼，泯端倪而离形象，绝议论而穷思维，引人于冥漠恍惚之境，所以为至也。①

这段话全面而深刻地概括出了"水中月"在艺术接受方面的审美特征。

除以上两方面外，"水中月"更被广泛地用来描述意象、意境的审美特征。

"水中月"非有非无的佛学义涵，契合了审美意象不即不离、不粘不滞的艺术特征。明人王廷相说："夫诗贵意象透莹，不喜事实黏著。古谓水中之月，镜中之影，可以目睹，难以实求是也。"②清人王士禛说："严仪卿所谓'如镜中花，如水中月，如水中盐味，如羚羊挂角，无迹可求'，皆以禅喻诗，内典所云'不即不离，不粘不脱'，曹洞所云'参活句'是也。"③沈德潜批评某些过于"质实"的咏物之作曰："然必动辄牵入，即小小赋物，对镜咏怀，亦必云某诗指其事，某诗刺某人，水月镜花，多成粘皮带骨，亦何取耶！"④以上诸人对诗歌意象不即不离、不粘不滞艺术特征的重视，都是与佛学的影响分不开的，又都借用"水中月"把这种特征形象地表达出来。

"水中月"揭示了意境的审美特征。意境与意象是一对联系密切而又各有侧重的范畴。

意境产生自意象而又超越于意象，……意象的美学特征一般地表现为虚与实（意与象、心与物、情与景）二者统一而偏重于"实"（象）。……意境的美学特征则突出地表现为虚（宇宙本体之太虚、世界实相之空无）

①叶燮、薛雪、沈德潜：《原诗·一瓢诗话·说诗晬语》，人民文学出版社1979年版，第30页。

②王廷相著，王孝鱼点校：《王廷相集》，中华书局1989年版，第502页。

③王士禛：《带经堂诗话》（下），人民出版社1963年版，第836页。

④沈德潜：《唐诗别裁集》，中华书局1975年版，第3页。

与实（意象）二者的统一而偏重于"虚"（本体化和实相化）。①

像在佛学中指向宇宙本体那样，"水中月"在诗学中启发人突破具体意象而把目光移向"象外"，它凸显了意境的整体性、不确定性与无限性。意境最突出的特征是"象"与"象外"的统一，刘禹锡曰"境生于象外"（《董氏武陵集记》），皎然曰"采奇于象外"（《诗式》），司空图曰"象外之象"（《与极浦书》），严羽则用"水中月"形象、直观地传达出这一美学特征。他说："盛唐诸人，惟在兴趣，羚羊挂角，无迹可求。故其妙处，透彻玲珑，不可凑泊，如空中之音，相中之色，水中之月，镜中之像，言有尽而意无穷。"②"镜花水月"说明意境是"象"与"象外"的统一，有限与无限的妙合。

严羽以后，"水中月"被广泛应用于诗学之中。元代诗人揭傒斯在《傅与砺诗集序》中转述刘辰翁的观点曰："诗欲离欲近。夫欲离欲近，如水中月，如镜中花，谓之真不可，谓之非真亦不可。谓之真，即不可索；谓之非真，无复真者。"③非有非无、非真非假、可见不可取，是"水中月"之佛学内涵，也是其诗学内涵。

明清时期，随着"意境"作为一个艺术范畴被正式提了出来④，"水中月"也更广泛地被应用于诗画理论之中。明人李梦阳云："古诗妙在形容之耳，所谓水月镜花，所谓人外之人，言外之言。……形容之妙，心了了而口不能解，卓如跃如，有而无，无而有。"⑤周复俊说地更具体：

①韩林德：《境生象外》，生活·读书·新知三联书店1995年版，第176页。
②严羽著，郭绍虞校释：《沧浪诗话校释》，人民文学出版社1961年版，第26页。
③揭傒斯著，李梦生标校：《揭傒斯全集》，上海古籍出版社1985年版，第451—452页。
④诗论领域，明人朱承爵可能是最早使用"意境"范畴者。他在《存馀堂诗话》中说："作诗之妙，全在意境融彻，出音声之外，乃得真味。"画论领域，清初笪重光可能是最早使用"意境"范畴者。他在《画筌》中说："绘法多门，诸不具论。其天怀意境之合，笔墨气韵之微，于兹篇可会通焉。"
⑤李梦阳《空同集》卷六六《论学下篇第六》，《文渊阁四库全书》补配《文津阁四库全书》本。

　　余于昔年梦有告之曰："诗如镜中花，谷中音，水中月。"寐以谂诸座宾，莫有觉者。或乃曰："诗体轻微，专务刊脱，灭迹销形，上乘匪远。"余曰："审若兹，则镜无花矣，然镜中未尝无花也；谷无音矣，然谷中未尝无音也。无花无音，神罔附矣，何以言诗？"关西吕定原诗论曰："水中流月是真方。"恒击节悚叹，以为英言。故擅称合作者，似音非音，似影非影，风容将格响争驰，色韵与情神交澈，若近而远，若远而近，斯为至矣。①

　　有人把"水中月"解释成"灭迹销形"，这在佛学称为"恶趣空"，在诗学则取消了诗歌意象的直观、形象性。周氏对此极为不满。他十分欣赏"水中流月是真方"之说，因为它突出了意境"似音非音，似影非影""若近而远，若远而近"的美学特征。

　　清代，王士禛提倡"神韵说"，大力标举严羽"镜花水月"之喻。比王氏晚出生近百年的翁方纲，尽管对王氏的诗歌创作颇有微词，但对其"神韵说"却有比较好的解释。他说："神韵者，彻上彻下，无所不该。其谓'羚羊挂角，无迹可求'，其谓'镜花水月，空中之像'，亦皆即此神韵之正旨也，非坠入空寂之谓也。"明确指出"水中月"等比喻并"非坠入空寂之谓"，这与上文周复俊的说法是一致的。翁氏还指出："其援严仪卿所云'镜中之花，水中之月'者，正为涤除明人尘滓之滞习言之。"②王士禛援引严羽"镜花水月"之说，目的在于涤除明人诗歌创作上的"滞迹"之病。

　　宗白华援引"镜花水月"之喻对意境审美特征作了全面概括，他说："所以中国艺术意境的创成，既须得屈原的缠绵悱恻，又须得庄子的超旷空灵。缠绵悱恻，才能一往情深，深入万物的核心，所谓'得其环中'。

---

　　①黄宗羲编：《明文海》卷二二一，周复俊《评点唐音序》，《文渊阁四库全书》补配《文津阁四库全书》本。
　　②翁方纲《复初斋文集》卷八《神韵论》（上、下），清李彦章校刻本。

超旷空灵，才能如镜中花，水中月，羚羊挂角，无迹可寻，所谓'超以象外'。色即是空，空即是色，色不异空，空不异色，这不但是盛唐人的诗境，也是宋元人的画境。"①这是对以上诸人理论的继承与发展。

"水中月"，由遥远而神秘的天竺佛国款款走来，先融入中土僧人的偈颂创作，再演变为中土文人的诗歌意象，最后又升华进入诗学、艺术理论领域，逐渐脱却空幻悲苦的厚重义涵，而只剩下晶莹剔透的艺术形式，越来越寥旷，越来越空灵。

[原载《文学评论丛刊》第12卷第1期，南京大学出版社2009年版]

---

①宗白华：《中国艺术意境之诞生》，《美学散步》，上海人民出版社1981年版，第77页。

帝网天珠：华严诗性精神谫论

  《华严经》素有"众经之王"的美誉，同时也是众经之中最富诗性精神的一部伟大著作。方东美先生称其为"由隐喻的、诗的、象征性的语言所形成的精神意境"①。这种"精神意境"是诗性的。华严的诗性精神绝不仅仅表现为"俱烂漫而有文，悉精纯而靡杂"的"《华严》万偈"②，这只是外在的表现，其诗性精神更表现为其内在的精神气质。清代诗论家王士禛说："淋漓大笔千年在，字字华严法界来。"③沈德潜也说："海外何愁瘴疠深，华严法界入高吟。"④王、沈二人之语都是赞扬苏轼的，但其中所折射的"华严法界"与诗的紧密联系却有着十分普遍的意义。那么，"华严法界"的诗性精神到底是什么呢？它对中国古代诗歌创作与诗学理论产生了什么影响呢？

一、"华严法界"的诗性特质

  "法界"是《华严经》的核心范畴，"法界缘起"是华严学的核心理论，因此"法界"在华严宗那里又常称为"华严法界"。华严宗初祖杜顺

---

  ①方东美：《华严宗哲学》（上），（台北）黎明文化事业股份有限公司1983年版，第230页。

  ②法眼《宗门十规论》，《卍新续藏》第63册，第38页中。

  ③王士禛《带经堂集》卷23《冬日读唐宋金元诸家诗偶有所感各题一绝于卷后》。

  ④沈德潜《归愚诗钞》卷6《书东坡集后》。

大师（557—640）把"华严法界"之观法分为三种，即真空观、理事无碍观、周遍含容观，以此三观"融万象之色相，全一真之明性"，从而进入"华严法界"①。四祖澄观大师（738—839）在杜顺"华严三观"基础之上提出"四法界"：事法界、理法界、理事无碍法界、事事无碍法界②。事法界指有差别、有分齐的万有诸法；理法界指诸法平等一如、无有差别的同一理性；理事无碍法界指事中含理、理由事显、理事相即相入圆融无碍的境界；事事无碍法界意谓一切诸法既各守自性、各住自位、互不妨碍，又相即相入、互融互摄、重重无尽。"四法界"中，"事事无碍法界"被认为"是最能代表华严宗理论特征的学说，其意义为佛的殊胜境界、宇宙的最高层次、观法的最后目标和真如本觉"③。这是一种高度的圆融精神，也是华严诗性特质的集中体现。

华严宗人常以"十玄六相"，即"十玄门"与"六相圆融"来阐释"事事无碍法界"。所谓"六相"，是指总别、同异、成坏三对六相。"总相"指整体，"别相"指组成整体的部分，"同相"指组成整体的各部分的同一，"异相"指各部分的差别，"成相"指各部分都是组成整体的必备条件，"坏相"指各部分在整体中保持自身独立。"六相圆融"是要求人们从总别、同异、成坏三方面看待一切事物，认识每一事物都处于总别相即、同异相即、成坏相即的圆融状态之中。

"十玄门"有新旧之分。华严三祖法藏大师（643—712）"新十玄"曰："同时具足相应门""广狭自在无碍门""一多相容不同门""诸法相即自在门""隐密显了俱成门""微细相容安立门""因陀罗网法界门""托事显法生解门""十世隔法异成门""主伴圆明具德门"④。此"十玄门"，从时间、空间、数量、形态等方面说明"事事无碍法界"，说明事物与事物之间相即相入、重重无尽之关系。

①裴休《注华严法界观门序》，《大正藏》第45册，第683页中。
②澄观《华严法界玄镜》卷上，《大正藏》第45册，第672下。
③方立天：《华严宗的现象圆融论》，《文史哲》1998年第5期。
④法藏《华严经探玄记》卷1，《大正藏》第35册，第123页上。

在以上"十玄门"中,"因陀罗网法界门"尤富诗意。"因陀罗网",又作天帝网、帝网,为庄严帝释天宫殿之网。杜顺大师解释说:

帝释天珠网者,即号因陀罗网也。然此帝网,皆以宝成,以宝明彻,递相影现,涉入重重,于一珠中同时顿现,随一即尔,竟无去来也。今且向西南边取一珠验之,即此一珠能顿现一切珠影,此一珠既尔,余一一亦然。既一一珠一时顿现一切珠,既尔余一一亦然。如是重重无有边际,即此重重无边际珠影,皆在一珠中炳然显现,余皆不妨。①

"因陀罗网"的特点是目目相联、珠珠互映,由此而决定"因陀罗网境界"的特点:一多相即、重重无尽。《华严经》以此喻显事事无碍圆融之法门。

"圆融无碍"是"华严法界"的根本精神。此词在华严宗典籍之中随处可见。如法藏《华严经旨归》:"法界圆通,缘无不契。……随有一处即有一切,无碍圆融,无尽自在。"②又如澄观《大方广佛华严经随疏演义钞》:"若圆融无碍,则即一即多,即有即无。"③"圆融无碍"表现为理与事、一与多、依与正、人与法、此与彼、深与浅、广与狭、因与果等诸多因素间的相即相入、和合无碍。析而言之,这种圆融精神具有如下特性。

第一,整体性。华严宗认为,整个宇宙就是一张圆满自足、重重无尽的大网,网上因缘和合而起的每一事物都同时圆满具足而又彼此互相照应。澄观说:"若不差别不能遍也,圆则不要差别而能周遍,能周遍之法——圆融。"④此处"周遍"即指完整的、统一的华严世界。

第二,互融互摄。华严宗认为,法界因缘而起,诸法之间相即相入,彼此圆融。诸法间的互融互摄表现在很多方面。就空间而言,有"一多互

---

①杜顺《华严五教止观》,《大正藏》第45册,第513页上。
②《大正藏》第45册,第596页下。
③《大正藏》第36册,第194页中。
④澄观《大方广佛华严经随疏演义钞》卷29,《大正藏》第36册,第221页下。

摄":"一"指个别事物,"多"指众多事物,一事物与众多事物之间相容相摄、自在无碍,法藏所谓"圆融自在,一即一切,一切即一"①;"广狭互容":广可入狭,狭可容广,广狭互融互摄,法藏所谓"芥子纳于须弥""海水纳于毛孔"②。就时间而言,过去、现在、未来三世涵容互摄、同时具足,《华严经》所谓"过去一切劫,安置未来今;未来现在劫,回置过去世。"③"华严法界"中,过去、现在、未来之间的壁垒完全打破,三世之间涵容互摄。以上,时间与空间互融互摄,从而熔铸成时空一如的华严境界。

第三,重重无尽。杜顺《华严五教止观》解释"因陀罗网境界"说:"多法互入犹如帝网天珠重重无尽之境界";法藏《修华严奥旨妄尽还源观》解释"事事无碍"也说:"一一更互相容相摄,各具重重无尽境界"④。世间万法犹如帝网之珠,虽珠珠独立,但又珠珠互映,任何一珠中都有重重无尽的其他珠影。

宗白华先生论包括诗歌在内的中国艺术说:"空寂中生气流行,鸢飞鱼跃,是中国人艺术心灵与宇宙意象'两镜相入'互摄互映的华严境界。"⑤艺术境界是创作主体与对象多重融摄的结晶,这一独立自足、超旷空灵的境界即是"华严境界"。这种互容互摄、重重无尽的圆融精神正是"华严法界"诗性特质的集中体现。

二、华严诗境

华严学自身的诗性气质决定了其与诗歌创作之间不可分割的联系。据苏轼《送钱塘僧思聪归孤山叙》载,钱塘有位法号思聪的僧人,十五岁开始学写诗,后读《华严经》,遂"入法界海慧",从此诗艺"日进不止"。

①法藏《华严一乘教义分齐章》卷4,《大正藏》第45卷,第503页上。
②法藏《华严策林》,《大正藏》第45卷,第597页下。
③佛驮跋陀罗译《华严经》卷43,《大正藏》第9册,第674页中。
④法藏《修华严奥旨妄尽还源观》,《大正藏》第45卷,第638页上。
⑤宗白华:《美学散步》,上海人民出版社1981年版,第85页。

那么，思聪到底从《华严经》中得到了什么启示呢？苏轼回答说："聪能如水镜以一含万，则书与诗当益奇。"①"以一含万"指的正是华严的圆融精神。思聪能把这种"圆融无碍"的华严精神贯彻到诗歌创作之中，因此而"日进不止"。

华严宗产生于初唐，流行于盛唐，其立宗经典《华严经》以及杜顺、法藏、澄观等历代大师的著作都对当时诗坛产生了极为重要的影响。如果要用一句话来概括这一巨大影响的话，那就是："博大圆融"的华严精神熏陶了"气象雄浑"的盛唐气象②。关于华严学的博大圆融，有研究者说："此宗所奉的根本经典《华严经》，把世界描述为无穷无尽、恢宏廓大的圆满境界。其中以'法界'为总相，统摄万有，而万有又各自独存，'圆融自在'。这一思想，颇能表现盛唐时期整个国家博大雄浑和涵容万象的气势。"③正是在华严宗兴盛的盛唐时期，诗坛摆脱了初唐诗歌的"六朝锦色"而出现欣欣向荣的景象。

来看一些盛唐诗句：

> 雨中山果落，灯下草虫鸣。（王维《秋夜独坐》）
> 却下水精帘，玲珑望秋月。（李白《玉阶怨》）
> 松际露微月，清光犹为君。（常建《宿王昌龄隐居》）
> 樵子暗相失，草虫寒不闻。（孟浩然《游精思观回王白云在后》）
> 时有落花至，远随流水香。（刘慎虚《缺题》）

以上诗句，出自不同的作者之手，所表达的思想与意境也各不相同，却有着大致相同的艺术特征，即严羽所谓的"兴趣"："盛唐诸人，惟在兴

---

① 苏轼著，孔凡礼点校：《苏轼文集》（第1册），中华书局1986年版，第326页。

② 南宋严羽推崇盛唐诗，将其特征概括为"既笔力雄壮，又气象浑厚"（《答出继叔临安吴景仙书》），这种"雄壮""浑厚"（合称"雄浑"）的艺术特征被明清诗论家称为"盛唐气象"。

③ 潘桂明，董群、麻天祥：《中国佛教百科全书》（历史卷），上海古籍出版社2000年版，第130页。

趣，羚羊挂角，无迹可求。故其妙处，透彻玲珑，不可凑泊，如空中之音，相中之色，水中之月，镜中之象，言有尽而意无穷。"①"兴趣"的基本内涵为"透彻玲珑，不可凑泊"，即一种镜花水月般圆融无碍、只可意会不可言传的审美趣味。关于"兴趣"形成的原因，明人陆时雍《诗镜总论》说："盛唐人寄趣在有无之间。"②"有无之间"指的正是"圆融无碍""卷舒自在"的华严精神，陆氏此语恰切地指出了华严学对盛唐诗歌的影响。

再以王维为例。王维素有"诗佛"之称，其诗受佛教影响很深，这已是常识。但过去学界多关注禅宗之于王维诗的影响，而不太关注华严宗的影响。清代才子金圣叹在评价王维诗时说："先生一生学佛，深入旋陀罗尼法门，故能有如此精深曲畅之文。"③他指出王维诗"精深曲畅"之特点，并说这一特点是受"旋陀罗尼法门"的影响。"旋陀罗尼"为法华三陀罗尼之一。吉藏《法华义疏》卷十曰："旋陀罗尼，于法门中圆满具足，出没无碍。""旋陀罗尼法门"的特点是"圆满自足，出没无碍"，这种"圆融无碍"精神是天台宗与华严宗所共有的。金圣叹拈出这一佛教术语意在表明王维诗受佛教"圆融无碍"精神的影响，这是千真万确的，但如果把这一影响完全归于天台则有失片面，因为华严宗的影响也是不可忽视的。王维与华严宗学人有着密切的交往，这已经得到学界的证明。④

华严"圆融无碍"的诗性精神对唐代艺术的影响不仅表现在诗歌上，还表现在绘画、书法等艺术形式上。绘画方面，如五代画家周文矩的《重屏会棋图》（见下图）：

---

① 严羽著、张健校笺：《沧浪诗话校笺》（上），上海古籍出版2012年版，第157页。
② 丁福保辑：《历代诗话续编》（下），中华书局1983年版，第1417页。
③ 金圣叹《贯华堂选批唐才子诗》卷四。
④ 陈允吉：《王维与华严宗诗僧道光》，《复旦学报》（社会科学版）1981年第3期。

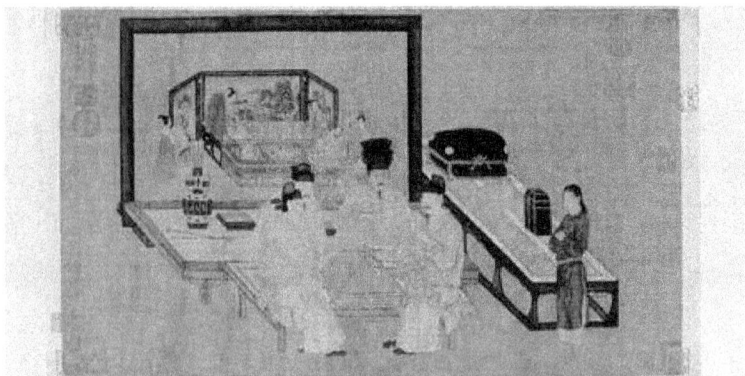

该图描绘南唐中主李璟与其弟景遂、景达、景过会棋的情景。头戴高帽，手端瓷杯，居中而坐的观棋者为李璟，对弈者为齐王景达与江王景过。该图的重点并不在四人会棋，而在卷中央的一扇巨型屏风，此屏风表现的是白居易《偶眠》诗意①。在这扇屏风之中，又有一扇山水小屏风。由于屏中有屏，故称重屏。在这幅图中，过去与现在、刹那与永恒互融互摄、重重无尽，这是典型的华严境界。

关于唐代艺术的特征，刘纲纪先生说："'圆融无碍'、'卷舒自在'又确实是唐代文艺的韵味、风神的一个重要方面。……它华贵而雍容,飘逸而沉着,清新而热烈,的确有一种无障无碍,流转如意,自在自得的美。"②这种概括是十分准确的，刘先生把这一特征归因于华严学的影响也是很有见地的。但他接着又说："在唐之前没有这种美,在唐之后也再不能看到了。"此话值得商榷，因为受华严学影响很深的宋代文艺也不乏这种圆融之美。

宋代文坛上，受华严影响最深者当数苏轼。上文所引王士禛、沈德潜语，都认为苏轼诗"字字皆从华严法界来"。苏轼在介绍自己的写作经验时也说："吾文如万斛泉源，不择地皆可出，在平地滔滔汩汩，虽一日千里无难。及其与山石曲折，随物赋形，而不可知也。所可知者，常行于所

---

①白居易《偶眠》："放杯书案上，枕臂火炉前。老爱寻思事，慵多取次眠。妻教卸乌帽，婢与展青毡。便是屏风样，何劳画古贤?"
②刘纲纪:《唐代华严宗与美学》,《东方丛刊》1992年第2辑。

当行，常止于不可不止。"①这种"随物赋形"的气质正是华严"圆融无碍"精神的表征。明末清初大学者钱谦益在评论苏轼文时说："如万斛水银随地涌出，以为古今未有其体，茫然未得其涯涘也。晚读《华严经》，称性而谈，浩如烟海，无所不有，无所不尽，乃喟然而叹曰：'子瞻之文，其有得于此乎？'文而有得于《华严》，则事理法界，开遮涌现，无门庭，无墙壁，无差择，无拟议。世谛文字，固已荡无纤尘，又何自而窥其浅深，议其工拙乎？"②钱氏认为苏文"如万斛水银随地涌出"之圆融精神来源于《华严经》，真可谓肯綮之谈。

宋代以后，"华严境"及其核心特征"圆融无碍"更成为诗人反复歌咏的对象。如南宋张镃《陈子西投赠长句走笔次韵奉酬》一诗：

……请君直道当下语，莫拟世俗纷华虫。古人规绳亦谢去，岂不自己光圆融？大千沙界大千海，置之足上升天宫。到头只是旧时我，不妨自就声律笼。若能言下便领得，老夫衣钵当传公。③

又如元代学者金履祥《奉和鲁斋先生涵古斋诗》：

圆融无际大无余，万象森然本不癯。百圣渊源端有在，六经芳润几曾枯。人于心上知涵处，古在书中非远图。会到一源惟太极，包羲原不与今殊。④

近代学者沈曾植在为黄濬诗集题辞时也说：

有所悟者，能入；有所证者，能出。欧苏悟入从韩，证出者不在韩，亦不背韩也，如此而后有宋诗。作者清才窅思，悟处极多，此后皆证分

①苏轼著，孔凡礼点校：《苏轼文集》（第5册），中华书局1986年版，第2069页。
②钱谦益《初学集》卷83《读苏长公文》。
③张镃《南湖集》卷3，《文津阁四库全书》第389册，商务印书馆2005年版，第184页。
④金履祥《仁山文集》卷1，《文津阁四库全书》第397册，第568页。

矣。发菩提心，行菩萨行，字字华严法界来，岂不快哉！①

从以上材料可以看出，"华严法界"的影响一直贯穿于唐代以后的中国诗坛，"圆融无碍"的华严精神一直是中国诗人的自觉追求。

三、华严境界的诗学意义

"华严法界"互容互摄、重重无尽的圆融精神，不但深刻影响了唐代以后的诗歌创作，而且深刻影响了唐代以后的诗学理论。意境、韵味、活法等理论都是在华严思想影响之下而发展成熟的。

（一）华严境与意境

意境是中国古代诗论的核心范畴，它滥觞于魏晋，成熟于中唐。诗僧皎然是中唐意境理论最杰出的代表。虽然受资料限制，皎然的宗派归属问题至今扑朔迷离②，但在他思想之中以华严宗为代表的"圆融无碍"精神却是非常明显的。皎然诗文集中，多次出现华严的核心意象"帝网"，如"以十身佛刹微尘数修多罗，如悬帝网，不出正念"等③。"帝网天珠"的"圆融无碍""重重无尽"思想深刻影响了皎然的意境理论。

皎然意境理论集中体现在其诗论著作《诗式》之中。关于意境的两大要素情与景之间的关系，皎然提出"诗情缘境发"命题，强调诗"情"因"境"而起，并通过创设、描绘"境"来表达。他又说"缘境不尽曰情"，再次强调"情"与"境"不可分，并提出"情"要有不尽之余味。皎然所谓"境"，不是客观外境，而是主客相融相摄而形成的能够表达特定思想感情的生活环境或精神状态。如《诗式》说："静，非如松风不动，林狖

①黄浚：《花随人圣庵摭忆》，上海书店出版社1998年版，第364页。
②关于皎然的宗派归属问题，可参见张勇《贝叶与杨花：中国禅学的诗性精神》（中华书局2006年版）第四章第三节。
③皎然《昼上人集》卷9《苏州支硎山报恩寺法华院故大和尚碑》，《四部丛刊初编》本。

未鸣,乃谓意中之静;远,非如渺渺望水,杳杳看山,乃谓意中之远。"①"意中之静"与"意中之远",清楚地把意境与常境区别开来,同时说明了意境情景交融的特征。

受华严境界"重重无尽"思想的影响,皎然意境理论提出"文外之旨""采奇于象外"等著名命题。在《诗式》中,皎然说:"两重意以上,皆文外之旨。若遇高手如康乐公,览而察之,但见情性,不睹文字,盖诗道之极也。"②"两重意以上",指诗歌应当在语言文字之外包含更丰富、更深刻的意蕴,这些都属于"文外之旨",能使读者览而察之"但见性情,不睹文字",进而"采奇于象外"。这是诗的最高境界,也是重重无尽的华严境界。

意境是一个充满了人的宇宙意识和生命情调的诗意空间,是一个鸢飞鱼跃的空灵动荡的世界,情景互融互摄、意象虚实相生是其总体特征,而"四深"则是其具体表现。皎然《诗式》说:"气象氤氲,由深于体势;意度盘礴,由深于作用;用律不滞,由深于声对;用事不直,由深于义类。"③"气象氤氲""意度盘礴""用律不滞""用事不直",这些所体现出的都是华严"圆融无碍"的精神气质。

自幼学诗于皎然的中唐大诗人刘禹锡,也把华严"圆融无碍"思想运用于诗歌理论而提出"境生象外"命题。其《董氏武陵集纪》曰:"诗者其文章之蕴邪?义得而言丧,故微而难能。境生于象外,故精而寡和。千里之缪,不容秋毫。非有的然之姿,可使户晓。必俟知者,然后鼓行于时。"④"境生象外",指出意境"象外之象"的特点;"非有的然之姿",指出意境的多层次性。

唐以后,意境理论继续向前发展,在这漫长的发展过程中,"圆融无碍"的华严精神一直贯穿于其中。如明人王廷相说:"夫诗贵意象透莹,不

---

①张伯伟:《全唐五代诗格汇考》,凤凰出版社2002年版,第242页。
②张伯伟:《全唐五代诗格汇考》,凤凰出版社2002年版,第233页。
③张伯伟:《全唐五代诗格汇考》,凤凰出版社2002年版,第224页。
④刘禹锡著,瞿蜕园校点:《刘禹锡全集》,上海古籍出版社1999年版,第135页。

喜事实黏着。古谓水中之月，镜中之影，可以目睹，难以实求是也。"①王氏以"水中之月"比喻诗歌意象的圆融性，此喻来源于《华严经》："譬如净满月，普现一切水。影像虽无量，本月未曾二。"②此喻被永嘉玄觉《证道歌》提炼为精美的诗句："一性圆通一切性，一法遍含一切法。一月普现一切水，一切水月一月摄。"这成为华严"理事圆融"要旨的经典表述。

王廷相以华严喻诗，绝不仅限于借用其名相，更重要的是融入其精神。他论作诗之"四务"曰："何谓四务？运意、定格、结篇、练句也。意者，诗之神气，贵圆融而忌暗滞。格者，诗之志向，贵高古而忌芜乱。篇者，诗之体质，贵贯通而忌支离。句者，诗之肢骸，贵委曲而忌直率。"③"运意""定格""结篇""练句"，这是创设意境最为重要的四个方面，要做到"贵圆融而忌暗滞""贵高古而忌芜乱""贵贯通而忌支离""贵委曲而忌直率"，这"四贵""四忌"归根结底就是两个字"圆融"。

(二)华严境与"韵味"

以"韵味"论诗始于晚唐诗论家司空图。他所谓"韵味"具有以下特点：一是"思与境偕"④；二是"象外之象，景外之景"。前者强调创作主客体间的相互融摄，后者强调诗歌意象的重重无尽。关于后者，他又说："戴容州云：'诗家之景，如蓝田日暖，良玉生烟，可望而不可置于眉睫之前。'象外之象、景外之景，岂容易可谭哉！"⑤蓝田之玉，晶莹剔透，在日光的照耀下似乎泛出淡淡的轻烟，若有若无，可望而不可即。这与诗境的有无相生、虚实相融，即"象外之象""景外之景"正相似。这种具有"韵外之致""味外之旨"的诗，超越某种具体的诗味，而给人以咀嚼不尽的醇美享受。这就是"韵味"。

---

①王廷相《与郭价夫学士论诗书》，见贺复徵编《文章辨体汇选》卷236，《文津阁四库全书》第469册，第442页。

②佛驮跋陀罗译《华严经》卷14，《大正藏》第9册，第486页下。

③王廷相《与郭价夫学士论诗书》，《文津阁四库全书》第469册，第442页。

④司空图《与李生论诗书》。

⑤司空图《与极浦书》。

与司空图一样，北宋诗论家范温也以华严境界论"韵"。范温的诗论著作《潜溪诗眼》宋以后散佚，今传《说郛》本仅三则，郭绍虞先生《宋诗话辑佚》辑得29则。范温深通佛教，提倡以"以佛喻诗"。他说："学者要先以识为主，如禅家所谓正法眼者。直须具此眼目，方可入道。"他这里所说的"禅"，并不特指禅宗，而是佛教的代名词。范温论"韵"体现出浓郁的华严智慧。

且以文章言之，有巧丽、有雄丽、有奇、有巧、有典、有富、有深、有稳、有清、有古。有此一者，则可以立于世而成名矣；然而一不备焉，不足以为韵，众善皆备而露才用长，亦不足以为韵。必也备众善而自韬晦，行于简易闲淡之中，而有深远无穷之味，观于世俗，若出寻常。至于识者遇之，则暗然心服，油然神会。测之而益深，究之而益来，其是之谓矣。①

范温所谓"韵"具有两个特点：一是"备众善"。他列举了"巧丽""雄丽"等十种品质，认为只有这十种品质全部具备才能称为"韵"，缺一不可。二是"自韬晦"，即不"露才用长"，而在"简易闲淡"之中给人以"深远无穷之味"。"韵"，其实就是一种整体圆融之美。范温把"韵"看作是诗歌的"极致"，以及论诗的最高标准。

(三)华严境与"活法"

"活法"概念是由北宋诗论家吕本中提出的。吕氏很喜欢《华严经》，也爱以"华严境"说诗。刘克庄《江西诗派序》载："紫薇公（吕本中）尤推重信民。其诗云：'富贵空中华，文章木上瘿。要知真实地，惟有华严境。'盖吕氏家世本喜谈禅，而紫薇与信民皆尚禅学。"②由吕本中以"华严境"推崇汪信民可以看出华严思想对他的影响。

吕本中把华严圆融精神运用于诗论而提出"活法"概念。他说：

①范温《潜溪诗眼》，郭绍虞《宋诗话辑佚》，中华书局1980年版，第316页。
②刘克庄《后村先生大全集》卷95，《四部丛刊初编》本。

所谓活法者，规矩备具，而能出于规矩之外，变化不测，而亦不背于规矩也。是道也，盖有定法而无定法，无定法而有定法。知是者则可以与活法矣。谢元晖有言："好诗（流）转圆美如弹丸"，此真活法也。①

"活法"就是"规矩备具而能出于规矩之外"，表现为一种"流转圆美如弹丸"般的圆融之美。

在吕本中诗论中，"活法"与"圆成"是一对同等内涵的概念。他在《别后寄舍弟三十韵》中说："笔头传活法，胸次即圆成。"②"活"与"圆"所表达的都是圆融无碍的精神。这一思想来源于华严宗。如法藏论"圆音"说："镕融无碍名作圆音。若彼一音不即一切，但是一音非是梵音。以彼一音即多音故，融通无碍名一梵音。"③"圆音"为圆融无碍的美妙之音，它超越具体声音的大小、虚实、真假之别，而具足"一即一切，一切即一"的华严精神。吕本中关于"活法""圆成"的理论是与此完全一致的。

[原载《中国诗学研究》第12辑，安徽师范大学出版社2016年版]

---

①刘克庄《后村先生大全集》卷95引吕本中《夏均父集序》。
②吕本中《东莱先生诗集》卷6，《四部丛刊续编》本。
③法藏《华严经明法品内立三宝章》卷下，《大正藏》第45卷，第621页上。

禅宗自然观的美学意蕴

中国禅宗尤其是后期禅宗，以最激烈的手段破除偶像崇拜，在寻求解脱的道路上，以走向"自然"取代了以往青灯古佛边的枯守。它把众生的本性归结为"自然"，否定人的外在性、从属性，肯定人的内在性、主体性，从而高扬人的个性，启发人对自然、自由的向往与追求。在修行论上，中国禅宗从"自性本来具足"出发，彻底否定坐禅、读经、持诚等传统修行方式，主张在日常生活之中"不修而修"，从而使禅在日常生活的自然运作之中表现得更加活泼而自然，质朴而空灵，并最终踏上审美的阶梯。

一、禅宗自然观的理论内涵

中国禅宗把其最核心的理论范畴"性"等同于"自然"，它反对一切外在雕饰、权威与束缚，高扬人性的自然与自由。在禅者眼中，山水皆真如，触目皆菩提，因此他们提倡在对自然的直觉观照中来契悟宇宙实相，提倡人与自然打成一片，从而追求一种自然适意的生命情调。具体而言，禅宗"自然观"的理论内涵，主要表现在以下三个方面。

(一)性即自然

作为中国禅宗的核心范畴，"性"为本性、本质之意，指本来具足，不受外界影响而改变的体性。慧能认为，"自性"或"心性"不但是宇宙的本体、万物的本源，而且是众生成佛的内在根据。"自性迷，佛即众生；自性悟，众生即是佛"，①众生与佛的根本区别就在刹那之间"自性"的迷与悟。由此可见，慧能所讲的"自性"已经完全具有了"自然"的属性。

慧能的高足神会在乃师思想的基础之上直接以"自然"来诠释"本性""佛性"。他说："僧家自然者，众生本性也"；又说："佛性与无明俱自然。何以故？一切万法皆依佛性力故，所以一切法皆属自然。"②他不但认为众生的本性、佛性是"自然"，而且把"一切法"，甚至"无明"，也归于"自然"，"自然"即自然本有，自然如此。

《五灯会元》卷四载：

> 雪峰因入山采得一枝木，其形似蛇，于背上题曰："本自天然，不假雕琢。"寄与师。师曰："本色住山人，且无刀斧痕。"③

这里，"天然"即"自然"，就树木而言，指不假雕琢，无刀斧痕的本然状态；就人而言，指不受任何意念、欲望影响的自然具足的本色心态。

禅宗"性即自然"思想，高扬人性的自然与自由，反对一切外在权威、雕饰与束缚，这是在更高层次上向心性自然的回归，也是中国禅宗解脱论的最重要特点。

（二）自然悟道

中国禅宗的自然观，在解脱论上表现为"性即自然"主张，而在修行观上则表现为对"自然悟道"修行方式的提倡。

"自然悟道"是佛教固有的术语，原指释迦牟尼佛依本觉而不依他

---

①郭朋：《坛经校释》，中华书局1983年版，第66页。
②杨曾文编校：《神会和尚禅话录》，中华书局1996年版，第91、118页。
③普济著，苏渊雷点校：《五灯会元》（上），中华书局1984年版，第192页。

教，自然开悟，自行悟道。《妙法莲华经玄义》卷四云："若出无佛世，自然悟道，此即独觉。"①僧肇在《注维摩诘经》卷九中也说："佛于下成道，树名菩提。……众生遇者，自然悟道，此土以树为化之本也。"②

唐代，禅宗与那些重讲说经典义解的所谓"讲宗"在修行方式上产生了严重分歧。"讲宗"主张借他教而成佛，禅宗则提倡不借他教的"自然悟道"。禅宗倡导不立文字、见性成佛，往往对"讲宗"诵经、念佛等修行实践持否定态度。慧能说："心平何劳持戒，行直何用修禅。"这里，"心平""行直"，都是主张身心的自然。

慧能"自然悟道"的修行观对后世禅宗产生了重大影响。马祖道一提出"平常心是道"命题，认为"行住坐卧，应机接物，尽是道"，③主张在修行实践中"任心"与"顺乎自然"，从而表现出禅宗任性逍遥、随缘放旷的自由精神。

中国禅宗修行实践的自然化，是对佛教传统修行方式的一次根本变革，它把人从念经、坐禅等繁琐复杂的仪式之中解放出来，将修行与日常生活融为一体，呈现出一种自然态势，体现出一种自由精神。这种修行观充满了自然的情趣与诗意的光辉。

（三）自然自足

在境界论上，禅宗自然观表现为一种圆满自足的精神状态。德韶禅师说：

佛法现成，一切具足。古人道："圆同太虚，无欠无余。"……大道廓然，诇齐今古，无名无相，是法是修。良由法界无边，心亦无际；无事不彰，无言不显；如是会得，唤作般若。现前理极同真际，一切山河大地、

---

① 《妙法莲华经玄义》卷四下，《大正藏》第33册，第726页中。
② 僧肇：《注维摩诘经》卷九，《大正藏》第38册，第404页上。
③ 《景德传灯录》卷二十八，《大正藏》第51册，第440页上。

森罗万象、墙壁瓦砾，并无丝毫可得亏缺。①

世界上的一切事物都是般若智慧的显发，都是圆满自足、自在自然的，而人的本心具足佛性，因此，参禅悟道就是在这自自然然之中悟入自己心灵深处的秘密。

"自然自足"在理论内涵上表现为两点：一是绝对待，二是超时空。

在禅的世界里，诸法非生非灭、非常非断、非垢非净、湛然圆满，青山自青山，白云自白云，一切都是自自然然没有分别没有对待的。禅宗常用"镜花水月"来比喻这种绝对待、泯能所之境。丹霞子淳云："宝月流辉，澄潭布影。水无蘸月之意，月无分照之心。水月两忘，方可称断。"②

禅宗认为，人的本心、佛性是不受时空限制的。布袋和尚诗曰："我有一布袋，虚空无罣碍。展开遍十方，入时观自在。"这里，"布袋"是本心、佛性的象征，其特点是"虚空"，即广大无边，恒常不变，容受万法，超越时空。黄檗希运在《传法心要》中说："前际无去，今际无住，后际无来，安然端坐，任运不拘，方名解脱。"③本心佛性既能超越一切时空拘限，保持自身的绝对不变，又能随缘任运，自由自在。

二、禅宗自然观的审美特质

禅宗作为一种宗教，其"自然观"所关注的核心问题是"心"的觉悟而不是自然之美，从这层意义来说，是无所谓"美学"而言的。但它对"心"觉悟的追求，不是靠枯坐冥想，而是回到自然世界，在大自然的生香活意之中证得如如不动的真如佛性。在禅者看来，"佛性"与"自然"具有同等意义，禅悟境界是"自然"，修行实践也应在"自然"状态下完成。等等这些，便形成了中国禅宗自然观所独具的审美特质。

---

① 《景德传灯录》卷二十五，《大正藏》第51册，第409页上、下。
② 普济著，苏渊雷点校：《五灯会元》（下），中华书局1984年版，第890页。
③ 《大正藏》第48册，第384页上。

（一）自然物色的直觉观照

中国禅宗认为，世间万法都是因缘合和而成，都是虚幻不实的，在这生生灭灭、变化万端的"物色"背后，却有一个永恒空寂的"本性"。参禅悟道者，一方面不能执虚为实，执幻为真，把眼前之"物色"当作真实，否则会犯"滞有"之病；另一方面，也不能执着于"本性"之空，离色而求空，否则会犯"沉空"之病。因此，禅宗在否定"物色"之真以后，又回到声色世界中来，在婆娑的自然"物色"之中体悟永恒的宇宙实相，外不著相，内不著空，于相而离相，于空而离空。

禅者眼中，春去春来，花开花谢，大自然中的一切都是自自然然，无一不是禅，无处不是禅。见道之人在这种对自然的直觉观照中，契悟宇宙实相，回归无染的生命源头，念无所念，住无所住，百花丛中过，片叶不沾身。这样，禅宗就将抽象的哲思还给了具象的审美，人与自然的关系也就成了简洁明快的纯感性关系。

禅者认为，自然美是主体佛性的感性显现，因此他们常常借助自然景物来喻道说法。如"气韵寥寥兮风清山癯，性灵湛湛兮月落潭深。太虚之心，万象之身，濯濯水中月，英英华上春。"①在禅者眼中，山水皆真如，触目皆菩提，山河大地、蓝天白云无一不是自性之体现。参禅悟道就是在这种对自然的直觉观照之中米契悟宇宙实相。禅宗主张人与自然打成一片，人之本性与自然之法性合为一体，追求一种自然适意的生命情调。在这一层面上，禅宗与审美已经款款相合了。

（二）空灵澄澈的审美形态

在禅的世界中，自然的真实性被主体之"心"消解后，其虚幻形象又被"心"重新组合起来，在此基础上，自然山水重新回到感性形态，成为主体本心、佛性的显现，主体在对当体即空之自然美的直觉观照中，顿悟

---

① 《宏智禅师广录》卷七，《大正藏》第48册，第80页中。

自我佛性。此时，心物之间的界限彻底消除，主体敞开自我生命，在自我的光明体验中浩然与天地同流。

张节末说：

禅宗看自然，一方面巧妙地保留了它的所有细节，依然是庄子、孔子和玄学家们眼中的那一个自然，另一方面，它却把同一个自然空化和心化了。由此，审美直观发生了质变，或者说，自然被赋予了新的意味，这种变化是潜移默化的，又是巨大的，它所贡献予中国人的，是一种极其细巧精致、空灵活泼和微妙无穷的精神享受。它重新塑造了中国人的审美经验，使之变得极度心灵化，相对于庄子的逍遥传统，它也许可以称为新感性。①

禅宗以"自然"眼光看世界，要求消除自然万物一切量上的分别，让主体心灵从特定的时空束缚之中解脱出来，于一花见一世界，于一叶见一天国，于刹那之间而见永恒。由此，中国禅宗空灵澄澈的审美形态正式形成。

宗白华说："然而它（按：指文艺境界）又需要超凡入圣，独立于万象之表，凭它独创的形相，范铸一个世界，冰清玉洁，脱尽尘滓，这又是何等的空灵？"②他指出了中国艺术独立自足、自然、自由、超旷空灵之特性，这种特性的形成是与中国禅宗自然观的影响分不开的，抑或说就是禅宗自然观的表征。

(三)"反常合道"的奇趣之美

在禅悟世界中，客观自然的时空规定性已被彻底打破，眼前的自然是经过禅心浸润而又重新组合的，是参禅者本心的外化，是主客无分的整全，这种"自然"往往是与世俗世界的逻辑相悖的。如大慧宗杲《送超僧

①张节末：《禅宗美学》，浙江人民出版社1999年版，第4页。
②宗白华：《美学散步》，上海人民出版社1981年版，第25页。

鉴》诗云："桶底脱时大地阔，命根断处碧潭清。好像一点红炉雪，散作人间照夜灯。"①"红炉"与"雪"，这一对世俗世界绝不相容的东西在禅的世界中被组合到了一起，形成了一个不可思议的直觉意象。

"红炉点雪"成为后期禅林非常喜爱的意象，禅者常用它来表示摆脱现实时空束缚的禅悟境界。如慧勤说："去年今日时，红炉片雪飞。"②绍悟说："有时放下，似红炉点雪，虚含万象。"③廓庵师远《十牛图颂》之八《人牛俱忘》云："鞭索人牛尽属空，碧天寥阔信难通。红炉焰上争容雪，到此方能合祖宗。"④禅宗中，类似的意象还有很多，如"三冬华木秀，九夏雪霜飞"，"黄河无滴水，华岳总平沉"，"石上栽花，空中挂剑"，等等。王维著名的"雪中芭蕉"图也是这种思维方式的产物。

以上这些奇特的意象，都是与人们的日常生活经验相违背的，它们既是对客观自然时空规定性的消解，也是对心相自然时空秩序的重新组合。这是一个凡圣共泯生佛俱空的自性世界，是一个新的时空圆融境界。这些奇特意象，虽违背世俗常规，却合乎禅理，在启发人迥脱根尘、灵光孤露的同时又带给人以无尽的审美享受。

（四）自由闲适的生命情调

禅宗追求一种随缘任运、自然适意、宁静淡远而又生机勃勃的自由世界，这是禅者孜孜以求的人生境界，也是他们热情讴歌的审美境界。

禅宗认为，禅可以在日常的着衣吃饭中证得，但日常的着衣吃饭并不等于禅，禅只存在于放下名利计较后最朴素、最自然的生活之中，这是在否定日常生活的基础之上向日常生活的回归。

人来到这个世界上，总是被各种各样的"闲事"缠绕着，春来伤春，秋来悲秋，居闲厌寂寞，从仕愁羁束，因而体会不到自然的生机，感受不

①《大慧普觉禅师偈颂》卷十一，《大正藏》第47册，第857页上。
②普济著，苏渊雷点校：《五灯会元》（下），中华书局1984年版，第1259页。
③普济著，苏渊雷点校：《五灯会元》（下），中华书局1984年版，第1326页。
④《大藏新纂卍续藏经》第64册，第774页下。

到人生的乐趣。而一旦尘缘息歇，回归本心，就会发现四季都是好时季，无门慧开所谓"春有百花秋有月，夏有凉风冬有雪；若无闲事挂心头，便是人间好时节"，圆悟克勤所谓"了取平常心是道，饥来吃饭困来眠"。[①]夕阳流水人间事，处处是道处处禅！

很多禅门高僧悟道之后，整日流连于自然山水之间，创作了大量歌咏自然与自由的诗篇。唐代船子和尚，节操高邈，度量不群，自谓"率性疏野，唯好山水"，隐居华亭吴江畔，泛小舟随缘接化往来之人，过着"一船明月一船诗"式的生活，留下的三十九首《拨棹歌》，是其生活情趣的真实写照。如："千尺丝纶直下垂，一波才动万波随。夜静水寒鱼不食，满船空载月明归"；"乾坤为舸月为蓬，一屏云山一醉风。身放荡，性灵空，何妨南北与西东。"

禅宗以"自然"作为悟道的最高境界，这一方面表现为禅者所追求的浑然天成、自然适意的生活情趣，另一方面表现为对人之生命的达观情怀及对生命自由的永恒企慕与追求。

三、禅宗自然观的美学价值

禅宗自然观以其独具的审美特质对中国古代美学产生了重大影响，具有极高的美学价值。

禅宗自然观促进了中国美学空灵淡远风格的正式形成。在庄玄哲学影响下，中国传统美学肯定外在山水自然的美，主张在纯粹的个人经验中亲证自然，在自然审美中完成对个体生命自由的体认，孙绰所谓"浑万象以冥观，兀同体于自然"。与庄玄哲学不同，禅宗否定外在自然的真实性，认为"万法唯心"，自然山水当然也是心的幻化，这样，庄玄哲学中的心物关系就转化为禅宗哲学中的心色关系，自然也不再是庄玄世界中那些可以观、可以赏的真实存在，而是禅者用来亲证自身佛性的虚幻影像。外在

---

① 《圆悟佛果禅师语录》卷六，《大正藏》第47册，第741页上。

自然的心像化与虚灵化促进了中国美学空灵淡远风格的正式形成。

唐代以后，中国山水画标榜"自然"，讲究"空灵"，爱以疏笔淡墨勾勒自然界的山水树木，给人以空旷、辽远、缥缈的感觉，从而获得镜花水月般的美感体验。深受禅宗影响的著名诗人、画家王维在《山水诀》中说："夫画道之中，水墨最为上。肇自然之性，成造化之功。或咫尺之图，写百千里之景。东西南北，宛尔目前；春夏秋冬，生于笔下。"①他指出了山水画的"自然"之性与空灵之美。

受禅宗"反常合道"自然观的影响，中国山水画反对对外在自然的机械摹仿，提倡对画家"内在自然"的自由抒写。伍蠡甫说："画中丘壑，都经过'内营'，决非复制自然。"②这里所谓"内营"，是指打破物理时空的限制，而追求一种心灵时空的满足。中国山水画往往通过改变山石树木的外形，让人在审美过程中充分感受自然的奇趣。

禅宗自然观对唐代以后中国诗歌美学也产生了重要影响。中唐诗僧皎然的"取境"理论就是在禅宗自然观的影响之下而形成的。皎然眼中的自然景物，已经不是真实存在的外在"自然"，而是其心灵化的内在"自然"。如他在《诗式》中释"远"曰："非如渺渺望水，杳杳看山，乃谓意中之远。"这里，"远"已经超越了时空上的自然距离属性，而归于心灵之远、境界之远。受此自然观的影响，皎然放弃了传统诗学的"取象说"而提倡"取境说"，把诗歌的表现对象由经验世界拉向内心世界，从而促进了中唐以后人们对"象外"的不懈追求。皎然《诗式》提出"采奇于象外"，尔后，刘禹锡又提出"境生于象外"（《董氏武陵集记》），司空图提出"象外之象"（《与极浦书》），这些命题都是在提倡"象"与"象外"的统一，有限与无限的妙合。这些诗学主张不但促进了中唐以后诗歌

---

① 俞剑华编著：《中国古代画论类编》，人民美术出版社2007年版，第592页。
② 伍蠡甫：《中国画论研究》，北京大学出版社1983年版，第65页。

创作空灵淡远风格的正式形成，而且促进了意境理论的发展与成熟。①

中国禅宗自然观之无分别、绝对待、自在圆成、当下即是的特性，契合了审美兴会的心理机制。中国古代艺术论常以"观于目，会于心"来描绘审美观照。"观于目"是对物的感性观照；"会于心"则是物我碰撞而产生的审美兴会，它是自我生命与客体生命的契合。主体掣开外在的遮蔽，驱散内在的迷雾，掘出万象深层的底蕴，而走向自心的彻悟。这，正是禅宗美学的真谛！受此禅宗自然观的影响，中国艺术创作与理论普遍重视"兴会"，强调心物交融的偶然性与随机性。如《文镜秘府论》云："自古文章，起于无作，兴于自然，感激而成，都无饰练，发言以当，应物便是。"②《二十四诗品·自然》云："俯拾即是，不取诸邻。俱道适往，著手成春。"③艺术创造是一个感而遂通、无心凑泊的过程，恰如风行水上，自然成文。

中唐以后，以禅喻诗，以禅论诗，成为诗学发展的一大特色。如龚相《学诗诗》："学诗浑似学参禅，悟了方知岁是年。点铁成金犹是妄，高山流水自依然。"都穆《学诗诗》："学诗浑似学参禅，不悟真乘枉百年。切莫呕心并剔肺，须知妙语出天然。"胡应麟《诗薮》："诗则一悟之后，万象冥会，呻吟咳唾，动触天真。"归根结底，诗与禅的契合点就是"自然"两字，这是中唐以后诗论者的共识。

[《古代文学理论研究》第35辑，华东师范大学出版社2013年版]

---

①关于禅宗对意境理论的影响，可参看叶朗《再说意境》一文。他说："禅宗主张在日常生活中，在活泼泼的生命中，在大自然的一草一木中，去体验那无限的、永恒的、空寂的宇宙本体。这种思想进一步推进了中国艺术家的形而上追求，表现在美学理论上，就结晶出'意境'这个范畴，形成了意境的理论。"（《文艺研究》1999年第3期）

②遍照金刚撰，卢盛江校考：《文镜秘府论汇校汇考》（三），中华书局2006年版，第1282页。

③何文焕辑：《历代诗话》（上），中华书局1981年版，第40页。

诗情与道性

中国僧侣的诗歌创作源自东晋，经南北朝时期至隋，共有僧侣诗人约有四五十位，存诗近百首，这些诗散见于《玉台新咏》《乐府诗集》《古诗类苑》等诗歌总集之中。唐代以降，随着佛教中国化进程的完成，尤其是禅宗的流行，僧侣的诗歌创作进入全面繁荣时期，中唐甚至出现了专门从事诗歌创作的"诗僧"阶层。据高华平统计："佛教僧侣诗人共365人，诗4598首，占唐代诗人总数的约10%、唐诗总数的约28%。"[1]诗僧群体旺盛的创作力由此可见一斑。尽管这些作品良莠不齐，整体水平还不能与文人诗相比，但作为中国古代文学的一个重要组成部分，也是不容忽视的。近年来相关的研究论文、论著不断出现，表明人们对其价值的逐渐认可。

与一般世俗诗人不同的是，诗僧们身兼诗人与僧人双重身份。作为诗人，他们不能回避诗歌的本质要素——情，而作为僧人，他们的创作又要引人见"性"，但"情"与"性"对佛教修行者来说势如水火，因此，如何把这一半海水，一半火焰恰到好处地糅合到一起，是件十分头疼的事。本文意欲从诗情与道性之间的张力这一角度对僧侣的诗歌创作进行分析。

---

①高华平：《凡俗与神圣》，岳麓书社2008年版，第236页。

一

在分析诗情与道性之间的关系，及其张力下的僧诗创作之前，有必要先简要分析一下"性"在佛教尤其是禅宗中的本体地位，及其与"情"之间的关系。

在禅宗中，"性"指一切事物本来具足，真实不变的体性，与"相"对举。"性"属于"体"的层面，在有情众生方面又称为"自性""佛性"等。在中国禅宗看来，"性"或"自性"，能含容万法，是万法的本体，慧能所谓"性含万法是大，万法尽是自性"。①

作为本体，"自性"是清净、空寂的。"清净"是相对污染、烦恼而言的，禅宗所反复强调的"自性本净""自性常清净"，即是指众生本来具有清净、无污染、无烦恼的本性。所谓"空寂"，是指众生本性的无生无灭、无形无相、无去无来，超越时空的特性。慧能说："本源空寂，离却邪见。"②"本源"即自性，它是空寂无相的，如果执之为实有，就是"邪见"。"自性"的以上两个特点各有侧重，"清净"强调"自性"的无污染、无烦恼，"空寂"强调"自性"的虚空无相；两者又是相融相通的，"清净"本身也是虚空无相的，如果以"净"为相，把"净"当成一种对象来追求，就是被"净"所系缚，慧能所谓"净缚"。③

在禅宗看来，"自性"或"心性"不但是宇宙的本体、万物的本源，而且是众生成佛的内在根据。禅宗认为，佛就在人的自性之中，是人之自性本来具有的，"自性迷，佛即众生；自性悟，众生即是佛"④，众生与佛的区别就在刹那之间"自性"的迷与悟。

关"性"与"情"的关系，宋代云门宗禅僧契嵩曾有过很好的概括。

---

① 郭朋：《坛经校释》，中华书局1983年版，第50页。
② 郭朋：《坛经校释》，中华书局1983年版，第81页。
③ 郭朋：《坛经校释》，中华书局1983年版，第36页。
④ 郭朋：《坛经校释》，中华书局1983年版，第66页。

他在《镡津文集》卷二中说:"情出乎性,性隐乎情,性隐则至实之道息矣,是故圣人以性为教而教人。天下之动,生于情;万物之惑,正于性。情、性之善恶,天下可不审乎?"①这段话包含三层意思:

第一,情出乎性。佛教认为,情欲是人之"六根"(即眼耳鼻舌身意)攀缘"六境"(即色声香味触法)而生起的带有冲动性的心理反应。关于"情",佛教有"七情"说,即喜怒哀乐爱恶欲七种情感,这与《礼记》"喜怒哀惧爱恶欲"之说大体相当。关于"欲",佛教有"四欲""五欲""六欲"等说法,其中"五欲"是指财、色、名、食、睡,即金钱欲、性欲、名誉欲、饮食欲和睡眠欲。禅宗认为,情欲并不是来自佛性之外,而是佛性自身之"作用"的表现。

第二,性隐乎情。禅宗认为,人之本净的心体(即佛性)常被其作用(即情欲、妄念等)所染污、覆盖而不能显现,佛教修持的目的就在于扫除情尘欲垢,从而见性成佛。慧能说:"自性常清净,日月常明,只为云覆盖,上明下暗,不能了见日月星辰。忽遇惠风吹散,卷尽云雾,万象森罗,一时皆现。"②情如乌云,遮盖住"自性"之光,云开雾散,"自性"重显。

第三,性善情恶。与传统儒家伦理、道德意义上的"性善论"不同,契嵩所谓的"性善"是指人之本心、佛性的空寂、清净、无染污,这是佛教心性论的普遍说法。方立天说:"佛教论性净是指无烦恼,无痛苦,是指空寂性,与儒家以先天道德意识为性善有所不同。但是佛教的性净论、佛性论与儒家的性善论在对人性的价值判断上又有共似性,都突出了人性的正面价值,肯定人性本具的完美性。"③与"性善"相对,禅宗认为人之情是恶的,因为它能遮蔽本净之性,要恢复佛性之本明,就要彻底去除情欲。

综上所述,在中国禅宗看来,"性"或"自性"是万法的本体,也是

①契嵩:《镡津文集》卷2《辅教编》中《广原教》,《大正藏》第52册,第655页中。
②郭朋:《坛经校释》,中华书局1983年版,第39页。
③方立天:《中国哲学要义》(上卷),中国人民大学出版社2002年版,第536页。

众生内在生命的主体，是众生成佛的内在根据。情是"自性"之作用，但又能反过来遮蔽"自性"之光明，禅宗修行实践的终极旨趣在于引导众生去除情尘欲诟，见自本心、达自本性，即"见性成佛"。禅宗的"性"本体论及情性关系论，直接影响了人们对诗情与道性关系的看法，也把诗僧的创作置于诗情与道性的矛盾之中。

二

关于诗歌的本体，中国诗学有"情""志""情志""情性"诸说，归根结底属"情"本体论。从现存资料来看，《礼记·乐记》是最早把"情"用于艺术理论中者，其曰"情动于中，故形于声"，以"情"解释音乐的起源。汉代，乐府民歌发达，人们多以"情"解释其起源，如刘歆："诗以言情"（《七略》）；班固："感于哀乐，缘事而发"（《汉书·艺文志》）。至魏晋，"诗缘情"作为一个理论命题被陆机正式提了出来。"诗言志"，作为一个诗学命题，产生、成熟得更早，但从严格意义上来说，"诗言志"是中国诗学"情"本论的另一侧面。"诗言志"与"诗缘情"，虽然一个强调社会责任的践履，一个强调个体性灵的抒发，但这并不意味着两者之间的对立。"志"虽然更注重儒家的政治理想、伦理道德，但这种理想与道德是建立在"情"基础之上的，因为整个儒家思想体系就是建立在血缘关系基础之上的，而血缘关系在本质上则表现为浓浓的情感。正因为如此，中国诗学经常把"情"与"志"并举。《文选》中，李善注释陆机《文赋》"诗缘情而绮靡"说："诗以言志，故曰缘情。"把"言志"与"缘情"统一起来。陆机本人也情志并提，他在《文赋》中说："伫中区以玄览，颐情志于典坟。"唐代，白居易把情比喻为诗之"根"，明确指出"情"在诗歌中的本体地位，而他所谓的"情"既包括个体的"闲适"之情，也包括"补察时政，泄导人情"之志。王文生说："'诗言志'的

'志'是以情为主的精神活动。"①这种说法是符合中国诗学之实情的。

明人陈宏绪在《与雪崖》中说:"诗以道性情,而禅则以期于见性而忘情。"②诗情与道性之间的矛盾,使僧诗的合法性问题成为人们讨论的热点。

早在印度佛教中,诗歌与佛法之间的关系就已经成为人们的讨论话题。以"出离心"即自我解脱为出发点的小乘佛教,一般对诗歌存有戒心,认为诗歌令人心生攀缘,易造下妄语、绮语之业;而以"菩提心"为出发点的大乘佛教,其理论核心是以真俗不二、染净不二为主要内容的"方便善巧",不但不反对诗歌、文艺,而且认为诗歌、文艺可以作为弘法之资粮。

唐代,诗歌创作与佛教传播同时达到高峰,兼具诗人与僧人双重身份的诗僧,表现出前所未有的创作热情。与此同时,诗情与道性之间的关系也成为教内外讨论的热点。唐代驰名律苑的高僧道世,把"破出家心"的因素分为口掉、身掉与心掉三大类。掉,即佛教术语"掉举"之简称,指浮动不安的心理状态。道世认为,"好喜吟咏"属口掉,"思惟文艺"属心掉,两者都会使人"心情放荡","纵意攀缘",不能专心于道业。③当时的文人在与诗僧的交往中,也热衷谈论诗情与道性的话题。如白居易《问远师》:"荤膻停夜食,吟咏散秋怀。笑问东林老,诗应不破斋。"杨巨源问广宣上人:"问师登几地,空性奈诗何?"(《和权相公南园闲涉寄广宣上人》)从白、杨二人近似玩笑式的诗句中,可以看出此话题在当时已经十分流行。

诗僧们普遍认为诗歌具有弘法之功能。灵一经常"示人文艺,以诱世智",皎然也常"以诗句牵劝,令入佛智"。④他们还从理论上寻找诗情与道性的契合点。皎然在《秋日遥和卢使君游何山寺宿敏上人房论涅槃经

①王文生:《释"言"——"诗言志"诠之二:"言"是表现而不是模仿》,《文艺理论研究》2009年第5期。

②周亮工:《尺牍新钞二集》,上海杂志公司1936年版,第221页。

③释道世撰,周叔迦、苏晋仁校注:《法苑珠林校注》(五),中华书局2003年版,第2120页。

④赞宁:《宋高僧传》,中华书局1987年版,第359、728页。

义》中说："诗情缘境发，法性寄筌空。"这两句话交待了"境""情"与"性"之间的关系：外界"物色"引起主体情感的波动而产生创作欲望，主体通过艺术构思创设意象，但与一般意象不同，皎然所强调的是那些能引人体悟现象背后空空之"性"的意象，其诗中经常出现的"水月""溪云""虚舟"等意象都具有这种功能。诗能助禅，禅也能助诗。皎然说："康乐公早岁能文，性颖神彻。及通内典，心地更精。故所作诗，发皆造极，得非空王之道助邪？"①认为谢灵运诗之所以能取得如此高的艺术成就，是因为得到了佛教般若学的帮助。

与皎然不同，诗僧齐己则从体用角度来论证诗情与道性之间的关系。他在《勉诗僧》中说："道性宜如水，诗情合似冰。"大乘佛教般若学常用水与冰来比喻"真空"与"幻有"之间的体用关系。水为体，冰为用，两者不一不异，同样，万法因缘而生，故不真，不真即空，但空不是绝对的虚无，它要通过"幻有"来显现，"真空"为体，"幻有"为用。齐己也借用水冰之喻来说明诗情与道性之间的关系：道性为体、为"真空"，诗情为用、为"幻有"，诗情是道性的显现，道性寓于诗情之中。齐己诗中的"莲""苔"等意象，都意在启发人证悟现象背后的"道性"，难怪诗僧尚颜在《读齐己上人集》中说："诗为儒者禅。"

诗僧们虽然相信诗歌具有弘法之功能，也努力从理论上加以论证，但在实际创作中却很难把两者圆融起来，因此经常处于诗情与道性的矛盾之中。贞元初，皎然拜谒南宗祖师，了悟不立文字、见性成佛之顿悟法门，遂对诗情与道性关系产生了新看法，认为诗文"适足以扰我真性"，"非禅者之意"，不如"孤松片云，禅座相对，无言而道合，至静而性同"，于是决定屏息诗道，与松云为偶。②齐己也无可奈何地说："正堪凝思掩禅扃，又被诗魔恼竺卿。偶凭窗扉从落照，不眠风雪到残更。皎然未必迷前习，支遁宁非悟后生。传写会逢精鉴者，也应知是咏闲情。"（《爱吟》）落日、风雪等自然风光撩拨起诗僧敏感的情思，使其无法入定，明知诗情乃

①张伯伟：《全唐五代诗格汇考》，凤凰出版社2002年版，第229页。
②赞宁：《宋高僧传》，中华书局1987年版，第728页。

"禅外"之事,却无法阻挡"诗魔"的降临。诗僧的创作就是在这种诗情与道性的张力之下进行的,这直接影响了其作品题材的选择与艺术风格的形成。

三

周裕锴评价诗僧说:

和那些禅宗大师、士大夫们相比,诗僧兼有两方面的优点:一方面他们通晓佛理,在不同程度上有寂照了悟的体验,为一般士大夫所缺欠;另一方面多具深情,且有诗歌创作的经验,为心身皆空的地道出家人所少有。这种兼二者所长的特点,使他们比较自然地将宗教转化为审美,成为沟通诗与禅的重要中介。①

诗僧们兼备"佛理"与"深情",这是他们的优势,同时也是他们的劣势,因为如何把这一半海水,一半火焰恰到好处的糅合到一起,是件十分困难的事。

为了解决诗情与道性之间的矛盾,诗僧们对"情"作了技术处理,把它分为"世情"与"道情"两个层面。皎然在《送顾处士歌》中说:"禅子有情非世情。""世情",即世俗的喜怒哀乐之情;"非世情",指诗僧们常说的"道情",即合"道性"之情。因为"世情世界愁杀人"(贯休《将入匡山别芳昼二公二首》),所以诗僧们主张在诗歌创作中应尽力忘掉"世情"。皎然说:"倚石忘世情,援云得真意。"(《奉和颜使君真卿与陆处士羽登妙喜寺三癸亭》)贯休说:"轩窗领岚翠,师得世情忘。"(《题令宣和尚院》)栖白也说:"一度林前见远公,静闻真语世情空。"(《寄南山景禅师》)

---

① 周裕锴:《中国禅宗与诗歌》,上海人民出版社1992年版,第44页。

在忘掉"世情"的同时，诗僧们又主张在诗歌创作中表现"道情"：

道情何所寄，素舸漫流间。真性怜高鹤，无名羡野山。经寒丛竹秀，人静片云闲。泛泛谁为侣，唯应共月还。（皎然《西溪独泛》）

为依炉峰住，境胜增道情。凉日暑不变，空门风自清。（皎然《夏日与綦毋居士、昱上人纳凉》）

楚水和烟海浪通，又擎杯锡去山东。道情虽拟攀孤鹤，诗业那堪至远公。梦入深云香雨滴，吟搜残雪石林空。朱门再到知何日，一片征帆万里风。（贯休《别李常侍》）

暮角含风雨气曛，寂寥莓翠上衣巾。道情不向莺花薄，诗意自如天地春。梦入乱峰仍履雪，吟看芳草只思人。手中孤桂月中在，来听泉声莫厌频。（贯休《春末寄周璡》）

这里，"道情"与"真性"具有完全相同的内涵，"诗情"与"道性"是圆融无碍的。"道情"，在僧诗中又称为"高情""幽情""闲情""远情""野情""山情"等等，如"远情偶兹夕，道用增寥寥"（皎然《答郑方回》）；"真思凝瑶瑟，高情属云鹤"（皎然《奉酬于中丞使君郡斋卧病见示一首》）；"萝径封行迹，云门闭野情"（灵一《秋题刘逸人林泉》）。

在诗情与道性的张力下，诗僧们竭力忘掉"世情"而表现"道情"，这直接决定了僧诗题材的选取、物象的创设及意境的营构，彰显出其与一般文人诗不同的独特个性。

(一)涉佛题材

在强烈身份意识的支配下，诗僧们一般爱选择那些与佛教主题有关的题材入诗，概言之，主要有以下几种类型：

第一，山居咏怀诗。佛门山居、咏怀之作始自支遁，至唐代而大发异彩。寒山隐居浙江天台山30年，整日与青石、白云为伴，清幽的环境不但助长了其"道性"，也增添其"诗情"，创作了近百首山居咏怀之作。中唐以后，诗僧皎然、齐己、贯休等人创作了大量山居诗，这些作品有不少深邃幽静的景物描写，蕴含着浓厚的山林幽隐之趣。

第二，寄赠酬唱诗。中唐以后，禅宗一统丛林，其出世不离世间的大乘佛教精神与方便法门，使禅师与士子的交往更加频繁，彼此之间的酬唱、奉和之作也蔚为大观。皎然《杼山集》中有《奉酬于中丞使君郡斋卧病见示一首》《赠李中丞洪一首》《答苏州韦应物郎中》《答郑方回》等。僧侣的赠答、酬唱诗除表现在释子与文人之间外，更多地还表现在释子与释子之间。如：齐己的《酬微上人》、昙域的《赠岛云禅师》等。这些寄赠酬唱之诗大都为佛教内容。

第三，题寺院诗。这类题材的诗虽然唐代以前就已经出现，但真正兴盛于中唐以后。自六祖慧能正式创立禅宗三传至马祖道一，百余年间，禅侣或岩居穴处，或寄居律宗寺院，没有专属于自己的道场。贞元、元和间，禅宗日盛，马祖道一及其弟子百丈怀海开始另建寺院以安禅侣，至晚唐五代，南方禅院数量大增。众多禅院的建立，在方便禅侣修行与交流的同时，也为诗僧的创作提供了更多的灵感，于是题寺院诗兴盛起来。如灵一的《题僧院》，齐己的《题中上人院》，贯休的《题简禅师院》，等等。

以上三种题材占据了僧诗的绝大多数，其他还有怀古诗、送别诗等。由于历史的是非成败转头空正契合了佛教的无常主题，因此怀古题材也常出现于诗僧的创作之中。如栖一的《垓下怀古》："拔山力尽乌江水，今古悠悠空浪花"；《武昌怀古》："堪嗟世事如流水，空见芦花一钓船"。与世俗文人一样，唐代僧人也有作诗送别的习惯，所不同的是，诗僧们总是尽力淡化其中的情感要素。来看皎然的几首送僧诗：

昨日雪山记尔名，吾今坐石已三生。

少年道性易流动，莫遣秋风入别情。（《送胜云小师》）

楚山千里一僧行，念尔初缘道未成。

莫向舒姑泉口泊，此中呜咽为伤情。（《送僧游宣州》）

绵绵渺渺楚云繁，万里西归望国门。

禅子初心易凄断，秋风莫上少陵原。(《送僧之京师》)

对这几名道机未成熟的僧人，皎然千叮咛万嘱咐要他们努力消除世俗情感，远离易引起情绪波动的环境。在这种最易挑人情思的送别诗中，诗僧们也要把世俗情感过滤得干干净净。

(二)静态的、冷色调的物象

僧诗的终极旨趣在于引人"证性"，因此诗僧们特别喜欢择取枯木、寒岩等静态的、冷色调的物象入诗。皎然在《送王居士游越》中说："野性配云泉，诗情属风景。爱作烂熳游，闲寻东路永。何山最好望，须上萧然岭。"明确提倡融诗情于闲云、清泉、寒岩等物象之中。再看他的《南池杂咏五首》：

水月
夜夜池上观，禅身坐月边。

虚无色可取，皎洁意难传。

若向空心了，长如影正圆。

溪云
舒卷意何穷，萦流复带空。

有形不累物，无迹去随风。

莫怪长相逐，飘然与我同。

虚舟
虚舟动又静，忽似去逢时。

触物知无迕，为梁幸见遗。

因风到此岸，非有济川期。

寒山
侵空撩乱色，独爱我中峰。

无事负轻策，闲行蹑幽踪。

众山摇落尽，寒翠更重重。

寒竹

袅袅孤生竹，独立山中雪。

苍翠摇动风，婵娟带寒月。

狂花不相似，还共凌冬发。

这五首诗都贯穿着"色即是空，空即是色"的佛学思想。皎洁的水月、舒卷的溪云、漂泊的虚舟、苍翠的寒山、袅袅的孤竹，都启发人透过眼前"物色"而去领悟背后的那个"空"字。

(三)清冷的意境

在"情"的处理上，皎然提倡"情在言外"，追求"体格闲放"之"高逸"品格。[①]他赞献上人的诗曰"高逸诗情无别怨"(《送如献上人游长安》)，赞周昉的画曰"雅而逸，高且真"(《周长史昉画毗沙门天王歌》)等。"情在言外"加上"体格闲放"，便构成了僧诗清冷的意境特征。来看齐己的几首诗：

独怜苍翠文，长与寂寥存。鹤静窥秋片，僧闲踏冷痕。月明疏竹径，雨歇败莎根。别有深宫里，兼花锁断魂。(《秋苔》)

岚光叠香冥，晓翠湿窗明。欲起游方去，重来绕塔行。乱云开鸟道，群木发秋声。曾约诸徒弟，香灯尽此生。(《留题仰山大师塔院》)

夜久谁同坐，炉寒鼎亦澄。乱松飘雨雪，一室掩香灯。白发添新岁，清吟减旧朋。明朝待晴旭，池上看春冰。(《除夜》)

明人胡震亨评论唐五代僧诗，大都突出其清冷特征，如皎然诗"清机逸响"，尚颜诗"直以清寂境构成"，齐己诗"清润平淡，亦复高远冷

---

①张伯伟：《全唐五代诗格汇考》，凤凰出版社2002年版，第261、242页。

峭”，等等。①从以上几首诗，可以明显地看出这种风格。"清冷"是诗僧们的自觉追求。贯休说："清吟得冷句，远念失佳期"（《蓟北寒月作》）；"发岂无端白，诗须出世清"（《早秋夜坐》）；"诗琢冰成句，多将大道论"（《桐江闲居作》其五）；等等。

僧诗清冷的意境特征是由创作主体强烈的身份意识决定的。刘禹锡幼时曾受教于灵澈、皎然，因此对诗僧的创作特点非常清楚，他在《秋日过鸿举法师寺院便送归江陵序》中说："因定而得境，故翛然以清。"诗僧由于抛开了世俗情感，以宁静的心态观照自然，有意选取枯木、白云等无情之物来营构意象，从而形成其清冷的艺术特征。

结　语

为了缓解"诗情"与"道性"之间的矛盾，诗僧们的创作多选择与佛教有关的题材，在诗中努力创设静态的、冷色调的物象，营构清冷的意境，因此僧诗多具有高逸的品格，能带给人超尘脱俗的审美感受。但总体来说，受身份意识的影响与"道性"的约束，诗僧的创作题材比较狭窄，主题相对单一，僧诗也由于缺少生活热情，过于清苦，而招致后人的批评。清人贺贻孙在《诗筏》中说："僧诗清者每露清痕，慧者即有慧迹。诗以兴趣为主，兴到故能豪，趣到故能宕。释子兴趣索然，尺幅易窘，枯木寒岩，全无暖气，求所谓纵横不羁，潇潇自如者，百无一二，宜其不能与才子匹敌也。"②这种批评无疑是正确的，但若从另一角度来看，正是由于这种"全无暖气"的清冷品质才成就了僧诗不同于世俗文人诗的独特品格，从而为灿若繁锦的中国古代诗苑增添了另一种清幽之美，僧诗的价值正在于此。

［原载《安徽师范大学学报》（人文社会科学版）2010年第2期］

①胡震亨：《唐音癸签》，上海古籍出版社1981年版，第81—82页。
②郭绍虞编选：《清诗话续编》，上海古籍出版社1983年版，第192页。

论偈与诗的界限

中国僧侣诗偈创作肇始于东晋，盛行于中唐以后，这些作品大致可分为两类：一是偈，二是诗。这两类作品，一般都具有整齐的句式，都讲究对仗、韵律，从外在形式上较难把两者区别开来，所以偈是否是诗的问题自唐代以来备受争议，正如陈尚君先生在《全唐诗续拾·前言》中所说："诗与非诗的区别。此点看似简单，具体处理时则颇感困难。"①厘清偈与诗之间的界限，对僧诗的整理工作有较为重要的参考价值。

从唐至今，出现了多种僧诗选本，有的对偈与诗不做严格区分，把那些纯粹阐扬佛理的偈颂也编入其中，有的则把两者严格区分开来，把偈颂排除在诗歌大门之外。明人胡震亨编的《唐音统签》，大量收录唐代僧侣的诗与偈，而清人在此基础上编《全唐诗》的时候，则把其中的偈颂删除，只保留具有一定艺术性的诗歌，这反映出两者对偈与诗关系的不同理解。本文认为，应对偈与诗作严格的分疏②，那些以概念、禅语阐扬佛理的偈颂不宜归于诗的行列，至于那些意境高远，文辞优美的禅诗，虽然仍旨在引人悟道，有的甚至还冠以"偈"名，但已经完全脱却偈颂的本质，则应纳入诗的行列。

---

①陈尚君辑校：《全唐诗补编》（中），中华书局1992年版，第3页。

②刘尚荣在《苏轼〈琴诗〉不是诗》（《文史知识》2008年第8期）一文中表达了类似的观点。他说："我依然认为，东坡《琴诗》本不是诗，而是偈。并且建议新编的苏轼诗集，不必收《琴诗》，让它保留在文集尺牍中更妥当。"《琴诗》是不是诗，本文姑且不论，笔者同意刘先生严格区分偈与诗的观点，并进一步论证两者之间的分野。

一、偈与诗的缠夹

僧侣的诗歌创作与偈颂创作本属于两个不同的创作系统，但两者经常出现相互缠夹现象，具体表现为以偈为诗与以诗为偈。

所谓以偈为诗，是指有些僧侣的创作，虽名为"诗"而实为偈。《广弘明集》除了在卷15《佛德篇第三》收录支遁等人的"赞佛偈"外，还在卷30《统归篇第十》收录其"赞佛诗"。这些"赞佛诗"，虽名为"诗"，但与那些"赞佛偈"并无实质性区别。比较一下支遁的《四月八日赞佛诗》与《文殊师利赞》：

三春迭云谢，首夏含朱明。祥祥令日泰，朗朗玄夕清。菩萨彩灵和，眇然因化生。四王应期来，矫掌承玉形。飞天鼓弱罗，腾摇散芝英。缘澜频龙首，缥蕊翳流泠。芙蕖育神葩，倾柯献朝荣。芬津霈四境，甘露凝玉瓶。珍祥盈四八，玄黄曜紫庭。感降非情想，恬泊无所营。玄根泯灵府，神条秀形名。圆光朗东旦，金姿艳春精。含和总八音，吐纳流芳馨。迹随因溜浪，心与太虚冥。六度启穷俗，八解濯世缨。慧泽融无外，空同忘化情。（《四月八日赞佛诗》）

童贞领玄致，灵化实悠长。昔为龙种觉，今则梦游方。惚恍乘神浪，高步维耶乡。擢此希夷质，映彼虚闲堂。触类兴清遭，目击洞兼忘。梵释钦嘉会，闲邪纳流芳。（《文殊师利赞》）

这两篇，虽一名为"诗"，一名为"赞"，但两者都是以赞扬佛或菩萨的庄严为旨趣，在表现手法上都是以概念、玄言为主，尽管前者伴有一定的容貌、场景描写，而从整体上来看写景堆砌，说理枯燥，与后者并无实质性的区别。又如罗什的《十喻诗》："一喻以喻空，空必待此喻。借言以会意，意尽无会处。既得出长罗，住此无所住。若能映斯照，万象无来去。"①此篇虽名为"诗",而与"偈"又有何不同呢?这种以偈为诗的现象并不仅仅存在于唐之前,即使在诗僧大量涌现的中唐时期也屡见不鲜。如著名诗僧皎然的《禅诗》:"万法出无门,纷纷使智昏。徒称谁氏子,独立天地元。实际且何有,物先安可存。须知不动念,照出万重源。"虽名为"诗",而实为偈。

所谓以诗为偈,有两层意思:一是,虽名为"偈"而实为诗;二是,以诗歌代替偈颂作为示法传法、参禅悟道的手段。先看第一层意思。中唐以后,一些诗僧的创作,虽名为"偈"却有着诗的品格,如《祖堂集》中大颠和尚写给韩愈的"辞行偈":"辞君莫怪归山早,为忆松罗对月宫。台殿不将金锁闭,来时自有白云封。"这是一首标准的辞行诗。又如贯休《赠杨公杜之舅》:"道者药垆留要妙,林僧禅偈寄相思。"能"寄相思"之偈还是偈吗?"诗"的另一种表述而已。

中唐以后,禅门高僧在上堂示法、临终传法,或表达开悟体验时,有的以偈的形式进行,有的则以诗的形式进行。前者如:

处处逢归路,头头达故乡。本来成现事,何必待思量。(本如)
学道先须且学贫,学贫贫后道方亲。
一朝体得成贫道,道用还如贫底人。(居遁)
三间茅屋从来住,一道神光万境闲。
莫作是非来辨我,浮生穿凿不相关。(龙山)
后者如:
千尺丝纶直下垂,一波才动万波随。
夜静水寒鱼不食,满船空载月明归。(德诚)
金鸭香消锦绣帏,笙歌丛里醉扶归。
少年一段风流事,只许佳人独自知。(克勤)
尽日寻春不见春,芒鞋踏遍陇头云。

---

①逯钦立辑校:《先秦汉魏晋南北朝诗》,中华书局1983年版,第1084页。

归来笑拈梅花嗅，春在枝头已十分。（无名尼）

前后相较，前者以概念直接阐扬禅理，后者则把禅理寓于形象之中，所谓"句中有禅理，句外有神韵"[1]，但两者在功能上是一致的，都是吟唱玄旨、引人悟道。

偈与诗的缠夹，使两者之间的分野变得扑朔迷离。唐以后，"偈是否是诗"成为争论的热点。诗僧拾得说："我诗也是诗，被人唤作偈。诗偈总一般，读时须子细。"[2]可见，当时有人严格区分偈与诗，认为诗僧那些以谈佛理为主的作品只能称作"偈"，不能称为"诗"，而拾得却坚持自己作品的诗歌定位，并认为诗与偈之间并没有明显的界线。拾得道友寒山的作品也遭到同样的嘲讽。寒山说："有个王秀才，笑我诗多失"；"有人笑我诗，我诗合典雅"[3]。与拾得一样，寒山也坚称自己那些谈佛理之作就是诗。贯休在《喜不思上人来》诗中更明确地说："瓶担千丈瀑，偈是七言诗。"

在"偈是否为诗"的争论中，持否定态度者居多，而在偈何以非诗问题上，所持观点各异。晚唐五代诗僧齐己，从创作主旨上来区分两者。他在《龙牙和尚偈颂序》中说："禅门所传偈颂……盖以吟畅玄旨也。……虽体同于诗，厥旨非诗也，迷者见之而为抚掌乎。"[4]他明确地说，偈虽然在体制上同于诗，但在宗旨上与诗是不同的，诗的功能在于抒情言志，而偈的功能在于"吟畅玄旨"。

与齐己从创作主旨区别偈与诗不同，五代《祖堂集》的编者静、筠二禅僧则从创作主体方面来区分两者。《祖堂集》共收录诗偈345首，其中名为"偈""颂""赞"者共289首，而名为"诗"者仅有7首。这7首"诗"皆出自白行简、白居易、裴休等文士之手，而名为"偈""颂""赞"者则

---

①施补华：《岘佣说诗》，见《清诗话》，上海古籍出版社1999年版，第995页。
②项楚《寒山诗注》，中华书局2000年版，第844页。
③项楚《寒山诗注》，中华书局2000年版，第751、785页。
④《卍新纂续藏经》第66册，第726页下。

全为教内人士所为，由此可以看出：《祖堂集》区分诗与偈的标准在于创作主体的不同，教内者之作为偈，教外者为诗。近人丁福保说："佛家作诗曰偈。"①今人杜松柏也说："至唐之近体诗盛行，佛禅应用偈颂，乃日兴盛。至禅人用之，乃日去偈颂之体远而与近体诗相近。在禅人曰偈曰颂，在诗家曰诗歌，其揆一也。"②

编成于明代的《古今禅藻集》，可谓禅诗的集大成之作。该集大都为抒情咏怀、酬答应对之什，很少有以概念阐扬佛理的偈颂。《四库全书总目》评曰："所录皆释子之作，而不必其有关于佛理。曰'禅藻'者，犹曰'僧诗'云尔。"③指出《古今禅藻集》的取舍标准在于作品的艺术性，而不必关乎佛理，这其实也明确指出了"偈"与"诗"的区别：诗以艺术为尚，偈以佛理为主。清代《全唐诗》的编纂者也大致是持这种观点来选编僧侣作品的。《全唐诗·凡例》云："《唐音统签》有道家章咒、释氏偈颂二十八卷，《全唐诗》所无，本非诗歌之流，删。"④明确把释氏偈颂拒于诗门之外。《全唐诗》的僧诗部分，几乎找不到佛门历代祖师的传法、示法、开悟等偈颂，而大都是那些佛教史上几无声名者的有一定艺术性的诗篇。

有必要对以上观点作一检讨。从创作主体来区别偈与诗，简洁明了，但并没有触及两者本质上的差别，因为僧侣有时会创作世俗性很强的诗篇，而文人有时也可能会创作佛教味很浓的偈颂。同样，单从创作主旨方面也难以区分偈与诗，因为并不只有偈颂才能"吟唱玄旨"，有些声情并茂的诗歌照样能引人悟道。笼统地从创作主体或主旨方面来区分二者，不但不能把两者区别开来，反来更模糊了两者之间的界限。偈与诗之间的界限，只能从二者的特质中去寻找。

①丁福保编《佛学大辞典》（下），上海书店出版社1991年版，第1958页。

②杜松柏《禅学与唐宋诗学》，（台北）黎明文化事业股份有限公司1978年版，第197页。

③《钦定四库全书总目》（下），中华书局1997年版，第2654页。

④《全唐诗》第1册，中华书局1960年版，第8页。

二、偈颂的特质

关于偈颂的内容、形式与作用，后秦鸠摩罗什译的《大智度论》卷33、《成实论》卷1，隋胡吉藏撰的《法华义疏》卷2，唐澄观撰的《新译华严经七处九会颂释章》，唐宗密撰的《大方广圆觉经大疏》上卷等佛教内典都有较详细的解释，这些解释虽然在具体表述上并不完全一致，如有的把偈颂分为两大类，有的则分为四大类，但在一些核心观点上却有大致相同的意见，现根据这些典籍综合择要叙述如下。

印度佛经中的偈颂，主要有"祇夜"与"伽陀"两种形式。"祇夜"是梵语geya的音译，这种文体一般不单独使用，多与前面的散文（长行）结合，用韵文的形式重复或补充前面散文的内容，所以"祇夜"又意译为"重颂偈""应颂"等。"伽陀"是梵语gāthā的音译，可以单独使用，直接以韵文记录说教内容，前无散文，故又意译为"孤起偈""讽颂"等。汉译佛经之"偈"本来是"伽陀"的简称，"颂""偈颂"是伽陀的意译，由于"祇夜"的意译中也含有"偈""颂"字眼，因此在后来汉译诸经论中，"祇夜"与"伽陀"的界限逐渐模糊，"偈""颂"或"偈颂"遂成为佛教诗歌的总称。印度佛经中，还有一种与"偈""颂"密切相关的文体——"赞"。"赞"，又作"赞歌""赞颂"等，指赞美佛、菩萨及祖师功德及佛经、法义等的韵文、章句，是一种具有音乐性，可以歌咏的偈颂，诸经中颇多赞叹佛德的"赞佛偈"。

关于偈颂的作用，宗密《大方广圆觉经大疏》说：

略有八义：一少字摄多义故；二诸赞叹者多以偈颂故；三为钝根重说故；四为后来之徒故；五随意乐故；六易受持故；七增明前说故；八长行未说故。[①]

[①]《中华大藏经》第92册，中华书局1995年版，第490页上。

这八个方面较全面地概括了偈颂的主要功能：以少字收摄多义，利于赞叹、易于诵持；重复或缀补长行内容，以加深对佛法的理解等。

东汉末年，印度佛经正式传入中国，偈颂也随之进入中土。综观从汉末至唐五百年间翻译的偈颂，内容无外乎阐扬佛理、赞颂佛德、劝人修习等。在句子结构方面，虽然三言、四言、五言、六言、七言、八言不一，而以五、七言最多；每则虽然二句、三句、四句、五句、六句，乃至数百千句不等，而以四句为主——大体与中土诗歌相当，这一方面是由于梵文偈颂本身就以四句为主，另一方面也由于在翻译过程中对中土诗歌样式的借鉴。

语言风格方面，汉译偈颂多语句质直、不合韵律，与中土诗歌相差甚远。这主要是由翻译造成的。鸠摩罗什说，印度佛经中的偈颂，本来具有文辞雅丽、音韵和谐之美，但在"改梵为秦"的过程中，"失其藻蔚"，而变得质木无文、味同嚼蜡①。译成于三国时期的《法句经》，是一部偈颂集，其语句大都直白通俗，不合声律。对此，译者解释说：

> 天竺言语与汉异音，云其书为天书，语为天语，名物不同，传实不易。……仆从受此五百偈本，请其同道竺将炎为译。将炎虽善天竺语，未备晓汉，其所传言，或得胡语，或以义出音，近于质直。仆初嫌其辞不雅，维祗难曰："佛言'依其义不用饰，取其法不以严'。其传经者，当令易晓，勿失厥义，是则为善。"座中咸曰："老氏称'美言不信，信言不美'；仲尼亦云'书不尽言，言不尽意'。明圣人意深邃无极。今传胡义，实宜径达。"是以自竭，受译人口，因循本旨，不加文饰。②

梵语与汉语属于两个不同的语言系统，在翻译的过程中很难做到"信"与"美"兼顾，由于偈颂的最主要目的在于道德训诫，因此只要通俗易懂即可，不需要过多的修饰。可以说，这是早期佛经翻译的基本原则。

---

① 释慧皎：《高僧传》，中华书局1992年版，第53页。
② 释僧祐：《出三藏记集》，中华书局1995年版，第273页。

汉译偈颂在语言与形式上都借鉴了中国传统的诗歌样式，但这种异质文化的种子，并没有因为着上了汉服唐装而改变其异质之性，正是这难移之性又反过来型塑了中土僧侣的偈颂创作。道宣《广弘明集》卷15《佛德篇第三》收录东晋名僧支遁、慧远等人的偈颂，这些偈颂虽然在用韵、属辞、造句等方面与中土诗歌已经没有多大区别，但仍坚持以概念阐扬佛理、颂赞佛德的基本品质。中国文人创作的偈颂也具有同样的特点。如谢灵运的《和范特进祇洹像赞》之《佛赞》："惟此大觉，因心则灵。垢尽智照，数极慧明。三达非我，一援群生。理阻心行，道绝形声。"①这种语言风格让人难以想象是出自"池塘生春草，园柳变鸣禽"作者之手，这说明谢灵运对偈颂文体特征的自觉认同。

钱锺书先生说：

释氏作诗，唐以前如罗什《十喻》、惠远《报偈》、智藏《三教》、无名《释五苦》、庐山沙弥《问道叩玄》，或则喻空求本，或则观化决疑，虽涉句文，了无藻韵。居士林中为此体者，若王融《净行》、梁武帝《三教》《十喻》、简文帝《十空》《四城门》之类，语套意陈，无当理趣。②

文中所列举的罗什《十喻》、慧远《报偈》、智藏《三教》都是佛门偈颂，都是以概念或譬喻来表达佛教"空"理，并不具备诗的意象与藻韵。钱先生还进一步指出这一特征形成的原因："搬弄翻译名义"，即对汉译偈颂特质的自觉认同。

综上所述，作为印度佛教的一种诗歌样式，偈颂旨在阐扬佛理、赞颂佛德、劝人修习，同时具有文辞雅丽、音韵和谐之艺术特征，然而由于梵汉语言上的巨大差异，汉译佛偈很难做到"信"与"美"兼备，译者一般取"信"而舍"美"，这些偈颂虽然在内容上仍然保持着印度佛偈的基本特点，但艺术上往往质木无文，味同嚼蜡。中土僧俗的自创偈颂，虽然在

---

① 《大正藏》第52册，第200页上。
② 钱锺书：《谈艺录》，中华书局1984年版，第225页。

用韵、属辞、造句等方面与中土诗歌没有多大区别，但仍然保持着翻译偈颂以概念阐释佛理、颂扬佛德之基本特征，并不具备中国诗歌本该具有的形象性与情感性。总体来说，偈颂的本质特征有四：一是阐扬佛理；二是以概念而不是意象作为主要表达手段；三是无世俗情感；四是语句直白。应从这些基本特征入手，来探求偈与诗之间的界限。

三、偈与诗的分疏

本文认为，应本着上述偈颂的四个基本特征来对偈与诗作严格地分疏。中土僧侣的创作，冠以"诗"名的不一定是诗，同样，冠以"偈"名的也不一定是偈。具体而言，偈与诗的区别主要表现在以下四个方面：

（一）"为法作"与"为诗作"

齐己《寄怀江西僧达禅翁》说："长忆旧山日，与君同聚沙。未能精贝叶，便学咏杨花。苦甚伤心骨，清还切齿牙。何妨继馀习，前世是诗家。""贝叶"即植物贝多罗叶，印度人多用之书写经文，因此后人多用它指代佛经。"未能精贝叶，便学咏杨花"是说，诗僧们禅修未精，而只能以诗为业，这两句话准确地道出了诗僧的心理特点。与那些佛门高僧大德不同，诗僧们多以"诗"留名，而不以"道"见长，因此在诗歌创作过程中，经常忘记其纳子身份，创作出一些无关乎佛理的诗篇。

就在诗僧创作盛行的中唐时期，酷爱佛教的白居易极力主张僧侣创作回到"为法作"的立场上来。他在《题道宗上人十韵并序》中说："予始知上人之文，为义作，为法作，为方便智作，为解脱性作，不为诗而作也。知上人者云尔，恐不知上人者谓为护国、法振、灵一、皎然之徒欤！"①他认为，释子的本分是创作那些"为法""为义"的偈颂，而护国、法振等诗僧为"诗"而作，偏离了这一宗旨，是应该受到批评的。

---

①谢思炜：《白居易诗集校注》，中华书局2006年版，第1701页。

"为法作"与"为诗作",是佛教诗偈与世俗诗的根本区别。

(二)有情与无情

"情"是诗歌的本质特征。从本体论上来说,情是诗歌产生的源泉与动力,所谓"情动于中而形于言",白居易甚至把"情"比喻为诗之"根";从功能上来说,诗歌的主要功能在于"吟咏情性",陆机所谓"诗缘情"。总之,在中国诗学传统中,"情"是诗的灵魂,无"情"不成诗。佛教本质上是一种出世的宗教,它认为世俗的情感是与佛法相违背的,因此偈颂中除了对佛、菩萨的赞叹之情外,几乎没有世俗情感。诗僧的创作一旦注入了世俗的情愫,往往就被看作世俗诗了。钱锺书先生说:"僧以诗名,若齐己、贯休、惠崇、道潜、惠洪等,有风月情,无蔬笋气;貌为缁流,实非禅子,使蓄发加巾,则与返初服之无本、清塞、惠铦辈无异。"①他认为,那些表现风月之情的僧诗,已经与一般文人诗没有区别了。明人陈宏绪在《与雪崖》中说:"诗以道性情,而禅则以期于见性而忘情。"②僧侣偈颂,尽管有的也不乏音韵调谐之美,但终缺少诗歌应有的情感质素。范曾先生说:"因为一旦和人生的喜怒哀乐绝缘,那么诗的本质:因境生情、缘事发感也会丧失殆尽。佛教的偈语颂赞不可和诗划等号。六祖慧能的偈语'菩提本无树,明镜亦非台,本来无一物,何处惹尘埃'是无上妙偈,却不是无上好诗。"③诚哉是言!

(三)意象与概念

诗与偈在表达方式方面的区别在于,前者靠意象,后者靠概念。胡应麟说:"作诗大要不过二端:体格声调,兴象风神而已。"④总体而言,诗的构成无外乎两大方面,一是象,二是意,"象"与"意"名为二,而实

---

①钱锺书:《谈艺录》,中华书局1984年版,第226页。
②周亮工《尺牍新钞二集·藏弆集》,上海杂志公司1936年版,第221页。
③范曾:《从禅诗说寒山、拾得》,《解放军艺术学院学报》2003年第1期。
④胡应麟:《诗薮》,上海古籍出版社1979年版,第100页。

不可离，意象是诗歌艺术架构的基本单位。

偈颂的基本表达手段是概念。尽管中唐以后出现了大量富有意象性的禅诗，但不能说此时偈颂的特质改变了，因为这些禅诗本质上就是诗，与偈属于不同的创作范畴，此时的偈颂创作仍然保持着其以概念阐扬佛理的品格。如白居易《六赞偈》的前三则：

十方世界，天上天下；我今尽知，无如佛者。堂堂巍巍，为人天师；故我礼足，赞叹归依。（《赞佛偈》）

过见当来，千万亿佛；皆因法成，法从经出。是大法轮，是大宝藏；故我合掌，至心回向。（《赞法偈》）

缘觉声闻，诸大沙门；漏尽果满，众中之尊。假和合力，求无上道；故我稽首，和南僧宝。（《赞僧偈》）

《六赞偈》不论是在思想内容上还是艺术风格上，都是对偈颂特质的坚守，不但与白氏本人的诗歌创作大相径庭，也与皎然、齐已、贯休等诗僧的创作大不相同。

(四)禅语与禅趣

中唐以后，南宗禅一统天下，禅诗与禅偈的创作也达到高峰。禅诗属于诗，禅偈属于偈，两者是不同的，最大区别在于：禅偈以"禅语"明"禅理"，大多语句直白；禅诗不但有禅理，而且有"诗趣"。清人贺贻孙在《诗筏》中说：

唐释子以诗传者数十家，然自皎然外，应推无可、清塞、齐已、贯休数人为最。以此数人诗无钵盂气也。僧家不独忌钵盂语，尤忌禅语。近有禅师作诗者，余谓此禅也，非诗也。禅家、诗家，皆忌说理。以禅作诗，即落道理，不独非诗，并非禅矣。诗中情艳语皆可参禅，独禅语必不可入诗也。①

贺氏较推崇皎然、无可、清塞、齐己、贯休等人的诗，因为他们的大多数诗篇有禅理无禅语，而释子那些满纸禅语的偈颂是算不上诗的。

禅诗之所以是诗，是因为它不但有禅理，而且有诗趣，禅理与诗趣的融合，即"理趣"。陈文忠先生把"理趣"的特征概括为四个方面：其一，生趣盎然的形象性；其二，即物即理的契合性；其三，审美感悟的直接性；其四，机趣洋溢的智慧性②。这四个方面对禅诗来说是完全适合的。有"理趣"者方为禅诗，无"理趣"而只有"禅语"者则为禅偈。

结　语

尽管中土偈颂与诗歌在用韵、属辞、造句等方面十分接近，但两者在内质上是完全不同的。偈颂的本质特征有四：一是阐扬佛理；二是以概念而不是意象作为主要表达手段；三是无世俗情感；四是语句直白。这四条基本特征，决定了偈与诗四个方面的区别，即主旨上的"为法作"与"为诗作"之别，内容上的有情与无情之别，结构上的意象与概念之别，语言上的禅语与禅趣之别。魏晋以来，中国僧侣的诗偈创作出现相互缠夹现象，有的以偈为诗，有的以诗为偈，从而造成两者界限的模糊，致使后世的一些僧诗选本或续补、拾遗著作把偈颂等同于诗歌。本文认为，应该依据以上四条标准，把偈与诗严格区分开来，不必拘泥于其是"诗"名还是"偈"名。那些纯以概念阐扬佛理的偈颂不宜列入僧诗之中，至于那些意境高远，文辞优美的禅诗，虽然仍旨在引人悟道，有的甚至还冠以"偈"名，但已经完全脱却偈颂的本质，理应纳入诗的行列。

[原载《古代文学理论研究》第三十三辑，华东师范大学出版社2011年版]

---

① 郭绍虞编选：《清诗话续编》，上海古籍出版社1983年版，第192页。
② 陈文忠：《论理趣》，《文艺研究》1992年第3期。

"东山法门"与盛唐诗坛

一

本文意欲考察"东山法门"对"盛唐诗坛"的影响。有必要先明确一下这两个概念的基本内涵与使用范围。在历代僧传与典籍中,"东山法门"概念的内涵并不完全一致。概言之,一指五祖弘忍(601—674)法系,二指四祖道信(580—651)与五祖弘忍所创禅法。

净觉《楞伽师资记》说:"忍传法,妙法人尊,时号为东山法门";①《宋高僧传》卷八《弘忍传》说:"入其(弘忍)趣者,号东山法门"。②这里,"东山法门"指弘忍禅法与法系,之所以称"东山法门"是因为弘忍所住居的冯茂山又称"东山"。

禅宗史上的"东山法门"概念,除指弘忍禅法与法系外,也常常把道信禅法包括其中。中唐大诗人刘锡禹就主张把"东山法门"的开创者上推至道信,其《牛头山第一祖融大师新塔记》谓:"又三传至双峰信公,双峰广其道而歧之,一为东山宗。"③《宋高僧传》卷八《神秀传》也说:

---

① 《大正藏》第85册,第1289页中。
② 赞宁:《宋高僧传》,中华书局1997年版,第172页。
③ 刘禹锡:《刘禹锡全集》,上海古籍出版社1999年版,第32页。

"忍与信俱住东山，故谓其法为东山法门。"①这里，"东山法门"指道信与弘忍所创禅法。

关于"东山法门"，印顺说：

> 弘忍继承道信而光大了法门，被称为"东山法门"。学者的根机不一，所以到了弘忍弟子手里，东山法门分化为不同的宗派。……东山门下众多，能形成宗派而现在可以考见的，有慧能的南宗，神秀的北宗，智诜下的净众宗，传承不明的宣什宗——四宗。②

这里，印顺所谓"东山法门"，既指道信、弘忍禅法，又指弘忍法系，是在综合意义上使用这一概念的。本文也是在综合意义上使用"东山法门"概念的，③因此，既考察盛唐诗人与东山法系的交涉，又考察东山禅法对盛唐诗歌的影响。

再谈谈"盛唐诗坛"。诗史上的"四唐"之分及每段的界线，是个众说纷纭、莫衷一是的问题。一般而言，自先天元年（712）至"安史之乱"爆发的天宝十四载（755），这段时期称为盛唐。但诗史上的盛唐之"盛"，应是就诗歌创作而言的，与经济、政治、军事等方面的"盛"并不完全一致。"安史之乱"爆发后，王维、李白、杜甫等大诗人仍有大量优秀作品问世，尤其是杜甫，其创作高峰正在此期。因此，本文接受袁行霈的观点，把盛唐的下限定为杜甫的卒年，即大历五年（770），④而上限仍沿袭传统的说法，即先天元年（712）。

关于盛唐诗歌繁荣的原因，学界已经从政治、经济、文化等诸多方面

①赞宁：《宋高僧传》，中华书局1997年版，第177页。
②印顺：《中国禅宗史》，江西人民出版社1999年版，第104页。
③本文对"东山法门"的分析，所依据的材料是道信的《入道安心要方便法门》和弘忍所述的《最上乘论》。前书虽已佚失，然其内容为《楞伽师资记》引录；后书虽被《楞伽师资记》断定为伪撰，然其思想是对道信"入道安心"理论的发挥，与弘忍思想完全一致，因此可作为论述弘忍思想的主要依据。
④袁行霈、丁放：《盛唐诗坛研究》，北京大学出版社2012年版，第4页。

做过深入探讨，并取得了令人瞩目的成绩。但有一现象却至今未引起学界的足够重视，即盛唐诗歌的发展与"东山法门"在文人中的传播几乎同步。

道信与弘忍生活在初唐时期，他们都严格秉持达摩以来隐居山林的传统，虽然也接纳了千余信众，但由于他们足不下山，远离世俗与政治，因此在朝廷与文人士大夫之中影响不大。久视元年（700），弘忍弟子神秀（606—706）改变了这一现状，开始把"东山法门"推向上流社会。

据《楞伽师资记》记载，武则天诏征神秀入京，问："所传之法，谁家宗旨？"神秀答："禀蕲州东山法门。"武后对神秀礼遇甚厚，并执弟子之礼，还高度赞扬"东山法门"："若论修道，更不过东山法门。"①自此以后，"东山法门"开始在朝廷及文人士大夫之中流行开来，神秀本人也获得"二京法主、三帝门师"称号。②与此同时，弘忍的其他弟子，惠能（638—713）、智诜（611—702）、老安（582—709）、法如等也积极活动，把"东山法门"播向全国。

神秀的嗣法弟子有十多人，其中嵩山普寂（651—739）、西京义福（658—736）与他们的老师一样，受到皇室的格外敬重，影响也最大，他们使"东山法门"继续保持着在上流社会的巨大影响。

惠能与神秀在禅法的侧重点上虽有所谓"南北之分"，但他也与神秀一样秉持着"东山法门"的传统。印顺说："东山门下的开法传禅，都继承道信的遗风——戒禅合一。"接着又说，惠能在大梵寺说法，将说摩诃般若波罗蜜法与授无相戒合一，正是对"东山法门"的奉持。③惠能的弟子神会（668—760），于开元年间北上洛阳传法，在光大曹溪宗旨的同时，也是对"东山法门"的有力弘扬。

从久视元年（700）神秀奉诏入京，至上元元年（760）神会去世，六十年间，"东山法门"在全国各地广泛传播，不论是对普通信众，还是对文人士大夫都产生了重大影响。与此同时，诗坛也开始春回大地，万物复

---

① 《大正藏》第85册，第1290页上。

② 宗密：《禅源诸诠集都序》，《大正藏》第48册，第403页下。

③ 印顺：《中国禅宗史》，江西人民出版社1999年版，第106—107页。

苏。先是从初唐过渡而来的诗人张说、张九龄达到其创作的高峰，接着，孟浩然、王维、高适、岑参、王昌龄、贺知章、李白、李颀、崔颢、崔国辅、储光羲、祖咏、王翰、王之涣、杜甫等，众多巨星相继登上诗坛，真如李白所谓"文质相炳焕，众星罗秋旻"（《古风五十九首》其一）。①

　　那么，"东山法门"的传播与盛唐诗坛的繁荣，这两者之间有没有必然联系呢？

二

　　"东山法门"在传播过程中吸引了大批盛唐诗人，这些诗人与东山门下弟子交往密切，对东山禅法表现出浓厚的兴趣。下面择要考察盛唐诗人与"东山法门"的交涉情况。

（一）张说

　　张说的诗歌创作横跨初唐与盛唐，而成熟期是在盛唐。②久视元年，神秀奉诏入京，时任中书舍人的张说向他殷勤问法，并执弟子之礼。③中宗神龙二年，神秀圆寂，诏赐谥"大通禅师"，张说作《唐玉泉寺大通禅师碑铭并序》。在此文中，张说对神秀禅法做了精准概括。④张说与东山门下之南宗也有接触。先天二年，惠能卒，张说寄香十斤，并附诗一首："大师捐世去，空留法身在。愿寄无碍香，随心到南海。"⑤张说后来也曾随惠能弟子神会习禅。

---

　　①余恕诚：《唐诗风貌》（修订本），中华书局2010年版，第48页。
　　②胡震亨《唐音癸签》："至张说巴陵之什，……句格成就，渐入盛唐矣。"（上海古籍出版社1981年版，第100页。）
　　③赞宁：《宋高僧传》，中华书局1997年版，第177页。
　　④其文曰："尔其开法大略，则慧念以息想，极力以摄心。其入也品均凡圣，其到也行无前后。趣定之前，万缘尽闭；发慧之后，一切皆如。持奉《楞伽》，近为心要。"（《全唐文》卷231）
　　⑤赞宁：《宋高僧传》，中华书局1997年版，第175页。

（二）王维

王维与"东山法门"有着千丝万缕的联系。在他生活的时代，神秀北宗于两京一统天下。王维的母亲师事普寂三十余年，[①]弟弟王缙也学法于普寂，并与普寂弟子广德结为好友。[②]王维曾为东山门下多位祖师、大德书写碑铭、章表。如《为舜阇黎谢御题大通大照和尚塔额表》是为神秀（大通）、普寂（大照两位大师所作，《大唐大安国寺故大德净觉禅师碑铭》是为《楞伽师资记》的作者净觉所作，净觉为弘忍弟子玄赜的门人。[③]

王维与东山门下禅人过往密切。神秀高足义福，曾在终南山化感寺栖置法堂二十余年，此时的王维也在终南山隐居。王维经常去化感寺参访，其《过福禅师兰若》诗中的"福禅师"指的应是义福。除此之外，王维还有《游化感寺》《过化感寺昙兴上人山院》等诗。

较之北宗禅，王维接触南宗禅稍晚。滑台大会以后，神会在南阳大力传播南宗禅法，时任殿中侍御史的王维路过南阳，神会向他阐述了南禅宗旨，令他耳目一新。[④]大致在天宝五、六年（746或747），王维又在神会的请求下作了《六祖能禅师碑铭》。王维与其他南宗弟子也有交往。天宝十二年（753），王维送衡岳瑗上人从长安南返，作《送衡岳瑗公南归诗序》，序曰："浈阳有曹溪学者，为我谢之。"

（三）王昌龄

王昌龄对"东山法门"的兴趣，源于高僧法慎（666—748）的影响。据《宋高僧传》卷十四《法慎传》记载，法慎道行高妙，曾两度入京，黄门侍郎卢藏用见之，不禁慨叹："宇宙之内，信有高人！"王昌龄也对其十

---

①王维《请施庄为寺表》云："亡母故博陵县君崔氏，师事大照禅师三十余岁，褐衣蔬食，持戒安禅，乐住山林，志求寂静。"（《全唐文》卷324）

②王缙《东京大敬爱寺大证禅师碑》："缙尝官登封，因学于大照，又与广德素为知友。"（《全唐文》卷370）

③《楞伽师资记》自叙同此说，《历代法宝记》把净觉归为神秀弟子。

④杨曾文编校：《神会和尚禅话录》，中华书局1996年版，第85页。

分外钦佩，以至于"金所瞻奉，愿同洒扫"。法慎是"东山法门"的衷心信奉者与热情宣传者，他曾不无赞叹地说："东山法门，是一切佛乘。"[①]把"东山法门"置于很高的地位。在与法慎的接触中，王昌龄对"东山法门"有了较为深入的了解。他也经常与东山门下弟子相交往，这从其诗中可以看出，如《击磬老人》："双峰褐衣久，一磬白眉长。谁识野人意，徒看春草芳。"第一句中的"双峰"，当指双峰山，正是四祖道信创建"东山法门"的地方，此二字透露出这位击磬老僧的宗派归属。

（四）储光羲

储光羲对"东山法门"可谓情有独钟，曾满怀崇敬之情到洛阳拜谒神秀、普寂之塔，并作《至岳寺即大通大照禅塔上温上人》。从开元二十一年（733）至天宝二年（743），十年之间，储光羲多次游衡岳，此时南岳怀让正在此地传法。储诗记载了他与南岳禅僧的交往情况，如《同房宪部应旋》："衡山法王子，慧见息诸苦。"

（五）杜甫

杜甫生活的时代，"东山法门"的传播已经十分广泛。东山门下的几大重要宗派——惠能的南宗，神秀的北宗，智诜门下的净众宗与保唐宗，都对杜甫产生了重要影响。

杜甫在两京时，神秀弟子普寂与惠能弟子神会都在此地弘扬禅法，因此他有很多机会与这两派接触。在蜀地时，杜甫与保唐宗、净众宗禅人交往密切，写下《赠蜀僧闾邱师兄》等诗篇，有些诗句也透露出他对保唐、净众禅法的理解，如"春日无人境，虚空不住天"（《陪章梓州王阆州苏遂州李果州四使君登惠义寺》），"休作狂歌老，回看不住心"（《望牛头寺》）。这种"无住"思想正是受净众、保唐禅影响的表现。

杜甫晚年在回忆、总结自己学禅经历时说："身许双峰寺，门求七祖

---

①赞宁：《宋高僧传》，中华书局1997年版，第346页。

禅。"（《秋日夔府咏怀奉寄郑监李宾客一百韵》）"双峰"即双峰山，"七祖"指神秀弟子嵩山普寂。①杜甫以"双峰""七祖"代称"东山法门"，由"身许""门求"等词可以看出杜甫对"东山法门"的推崇与景仰。

（六）岑参

岑参年轻时曾在嵩阳隐居，此时普寂正在嵩山传法，因此他有很多机会接触"东山法门"。岑参在《自潘陵尖还少室居止秋夕凭眺》中说："昨诣山僧期，上到天坛东。……久与人群疏，转爱丘壑中。"这可以说是他当时生活的真实写照。

《楞伽经》是"东山法门"最重要的经典之一②，岑参在与东山门下弟子的长期交往中，对这部经典产生了浓厚兴趣。天宝元年秋，岑参从大梁归颍阳，途中听说有一老僧善解《楞伽》，便去造访，于是写下《偃师东与韩樽同诣景云晖上人即事》，此诗的前两句云："山阴老僧解《楞伽》，颍阳归客远相过。"其《太白胡僧歌并序》也说，听说太白山有一胡僧，整日隐没在山顶云雾之中持诵《楞伽经》，于是孤身前去寻访，然而终究未能如愿，不禁感叹："山中有僧人不知，城里看山空黛色。"

与"东山法门"相交涉的盛唐诗人，当然远不止以上所提到的几位，其他诸如孟浩然、李白、裴迪、常建、刘眘虚、綦母潜、崔曙等，还有很多，这里不再一一列举，其涉禅作品还将在下文征引。

三

"东山法门"对盛唐诗歌产生了极为重要的影响。下面从题材、主题、风格、意境等方面申述之。

---

①李邕《大照禅师塔铭》记载，普寂临终对门徒说："吾受托先师，传兹密印。远自达摩菩萨，导于可，可进于璨，璨钟于信，信传于忍，忍授于大通，大通贻于吾，今七叶矣。"（《全唐文》卷262）
②道信在《入道安心要方便法门》中说："我此法要，依《楞伽经》诸佛心第一。"见《大正藏》第85册，1286页下。

(一)"营宇立象"与盛唐诗歌主题、题材的扩大

据《传法宝纪》记载，禅宗自初祖达摩至二祖慧可、三祖僧璨，都以修头陀行为主，他们远离聚落，孤居独栖，"行无轨迹，动无彰记"；四祖道信到黄梅双峰山后，开始"择地开居，营宇立象"，正式开创道场；接着，五祖弘忍又在冯茂山创设道场，广接信众。从道信至弘忍，两代祖师在黄梅传法五十余年，"营宇立象"既是他们传法的手段，同时也成为"东山法门"的重要组成部分。东山门下的历代弟子都沿袭这一传统，至惠能四传弟子百丈怀海又酝酿出规模更加宏大的丛林制度，各地大小山头，禅宗寺院，如雨后春笋，成为一道道亮丽的风景。

"东山法门"树起的"营宇立象"新家风，不但方便了广大信众，而且吸引了大批诗人，这些诗人在与东山门下弟子的交往中写了大量交游诗、题寺诗，这无疑丰富了盛唐诗歌创作的题材与主题。汤用彤说，唐朝文人与僧侣的交游，与此前的魏晋南北朝有明显的不同，魏晋南北朝"多以谈名理相过从"，而唐朝则"多交在诗文之相投"。①其实，文人与僧侣之间"诗文之相投"现象，在初唐并不多见，而集中表现在盛唐以后，主要原因是，随着"营宇立象"家风的普及，禅僧与文人的交往有了相对固定的场所。

盛唐诗人与禅僧往来频繁，与他们以诗唱酬，留下大量优美的诗篇。如孟浩然《寻香山湛上人》《涧南即事贻皎上人》《宿立公房》《夏日辨玉法师茅斋》；岑参《晚过磐石寺礼郑和尚》《赴嘉州过城固县寻永安超禅师房》《秋夜宿仙游寺南凉堂呈谦道人》《携琴酒寻阎防崇济寺所居僧院》《题云际南峰眼上人读经堂》；李白《别山僧》《寻山僧不遇作》《赠宣州灵源寺仲濬公》《赠僧崖公》；等等。

盛唐诗人还写了大量题寺诗。孟浩然有《题大禹寺义公禅房》《陪姚使君题惠上人房》《游景空寺兰若》《题终南翠微寺空上人房》《宿业师山

---

①汤用彤：《隋唐佛教史稿》，中华书局1982年版，第39页。

房期丁凤进士不至》《游明禅师西山兰若》《登龙兴寺阁》《登总持寺浮图》等二十余首。杜甫《山寺》《上牛头寺》《望牛头寺》；储光羲《题虬上人房》《京口题崇上人山亭》，王昌龄《素上人影塔》；等等。

(二)"一行三昧"与盛唐诗歌的空静色彩

"东山法门"的核心思想是"一行三昧"，它来源于《文殊说般若经》，此经是这样解释"一行三昧"的：

> 欲入一行三昧，应处空闲，舍诸乱意，不取相貌，系心一佛，专称名字；随佛方所，端身正向，能于一佛念念相续，即是念中，能见过去、未来、现在诸佛。①

可见，所谓"一行三昧"，就是通过静坐、念佛等特定的修行方式，将心定于一境，使其保持宁静、安定而不散乱的状态，从而观照万事万物的无差别相。

具体而言，"东山法门"的"一行三昧"禅法包括以下几个方面：

第一，静坐。《续高僧传》卷20《玄爽传》谓道信禅法："唯存摄念，长坐不卧，系念在前。"②《楞伽师资记》谓弘忍禅法："萧然净坐，不出义记，口说玄理，默授与人。"③可见，通过静坐以息心摄念是"东山法门"一项重要的内容。

第二，念佛。《传法宝纪》说："及忍（弘忍）、如（法如）、大通（神秀）之世，则法门大启，根机不择，齐速念佛名，令净心。"通过称名、观想等多种念佛活动，排除心中的一切妄念，从而达到无分别、无执着、形相俱泯、心佛不二之境，这种念佛法门与达摩至三祖的"默运潜修"禅法是大不相同的。

---

① 《大正藏》第8册，第731页上。
② 《大正藏》第50册，第600页上。
③ 《大正藏》第85册，第1289页中。

第三，守心。道信把禅修要领归结为"守一不移"，①弘忍在此基础之上，又提出"守心第一"，这里所谓"守一""守心"，都是守住"本真心"之意。《最上乘论》说："守本真心，妄念不生，我所心灭，自然与佛平等无二。"②众生成佛，关键就在于能否守住本真心，使其不驰散，不起妄念。

上述静坐、念佛、守心等法门，其最终目的在于引人进入空净世界。道信说静坐以"摄念"，弘忍说"萧然净坐"，都意在说明坐禅与净心之间的关系。念佛的目的也在于此。道信说，念佛念到"无所念"，此时心中"忽然澄寂"③，从而进入"泯然无相，平等不二"的清静世界。弘忍主张"念佛净心"，在念佛之中自然契入不生不灭、无有分别的无碍解脱法界。道信、弘忍所谓"守一""守心"，目的也在于彰显"自性圆满清净心"。这一思想对盛唐诗歌产生了重要影响。

盛唐诗人在与"东山法门"的接触中，对"禅"产生了浓厚兴趣，"禅"也成了他们歌咏的对象。如：

浮名竟何益，从此愿栖禅。（裴迪《游感化寺昙兴上人山院》）

薄暮空潭曲，安禅制毒龙。（王维《过香积寺》）

放逐宁违性？虚空不离禅。（杜甫《宿赞公房》）

与此相联系，禅者宁静的生活也令他们神往：

山头禅室挂僧衣，窗外无人溪鸟飞。黄昏半在下山路，却听泉声恋翠微。（孟浩然《过融上人兰若》）

丹青丈室满，草树一庭深。秀色玄冬发，交枝白日阴。江流映朱户，山鸟鸣香林。独住已寂寂，安知浮与沉。（储光羲《题眄上人禅居》）

---

① 《楞伽师资记》，《大正藏》第85册，1288页上。
② 《大正藏》第48册，第377页中。
③ 《楞伽师资记》，《大正藏》第85册，1287页上。

清晨入古寺，初日照高林。竹径通幽处，禅房花木深。山光悦鸟性，潭影空人心。万籁此都寂，但余钟磬音。（常建《题破山寺后禅院》）

以上几首诗，描绘的都是禅寺的静谧场景。"东山法门"的"静坐"禅法也经常出现在盛唐诗人笔下。如：

吾师住其下，禅坐证无生。（孟浩然《游明禅师西山兰若》）
一坐度小劫，观空天地间。（李白《同族侄评事黯游昌禅师山池》）
宴坐寂不动，大千入毫发。（李白《庐山东林寺夜怀》）
夜坐空林寂，松风直似秋。（王维《过感化寺昙兴上人山院》）

在以上诗句中，"坐"与"观空""证无生"相联系，都突出了"空""寂""静"特征。

"东山法门"的"净心""守心"也是盛唐诗讴歌的主题，仅以孟浩然诗为例就可以举出很多，如"看取莲花净，应知不染心"（《题大禹寺义公禅房》）；"导以微妙法，结为清净因"（《还山赠湛法师》）等。

综上所述，盛唐诗人在与东山门下弟子长期交往中，对"东山法门"产生了浓厚的兴趣，东山禅法之静坐、念佛、守心都成了他们歌咏的主题，也为他们的创作蒙上了一层幽寂空静的色彩。

(三)"空净眼"与盛唐诗歌之"兴趣"

"东山法门"对盛唐诗人影响最深者当数其观物方式。道信说："以此空净眼，注意看一物。……终日看不已，泯然心自定。"[1]他提出以"空净眼"来看这个世界。所谓"空净眼"，其实就是非有非无的中道观。从"中道"看世界，就能"观察分明，内外空净"[2]，外不著相内不著空，于相而离相，于空而离空。弘忍也说："夫修道之本体，须识当身心本来清

---

[1] 《楞伽师资记》，《大正藏》第85册，1288页中。
[2] 《楞伽师资记》，《大正藏》第85册，1289页上。

净，不生不灭，无有分别。"① "本来清净，不生不灭，无有分别"之心，就是"空净眼"。

"东山法门"独特的观物方式对盛唐诗人产生了极其重要的影响。王维说："欲问义心义，遥知空病空。山河天眼里，世界法身中。"（《夏日过青龙寺谒操禅师》）这里，"天眼"就是道信所谓"空净眼"。依"天眼"来看，世间万法都是因缘合和而成，都是虚幻不实的，因此众生既不应执幻为真，也不应离色求空，而应于在婆娑的湖光山色之中体悟永恒的宇宙空相。这种双遮双诠的思维方式直接影响了王维的诗歌创作。如《终南别业》："行到水穷处，坐看云起时。"关于这两句诗，清人徐增有精当的见解：

> 行到水穷去不得处，我亦便止；倘有云起，我即坐而看云之起。……于佛法看来，总是个无我，行无所事。行到，是大死；坐看，是得活；偶然，是任运。此真好道人行履。谓之"好道"，不虚也。②

徐增精准地指出了王维这两句诗所包含的中道思想。

在"东山法门"影响之下，盛唐诗人以"空净"的眼光观照自然，在他们眼中，自然界的一山一水、一草一木都是那么静谧曼妙而又生机勃勃：

> 雨中山果落，灯下草虫鸣。（王维《秋夜独坐》）
> 却下水精帘，玲珑望秋月。（李白《玉阶怨》）
> 松际露微月，清光犹为君。（常建《宿王昌龄隐居》）
> 樵子暗相失，草虫寒不闻。（孟浩然《游精思观回王白云在后》）
> 时有落花至，远随流水香。（刘慎虚《缺题》）

---

① 《最上乘论》，《大正藏》第48册，377页上。
② 徐增著，樊维纲校注：《说唐诗》，中州古籍出版社1990年，第349页。

这些超逸绝伦之作，被清人王士祯称为"逸品"，所谓"妙谛微言，与世尊拈花，迦叶微笑，等无差别"。①

严羽用"兴趣"二字概括盛唐诗歌的特征。他说："盛唐诸人，惟在兴趣，羚羊挂角，无迹可求。故其妙处，透彻玲珑，不可凑泊，如空中之音，相中之色，水中之月，镜中之象，言有尽而意无穷。"②"兴趣"是指如镜花水月般只可意会不可言传的审美趣味。关于"兴趣"形成的原因，明人陆时雍在《诗镜总论》中说："盛唐人寄趣在有无之间。"③此语恰切地指出了盛唐诗人的观物方式与思维特征。"寄趣在有无之间"，即是非有非无的中道观，也即道信所谓"空净眼"。由此可见，盛唐诗歌"兴趣"的形成是与"东山法门"的影响分不开的。

［原载《古代文学理论研究》第39辑，华东师范大学出版社2014年版］

①王士祯：《带经堂诗话》，人民出版社1963年版，第83页。
②严羽著，张健校笺：《沧浪诗话校笺》（上），上海古籍出版社2012年版，第157页。
③丁福保辑：《历代诗话续编》（下），中华书局1983年版，第1417页。

诗僧皎然"情"论

集僧人、诗人、诗论家三重身份于一身的皎然，不论在中唐禅林还是文坛都享有较高声誉。禅学造诣上，被赞为"释门之慈航智炬"；[1]诗歌创作上，被公推为唐代诗僧之冠，刘禹锡称其诗"能备众体"，[2]严羽称其"在唐诸僧之上"，[3]唐人选唐诗《极玄集》《又玄集》《才调集》也都选了他的作品。与前两项成就相比，皎然在诗歌理论上的成就更大，《诗式》可以说是唐代最具系统性与深刻度的诗学论著。三合一的特殊身份，使皎然对"情"特别敏感。作为诗论家，他反复强调"情"在诗歌中的本体地位；作为诗人，他要在创作中表达情感；而作为僧人，他却又反复强调"情"对"道"的妨害，提倡"无情""忘情"。那么，他如何解决诗歌创作中"情"与"道"的矛盾问题呢？这对其诗歌创作又有何影响呢？

一、情与诗

作为一名诗论家，皎然十分重视诗歌中的情感要素。他在《诗议·论文意》中说："夫诗工创心，以情为地。"[4]又在《诗式·辩体有一十九

---

[1]于頔：《释皎然〈杼山集〉序》，《全唐文》卷544。

[2]刘禹锡：《澈上人文集纪》，《刘禹锡全集》，上海古籍出版社1999年版，第136页。

[3]郭绍虞：《沧浪诗话校释》，人民文学出版社1961年版，第188页。

[4]张伯伟：《全唐五代诗格汇考》，凤凰出版社2002年版，第209页。本文所引皎然《诗议》《诗式》均出自该书。

字》中说："比兴等六义，本乎情思。"认为"情"贯"六义"，为诗之本。具体而言，皎然在诗歌创作论、风格论、批评论等方面，都把"情"放在十分突出的位置。

创作论方面，皎然从四个方面展开对"情"的论述。

第一，情与景。《诗式·辩体有一十九字》云："缘景不尽曰情。"这种观点与中国传统的"感物"理论是一脉相承的。其诗也曰："迨此一登览，深情见新诗"（《遥酬袁使君高春暮行县过报德寺见怀》）；"遥知南楼会，新景当诗情"（《奉陪杨使君顼送段校书赴南海幕》）。①皎然还根据句中情景关系的隐与显，把诗句分为"情句"与"物色带情句"两类。《诗议·论文意》云："如'盈盈一水间，脉脉不得语'，'临河濯长缨，念别怅悠悠'，此情句也。如'白云抱幽石，绿筱媚清涟'，'露温寒塘草，月映清淮流'，此物色带情句也。"从所举例句可以看出，"情句"是指情感表达明显之句，而"物色带情句"则是指情在景外之句，两者都是情与景的融合，区别只是在于，是情中含景，还是景中含情，这类似于王夫之所谓的"情中景"与"景中情"，也近于王国维所谓的"有我之境"与"无我之境"。

第二，情与言。诗歌是语言的艺术，诗歌中的情感要靠语言来表达，因此情与言的关系是诗学的重要论题之一。关于这个问题，皎然在《诗议·论文意》中说："情浮于语，偶象则发，不以力制，故皆合于语，而生自然。""情"要通过语言来表达，但又不是直接说出，而是以"象"为中介，即以语言描绘物象，情感寓于物象之中。他强调，语言表达情感要合乎自然，不可力强而致。他又强调，情与语不可偏废，"溺情废语，则语朴情暗；事语轻情，则情阙语淡"（《诗议·论文意》）。

在"言"何以传"情"问题上，《诗式》提倡"情在言外"，以"但见情性，不睹文字"为诗道之极。皎然说："且如'池塘生春草'，情在言外。'明月照积雪'，旨冥句中。"又说："情者，如康乐公'池塘生春草'

①《全唐诗》第23册，中华书局1960年版。本文所引皎然诗均出自该书。

是也。抑由情在言外，故其辞似淡而无味，常手览之，何异文侯听古乐哉！"

第三，情与韵。自从沈约等人提出"四声八病"以后，诗界出现了刻意追求声病的形式主义文风，严重阻碍了诗人情感的自由抒发；针对这一弊端，诗界又出现了彻底否定声律的声音，走上了另一极端。从"自然"创作原则出发，皎然反对为文而造情的形式主义文风，批评沈约等人的声病说："沈休文酷裁八病，碎用四声，故风雅殆尽。后之才子，天机不高，为沈生弊法所媚，懵然随流，溺而不返。"（《诗式·明四声》）皎然一方面反对死板的声病说，另一方面也不同意彻底否定声律的观点，他说："作者措意，虽有声律，不妨作用，如壶公瓢中，自有天地日月。"（《诗式·明作用》）在此基础上，他提出了"韵合情高"的美学原则："宫商畅于诗体，轻重低昂之节，韵合情高，此之未损文格。"（《诗式·明四声》）"韵合情高"，一方面肯定"情"对"韵"的决定作用，主张为情而造文，反对为文而造情；另一方面，肯定"韵"对"情"的反作用，认为自由灵活的声律，有助于情感的抒发，他所谓"用律不滞"，提倡的就是韵与情的妙合无垠。

第四，情与势。皎然《诗式》十分重视诗歌中的"势"，因而把"明势"置于全篇之首，并在"诗有四深"节中说："气象氤氲，由深于体势。"在"势"的形成上，皎然认为"情"起着关键作用。他说："语与兴驱，势逐情起，不由作意，气格自高。"（《诗式·邺中集》）"势逐情起"，指出"势"的形成要以"情"为出发点，并随着"情"的发展而展开，在这整个过程中，"情"都起着决定性的作用。他认为，谢灵运的诗之所以具有"庆云从风，舒卷万状"之势，最主要的原因在于"真于情性"。皎然"势逐情起"观点，是对刘勰《文心雕龙·定势》"因情立体，即体成势"思想的继承与发展。

风格论方面，皎然也把"情"放在十分突出的位置。《诗式》把诗之风格分为十九种，"情"即为其中之一，而"悲"与"怨"在实质上也属于"情"的范围。皎然解释"悲"曰："伤甚曰悲。"解释"怨"曰："词调凄切曰怨。"可见,"悲""怨"与"情"之区别,只在于情感强度的不同。其它风格,如"高""逸""贞""忠""节""德""志""思""达"等,按中国传统文论的标准,宽泛些讲,也可归于"情志"的行列。还有几种风格,皎然则直接以"情"来解释其内涵,如"情性疏野曰闲""风情耿介曰气"等。此外,关于"静"与"远"两种风格,皎然说:"静,非如松风不动,林狄未鸣,乃谓意中之静;远,非如渺渺望水,杳杳看山,乃谓意中之远。""意中之静""意中之远",其实就是强调诗歌意象中诗人主观情志的在场。由此可见,"情"也是皎然诗学风格论的核心。

批评论方面,皎然以"情"作为评价诗歌的重要标准。《诗式》以"五格"论诗,即"不用事第一","作用事第二","直用事第三","有事无事第四","有事无事,情格俱下第五"。从表面看,皎然以是否"用事"来衡量诗之高下,其实并不尽然。他在"不用事第一"中说:"以格情并高,可称上上品。……虽有事非用事,若论其功,合入上格。"可见,"上上品"的最主要标准是"格情并高",在此基础上的"不用事",才是皎然最希望看到的。相反,如果"情格俱下",不论是否"用事",都只能归于最下格。他又说:"又宫阙之句,或壮观可嘉,虽有功而情少,谓无含蓄之情也。"他不满"宫阙之句"的原因在于:"情少"且"无含蓄之情";相反,他高度赞扬宋之问、沈佺期的诗,原因在于"情多、兴远、语丽"。皎然以"情"为核心的"五格"论诗之法,在晚唐五代产生了重要影响。如果说皎然"五格"论诗法中"情"的核心地位还是隐性的,那么旧题贾岛《二南密旨》则把"情"推到了前台:"诗有三格:一曰情,二曰意,三曰事。"把"情"放在首位,把"事"放在末位,这种思想是与皎然一脉相承的。

二、情与道

作为诗论家,皎然十分重视"情"在诗歌中的重要地位,而作为僧人,他又不能回避"情"与"道"的矛盾问题。中国禅宗认为,"情"是人与外界接触感于事物而生起的带有冲动性的心理反应，它能像乌云一样，遮住人本来寂静、觉悟之性；禅宗修行之目的，就在于扫除情尘欲垢，从而见性成佛。作为禅宗学人，皎然也认为"情"与"道"是相矛盾的。来看他的一首送僧诗："昨日雪山记尔名，吾今坐石已三生。少年道性易流动，莫遣秋风入别情。"（《送胜云小师》）在这首诗中，皎然告诫道机未成熟的"小师"：情妨道，要努力克制情感。

与那些禅门高僧大德不同，诗僧们多以诗见长，而在禅修实践方面造诣一般不高，再加上作为诗人所特有的多愁善感，因此难免为"情"所扰。皎然诗云：

携锡西山步绿莎，禅心未了奈情何。
湘宫水寺清秋夜，月落风悲松柏多。（《送履霜上人还金陵西山》）
平明择钵向风轻，正及隋堤柳色行。
知尔禅心还似我，故宫春物肯伤情。（《送僧游扬州》）
闻说情人怨别情，霜天渐沥在寒城。
长宵漫漫角声发，禅子无心恨亦生。（《送别》）

这三首诗，真切地反映出"禅心未了"之诗僧们的情感世界，这浓郁的情感妨碍他们的修行，因此皎然在诗中反复强调要"无情""忘情"：

独将诗教领诸生，但看青山不爱名。
满院竹声堪愈疾，乱床花片足忘情。（《题秦系山人丽句亭》）
欲赏芳菲肯待辰，忘情人访有情人。
西林可是无清景，只为忘情不记春。（《春夜集陆处士玩月》）
常随山上下，忽限江南北。
共是忘情人，何由肯相忆。（《送李道士》）
只将陶与谢，终日可忘情。
不欲多相识，逢人懒道名。（《赠韦早陆羽》）

离别人间事，何关道者情。(《送广通上人游江西》)

"与一般世俗诗人不同的是，诗僧们身兼诗人与僧人双重身份。作为诗人，他们不能回避诗歌的本质要素——情，而作为僧人，他们的创作又要引人见'性'，但'情'与'性'对佛教修行者来说势如水火，因此，如何把这一半海水，一半火焰恰到好处地糅合到一起，是件十分头疼的事。"①同样，作为诗论家，皎然反复强调"情"的重要性，而作为僧人，他却又反复强调"情"的危害性，主张"无情""忘情"，那么他是如何看待诗与禅之间关系的呢？

皎然对诗禅关系的理解，大致可分为三个阶段。第一个阶段，出家后至贞元初，以诗行化。皎然有良好的家学渊源，出家前已有不少吟咏情性之作，出家后继续保持高度的创作热情，并希望通过诗句来结交文人士大夫，以此赢得他们对佛法的理解与支持。赞宁《宋高僧传》说："(皎然)凡所游历，京师则公相敦重，诸郡则邦伯所钦，莫非始以诗句牵劝，令入佛智，行化之意，本在乎兹。"②第二阶段，从贞元初至贞元五年，因禅废诗。贞元初，皎然拜谒南宗祖师，了悟不立文字、见性成佛之顿悟法门，遂对诗禅关系产生了新看法，认为诗文"扰我真性"，决定屏息诗道。第三阶段，贞元五年以后，以诗证禅。贞元五年，李洪刺湖州，与皎然谈禅论诗。李高度评价了皎然的《诗式》草本，并认为皎然屏息诗道的想法是"小乘偏见"。③此次谈话，使皎然再次转变对诗禅关系的理解，由"因禅废诗"转为"以诗证禅"。他说："山阴诗友喧四座，佳句纵横不废禅。"(《支公诗》)"诗情"与"道性"并不总是矛盾的，一定情况下，"诗情"还可以成为"证性"的工具，他所谓"诗情聊作用，空性惟寂静"(《答俞校书冬夜》)、"诗情缘境发，法性寄筌空"(《秋日遥和卢使君游何山寺宿敆上人房论涅槃经义》)。

---

① 张勇：《诗情与道性》，《安徽师范大学学报》(人文社会科学版) 2010年第2期。
② 赞宁：《宋高僧传》，中华书局1987年版，第728页。
③ 赞宁：《宋高僧传》，中华书局1987年版，第729页。

　　第一与第三阶段，虽然皎然对诗禅关系都持肯定态度，但又有本质上的区别，前者着眼于诗歌的外部功能，后者则着眼于诗与禅的内部相通。第二与第三阶段，表面看是个一百八十度的大转弯，其实并没有实质性的区别，因为第二阶段的妨道之"情"与第三阶段的证禅之"情"并不是一回事。

　　皎然把"情"分为两大类：一是世情；二是道情。前者指世俗的喜怒哀乐之情，后者则指摆了世俗情感束缚的合"道"之情。与皎然相似，齐己在《风骚旨格》中把诗分为四十门，其六曰"道情"，其十三曰"世情"。关于"道情"，齐己举例说："谁来看山寺，自要扫松门"；关于"世情"，举例说："要路争先进，闲门肯暂过。"①可见，"世情"表达的是世俗间的功利计较之情，而"道情"表达的则是超脱了功利束缚的宁静闲适之情。

　　上文说过，皎然在诗中反复强调"无情""忘情"，其实他并不是全然否定情感，他所要抛弃的只是"世情"。他在《送顾处士歌》中说："禅子有情非世情。"指出禅者之"情"与世俗之"情"是不同的。《奉和颜使君真卿与陆处士羽登妙喜寺三癸亭》也说："境新耳目换，物远风烟异。倚石忘世情，援云得真意。"只有忘掉"世情"，才能"得真意"，这就是禅宗所谓的"情忘道合"。

　　在大力提倡忘"世情"的同时，皎然又极力倡导"道情"。他说："道情寄远岳，放旷临千仞"（《杼山上峰和颜使君真卿袁侍御五韵赋得印字仍期明日登开元寺楼之会》）；"为依炉峰住，境胜增道情"（《夏日与綦毋居士昱上人纳凉》）；"道流迹异人共惊，寄向画中观道情"（《奉应颜尚书真卿观玄真子置酒张乐舞破阵画洞庭三山歌》）。这里，"道情"与"佛性"具有完全相同的内涵，诗与禅是圆融无碍的。

　　综上所述，在"情"与"道"的关系上，皎然不是像一般禅者那样笼统地认为情妨道，而是把情分为两个层次，一是世情，二是道情，认为前

①张伯伟：《全唐五代诗格汇考》，凤凰出版社2002年版，第407—410页。

者妨道,后者助道,基于此而论诗与道的关系,认为表达"世情"之诗妨道,而表达"道情"之诗则助道。那么,皎然"道情"概念具有什么特殊的内涵呢?

三、"道情"的审美意蕴

皎然诗中,"道情"具有多种表现形态与特定的审美意象,包含着丰富的美学意蕴。

(一)"道情"的审美形态

"道情"在皎然诗中的表现形态主要有:"高情""逸情""远情""山情""闲情"等。

1.高情

《诗式》"辨体有一十九字"专列"高"之一体,并释之曰"风韵朗畅",还举例以明之:"《杂诗》:'秋菊有佳色,裛露掇其英。泛此忘忧物,远我遗世情。'高也。"从"忘忧物""遗世情",可以看出"高"之迥绝纤尘义涵。皎然还在诗中反复咏赞"高情":"寒食江天气最清,庾公晨望动高情"(《奉和陆中丞使君长源寒食日作》);"主人高情始为开,高情放浪出常格"(《观李中丞洪二美人唱歌轧筝歌》);"云泉谁不赏,独见尔情高"(《送稟上人游越》)。在皎然看来,"高情"与"禅境"是相通的,因此说:"释事情已高,依禅境无扰。"(《奉酬颜使君真卿王员外圆宿寺兼送员外使回》)

2.逸情

逸情,是皎然"道情"的又一重要表现形态。《诗式》释"逸"曰:"体格闲放曰逸。"就人而言,"逸"是一种超凡脱俗的生活态度与精神境界,因此,他在诗中称远离世俗之人为"逸民",称僧人为"逸僧",赞这种人曰:"性背时人高且逸,平生好古无俦匹。"(《送顾处士歌》)就艺术而言,"逸"表现为不粘不滞,自由洒脱的艺术风格。《诗式》标榜诗之

"逸格": "古今逸格,皆造其极妙矣"; 赞曹植、王粲诗曰 "体格高逸",赞谢灵运诗曰 "其调逸" 等。皎然还在《周长史昉画毗沙门天王歌》中赞周昉的画曰: "雅而逸,高且真,形生虚无忽可亲"; 在《遥和康录事李侍御萼小寒食夜重集康氏园林》中也说: "已爱治书诗句逸,更闻从事酒名新"。由于 "逸" 之内涵与 "高" 相近,皎然经常 "高" "逸" 并举,如: "高逸虽成性,弓旌肯志招"(《送沈居士还太原》); "高逸诗情无别怨,春游从遣落花繁"(《送如献上人游长安》)。

3.远情

"远" 是一种距离,既指空间上的旷远,又指时间上的悠远,但在中国禅学中, "远" 往往超越时空上的自然距离属性,而归于心灵之远、境界之远。《诗式》释 "远" 曰: "非如渺渺望水,杳杳看山,乃谓意中之远。" 其诗反复咏赞 "意远" "心远": "柳家陶暑亭,意远不可齐"(《奉和陆使君长源水堂纳凉效曹刘体》); "昂藏独鹤闲心远,寂历秋花野意多"(《题周谏别业》)。这种 "心远" "意远" 之情,皎然称为 "远情": "远情偶兹夕,道用增寥夐"(《答郑方回》); "才子南看多远情,闲舟荡漾任春行"(《送韦向睦州谒独孤使君泛》); "既得庐霍趣,乃高雷远情"(《杼山禅居寄赠东溪吴处士冯一首》)。从这些诗句可以看出, "远情" 指远离俗世之情,是一种不沾滞于物的自由精神。

4.山情

自古以来,僧人与山就有着难解之缘。为了给出家僧众提供一个宁静的修行场所,古代寺院多筑于山林之间,因此常被称为 "山寺" "山门",佛门清规被称为 "山法" "山规",僧侣也常自谦为 "山僧"。僧人对山都有着特殊的感情,这样, "山情" 也成了 "道情" 的一个代名词。皎然诗云: "山情何寂乐,尘世自飞扬"(《因游支硎寺寄邢端公》); "远寺萧萧独坐心,山情自得趣何深"(《劳山忆栖霞寺道素上人久期不至》); "超然独游趣,无限别山情"(《秋日送择高上人往江西谒曹王》); "悠然南望意,自有岘山情"(《九月十日》)。从以上例句可以看出, "山情" 的基本内涵是 "超然" "悠然" "寂乐",一句话, "山情" 是一种远离世俗的幽隐寂乐之情。

5.闲情

中国佛教对"闲"字可谓情有独钟，此字常用来表示出家僧众抛开世俗名利烦恼、情欲束缚后的自由自在的心境，因此佛教常用"闲居""闲处""闲坐"等词来表达僧侣的衣食起居，僧人有时也称为"闲僧""闲人"。如皎然诗云："狂发从乱歌，情来任闲步"(《出游》)；"无事负轻策，闲行蹑幽踪"(《南池杂咏五首·寒山》)；"偶来中峰宿，闲坐见真境"(《宿山寺寄李中丞洪》)；"他日相期那可定，闲僧著处即经年"(《往丹阳寻陆处士不遇》)。关于"闲"的内涵，《诗式》说："情性疏野曰闲。"这种疏野之情，皎然称之为"闲情"："夜凉喜无讼，霁色摇闲情"(《酬乌程杨明府华雨后小亭对月见呈》)；"前事虽堆案，闲情得溯溪"(《早秋陪韩明府泛阮元公溪》)；等等。

(二)"道情"的审美意象

皎然诗用来表达"道情"的意象，使用最多的是鹤、云、月、松。

1.鹤

鹤是中国古人最喜爱的动物之一，早在先秦时期就已经成为文学意象，成为超尘绝俗个性的象征。《诗人玉屑》说："禽中唯鹤标致高逸。"[1]苏轼《放鹤亭记》称誉鹤曰："清远闲放，超然于尘垢之外。"[2]晋高僧支道林特别欣赏鹤的"凌霄之姿"，喜欢它孤立不群、冷然独畅的个性。[3]皎然也十分喜欢鹤。他说："欲问采灵药，如何学无生。爱鹤颇似君，且非求仙情。"(《寄路温州》)在这首诗中，皎然明确表示自己"爱鹤"，同时又指出自己爱鹤与道家求仙不同，那么他为什么爱鹤呢？《诗式》"越俗"云："其道如黄鹤临风，貌逸神王，杳不可羁。"《答道素上人别》也说："黄鹤有逸翮，翘首白云倾。"鹤的凌霄之姿能引起超尘脱俗的旷远之

---

①魏庆之编：《诗人玉屑》，上海古籍出版社1978年版，第216页。
②苏轼：《苏轼文集》(第2册)，中华书局1986年版，第361页。
③余嘉锡：《世说新语笺疏》，上海古籍出版社1993年版，第136页。

情，因此鹤意象成为皎然诗中"道情"的载体。他说："道情何所寄，素
舸漫流间。真性怜高鹤，无名羡野山"（《西溪独泛》）；"真思凝瑶瑟，
高情属云鹤"（《奉酬于中丞使君郡斋卧病见示一首》）；"独鹤天边俱得
性，浮云世上共无情"（《寻天目徐君》）。

2.云

皎然说："白云供诗用，清吹生座右。"（《答裴集阳伯明二贤各垂赠二
十韵今以一章用酬两作》）云是皎然诗中出现最多的意象之一。他描写云的
形态曰："舒卷意何穷，萦流复带空。有形不累物，无迹去随风。莫怪长相
逐，飘然与我同。"（《南池杂咏五首·溪云》）云的特征是来去无迹，舒卷
自如。在皎然眼中，云已不是客观自然之物，而是其无心、无执、澹泊、闲
适生活态度的表征，因此他说："履声知客贵，云影悟身闲。"（《奉酬颜使
君真卿见过郭中寺寺无山水之赏故予述其意以答焉》）皎然常用"闲云"来
象征"道情"，如："寒草心易折，闲云性常真"（《兵后送薛居士移家安吉》）；
"流水非外物，闲云长属君"（《题郑谷江畔桐斋》）；"明朝天畔远，何处逐
闲云"（《夏日题郑谷江上纳凉馆》）。

3.月

月，常被禅子用作参禅悟道的手段，如以"水中月"引人证悟"诸法
性空"之理。[1]皎然《水月》诗云："夜夜池上观，禅身坐月边。虚无色可
取，皎洁意难传。若向空心了，长如影正圆。"通过观"水月"，而参悟
"色即是空，空即是色"之理。正是由于月之助禅功能，月意象成为"道
情"的载体。皎然说："山近资性静，月来寄情深。澹然若事外，岂藉隳华
簪。"（《夏日集李司直纵溪斋》）这里，月意象所寄之情，不是一般的世
俗之情，而"澹然若事外"之"道情"，因此，皎然诗中的月意象大都与禅
宗的明心见性联系在一起。如："秋天月色正，清夜道心真"（《秋宵书事
寄吴凭处士》）；"春风忆酒乌家近，好月论禅谢寺幽"（《赠和评事判
官》）；"孤月空天见心地，寥寥一水镜中山"（《送维谅上人归洞庭》）。

———————
①参见张勇《"水中月"的佛学渊源与艺术生成》，《文学评论丛刊》第十二卷第
一期。

4.松

松也是皎然非常喜爱的诗歌意象之一,是其"高情"的象征。他在《咏敔上人座右画松》中说:"真树孤标在,高人立操同。"称松为"真树",并说他与"高人"之情操相同。在《观裴秀才松石障歌》中也说:"对之自有高世心,何事劳君上山屐。"松能令人顿生高世之心。又如:"格将寒松高,气与秋江清"(《答苏州韦应物郎中》);"春晖遍众草,寒色留高松。……灵境若可托,道情知所从"(《奉陪陆使君长源诸公游支硎寺》)。皎然很喜欢听松声,他说:"为爱松声听不足,每逢松树遂忘还。"(《戏题松树》)为什么这么喜欢听松声呢?他说:"松声畅幽情,山意导遐迹"(《妙喜寺高房期灵澈上人不至重招之一首》);"峰翠羡闲步,松声入遥思"(《遥酬袁使君高春暮行县过报德寺见怀》);"外物寂中谁似我,松声草色共无机"(《山居示灵澈上人》)。松声能引起人的幽情、遥思,使人忘去机心,神游物外,这就是皎然喜欢听松声的原因。

(三)"道情"的审美内涵

皎然"道性"概念的审美内涵主要表现在以下几个方面:

第一,超功利。《高僧传》评价皎然说:"昼清净其志,高迈其心,浮名薄利,所不能唼。唯事林峦,与道者游,故终身无堕色。"[1]皎然超尘脱俗的个性,使其非常看重"道情"的超功利性。其《送顾处士歌》云:"谢氏檀郎亦可俦,道情还似我家流。安贫日日读书坐,不见将名干五侯。……满道喧喧遇君别,争窥玉润与冰清。"从"不见将名干五侯","玉润与冰清"等句,可以看出"道情"之超功利性。皎然诗中之"高情""远情""山情""闲情",都具有这种远离世俗功利之旷味。

第二,一动静。静,是释子的永恒追求,但他们反对离动而求静,主张即动即静,动静不二,皎然所谓"非如松风不动,林狖未鸣,乃谓意中之静"。"意中之静"正是"道情"的集中体现。在皎然诗中,"高情""闲

---

[1]赞宁:《宋高僧传》,中华书局1987年版,第728—729页。

情"都与"静"紧紧联系在一起。如:"静爱和花落,幽闻入竹声。朝观趣无限,高咏寄深情"(《夏日登观农楼和崔使君》);"岭云与人静,庭鹤随公闲"(《夏日奉陪陆使君长源公堂集》);"林开明见月,万壑静闻钟"(《陪卢中丞闲游山寺》)。以上诗句中,岭云、庭鹤、竹声、钟声,都具有夐绝尘寰的宁静特质,虽动而静,动静不二,乃"意中之静"。

第三,合自然。在皎然看来,"自然"与"道情""中道"具有相同的内涵。《诗式》曰:"虽有道情,而离深僻。……虽尚高逸,而离迂远。"(《诗有四离》)这是在强调,"道情"符合不偏不倚、不粘不滞之"中道"精神。在"中道"上,诗与禅是相通的,所以,皎然说谢灵运得"空王之道助""彻空王之奥",赞其诗曰:"真于情性,尚于作用,不顾词彩,而风流自然。"这里,"真"即"自然",是"道情"的基本内涵,符合可以神会不可言得之"诗家中道"。

最后,自由无碍。日本著名禅学家铃木大拙说:"禅就其本质而言,是看人自己生命本性的艺术,它指出从枷锁到自由的道路。"[1]自由,是皎然"道情"概念的终极义涵,他所谓"情同不系舟,有迹道所恶"(《奉和薛员外谊赠汤评事衡反招隐之迹兼见寄十二韵》)、"清朝扫石行道归,林下眠禅看松雪"(《寄题云门寺梵月无侧房》)。在"道情"的世界中,青山自青山,白云自白云,一切圆满自足,自由无碍。

结　语

作为诗论家,皎然特别强调"情"在诗歌中的本体地位;而作为僧人,他又主张"无情""忘情";因此,作为诗僧,他不能回避"诗情"与"道性"之间的矛盾问题。为了调和这一矛盾,皎然把"情"分"世情"与"道情",主张在诗歌创作中,抛却"世情"而彰显"道情"。皎然"道情"概念,具有"高情""逸情""闲情""远情""山情"等多种表现形

---

[1]铃木大拙、佛洛姆:《禅与心理分析》,孟祥森译,中国民间文艺出版社1986年版,第175页。

态，并通过鹤、云、月、松等意象传达出来，具有超功利、一动静、合自然、自由无碍等审美内涵。明人胡震亨说："皎然《杼山集》清机逸响，闲淡自如，读之，觉别有异味在咀嚼之表，当毳雅慕曲江，取则不远尔。"①皎然诗这种"清逸"的艺术风格，正是由其对"道情"的追求所决定的，读之，能给人以超尘脱俗的审美感受。

［原载《浙江学刊》2011年第1期］

---

① 胡震亨：《唐音癸签》，上海古籍出版社1981年版，第81页。

论柳宗元的《东海若》

一

　　《东海若》全文分为两大部分：第一部分为寓言，第二部分揭示寓意。第一部分大致说：东海若（即东海之神）捡到二个大瓠，挖空后把夹杂着粪土等污秽之物的海水填入其中，又用石头堵住口，扔进大海。过了一段时间，东海若再次经过此海时，听到一个瓠中的海水大喊："我大海也。"东海若感到好笑，要帮它取出秽物回归大海，它很不高兴地说："我固同矣，吾又何求于若？吾之性也，亦若是而已矣。秽者自秽，不足以害吾洁；狭者自狭，不足以害吾广；幽者自幽，不足以害吾明。而秽亦海也，狭亦海也，幽亦海也，突然而往，于然而来，孰非海者？子去矣，无乱我。"另一个瓠中的海水则哭嚎求救，于是东海若抉石破瓠，荡涤秽物，海水复归清净，回于大海。前面的那一个则永远与臭腐为伴。

　　第二部分揭示寓意：

　　今有为佛者二人，同出于毗卢遮那之海，而汩于五浊之粪，而幽于三有之瓠，而窒于无明之石，而杂于十二类之蜿蚖。人有问焉，其一人曰："我佛也，毗卢遮那、五浊、三有、无明、十二类，皆空也，一也，无善无恶，无因无果，无修无证，无佛无众生，皆无焉，吾何求也！"问者曰:"子之所言,性也,有事焉。夫性与事,一而二、二而一者也,子守而一定,大患者至矣。"其人曰:"子去矣,无乱我。"其一人曰:"嘻,吾毒之久矣!吾尽吾力而不足以去无明,穷吾智而不足以超三有、离五浊,而异夫十二类也。就能之,其大小劫之多不可知也,若之何?"问者乃为陈西方之事,使修念佛三昧一空有之说。于是圣人怜之,接而致之极乐之境,而得以去群恶,集万行,居圣者之地,同佛知见矣。向之一人者,终与十二类同而不变也。夫二人之相远也,不若二瓠之水哉!今不知去一而取一,甚矣!

文章的前后两部分一一对应。"大海"喻"法性","粪土"喻"五浊","瓠"喻"三有","石"喻"无明","蛣蜣"喻"十二类"。①两位学佛之人,一位坚持"无修无证",另一位则接受"念佛三昧",两人在解脱的根据、方式与途径等方面都存在着很大差异,析而言之,主要有以下四个方面:

第一,"唯心净土"与"西方净土"的差异。唯心净土,谓净土是唯心所变,存在于众生心中;西方净土,指阿弥陀佛的极乐净土,又称极乐净土、极乐世界等,存在于"西方过十万亿佛土"处。《东海若》中,一人说"秽亦海也,狭亦海也,幽亦海也,突然而往,于然而来,孰非海者",这其实就是说,自性是佛,净土就在自己心中,而另一位则相信"西方之事""极乐之境",前者持"唯心净土"观,后者持"西方净土"观。

第二,自度与佛度的差异。一人说:"我佛也,毗卢遮那、五浊、三有、无明、十二类,皆空也,一也。"他认为,诸法性空,无佛无众生,因此解脱只能靠自性自度,而不能靠佛度他度。另一位则说:"吾尽吾力而不足以去无明,穷吾智而不足以超三有、离五浊,而异夫十二类也。就

① "法性""五浊""三有""无明""十二类",皆是佛教术语。"法性",指诸法的真实体性,为"真如"之异名。"五浊",指末法时代之五种恶劣的生存状态,即命浊、众生浊、烦恼浊、见浊、劫浊。"三有",即欲有、色有、无色有,与"三界"同义。"无明",即烦恼。"十二类",指十二种生命形态,即卵生、胎生、湿生、化生、有色、无色、有想、无想、非有色、非无色、非有想、非无想。

能之，其大小劫之多不可知也，若之何？"他认为，自力、自智不足以去"无明"、超"三有"、离"五浊"，即使能做到的话，也要用不知多少劫的时间，所以必须靠佛度。

第三，无证无修与念佛三昧的差异。在修行方式上，一人说："无善无恶，无因无果，无修无证，无佛无众生，皆无焉，吾何求也。"既然诸法皆空，"无善无恶""无因无果"，当然也就无需修证了。另一位则主张修"念佛三昧"。

最后，不离世间与欣取乐邦的差异。一人认为，秽者自秽、狭者自狭、幽者自幽，自心的"洁""广""明"不会因为外界环境的"秽""狭""幽"而改变，即心即佛，不假外求，解脱不离世间。另一人则严格区分世间与出世间，厌舍秽土，欣求乐邦。

文中，修"念佛三昧"者最终被接引至"西方净土"，"无修无证"者则永远与臭腐为伴。柳宗元又立足于"中道"立场分析了"无修无证"者的病因所在。先简要介绍一下"中道"的内涵及柳宗元的理解。

"中道"是佛教的根本立场，是大、小乘各宗派弘法的基本态度。关于"中道"一语的内涵，大、小乘诸宗的解释并不完全相同，大乘中观学派之"中道"立场是：主张缘起即空，空有不二，反对堕于"断"与"常"两边。《大智度论》卷八十说："若人但观毕竟空，多堕断灭边；若观有，多堕常边。……离二边故，假名为中道。"①只知"毕竟空"会堕入"断灭边"，只知"缘起有"则会堕入"常边"，只有即空的缘起而不落于"断灭边"，即缘起的性空而不落于"常边"，方为缘起与空寂不偏的"中道"。因此，佛陀正觉与善巧方便、缘起性空与修行实践不可偏废弃，偏重任何一方都会失却"中道"。

柳宗元对佛教之"中道"有很深的理解。他在《永州龙兴寺修净土院记》中说："通假有借无之名，而入于实相。境与智合，事与理并。故虽往生之因，亦相用不舍。……有能求无生之生者，知舟筏之存乎是。""假

---

① 《大正藏》第25册，第622页上。

有"非真有，"借无"非真无，"假有""借无"都蕴涵非有非无，亦有亦无之意，两者融通，便契入万法之实相。"事与理并"表达的也是这一意思。"事"，指因缘和合而生的一切事物，即宇宙间千差万别的现象，"理"则指平等、无差别的本体，理事相即方为"中道"。下面一句中的"无生之生"，巧妙地把"理"与"事"圆融起来。依"理"而言，一法不立，故无生；依"事"而言，万法宛然，故生；真不碍俗，故生亦无生，无生亦生。只有理解"无生之生"，才会明白登上"无生"之岸离不开"有生"之舟筏的道理。柳宗元这几句话要表达的意思是，不要因过分强调对性空的悟解而忽视念佛、持戒等修行实践的必要性，所以他说："故虽往生之因，亦相不舍。"在《南岳般舟和尚第二碑》中，柳宗元更明确地说："无得而修，故念为实相；不取于法，故律为大乘。""无得"，即"无得中道"，由不生不灭、不常不断、不一不异、不来不出八种概念组成。柳宗元说，依"中道"修行，念佛而不着于相、持戒而不取于法，念佛、持戒即是实相。

再看柳宗元在《东海若》中对"无修无证"者的批评。"无修无证"者站在诸法缘起性空的理论基础之上，认为"毗卢遮那、五浊、三有、无明、十二类，皆空也"，既然一切皆空，那么心之外就不可能存在一个实有的"西方净土"，解脱也只能靠自性自度而不能靠佛度他度，因此，念佛、持戒等修行实践都是多余的，只需在日常生活之中做到"无证无修"就行了。柳宗元指出这种观点的症结之所在："子之所言，性也，有事焉。夫性与事，一而二、二而一者也，子守而一定，大患者至矣。""性"，即本性、本质，与"理"等意。从"性"上来说，诸法性空，"极乐世界"当然是不存在的，"无修无证"的观点是正确的，但"性"不能离开"事"而单独存在，空性的证得也离不开修行实践，"性"与"事"是一而二、二而一、不可须臾分离的，此人只知"毕竟空"而不知"缘起有"，因此偏离了"中道"而陷入"断灭边"。

综上所述，《东海若》描述了两种学佛方式，一是"无证无修"，一是"念佛三昧"，柳宗元否定前者，而肯定后者。这是文本的最基本内容。值得进一步思考的是，柳宗元写这则寓言的目的是什么？

南宋僧人宗晓编《乐邦文类》，专收弘扬净土信仰的诗文，其中收录有柳宗元的《东海若》《岳州圣安寺无姓和尚碑》《永州龙兴寺修净土院记》三篇。宗晓把《东海若》誉为"《乐邦文类》之冠"，并说："昔人以净土为诞妄，柳公故作斯文以讥其失。大哉！达佛旨者也。"[①]他认为，柳宗元作《东海若》一文的目的在于讥讽那些"以净土为诞妄"者。章士钊说："此殆子厚久处贬所，郁闷不堪，援者绝迹于外，而己亦无意求援于人，因自陈愿安粪秽之本怀，更借一乞于人者以为衬托，遂成为全篇反语之形状云。"[②]他认为，柳宗元写本文的目的在于"自陈愿安粪秽之本怀"。孙昌武说："在他的意识中，入佛逃禅有着不得不然的悲哀，对净土的迷信也就有着自我麻醉的意味。"[③]孙先生认为，柳宗元宣扬净土信仰，"有着自我麻醉的意味"。从文本内容来看，《东海若》的主旨的确如宗晓所谓"讥以净土为诞妄"者；从柳宗元对净土信仰的热情鼓吹来看，孙昌武所谓"自我麻醉"说也是有一定道理的；章士钊所谓"安粪秽之本怀"，可能相差较远。问题是：难道柳宗元写《东海若》的目的就是为净土宗"护教"吗？抑或仅仅是安慰自己受伤的灵魂吗？这背后还有没有其他动机呢？

二

要搞清柳宗元隐含在《东海若》背后的动机，首先必须了解当时禅宗与净土宗的对立情况，了解禅宗对净土宗的批评及柳宗元的反批评。

《东海若》是在中唐禅宗与净土宗对立的背景之下写成的。禅净两宗对立的深层理论基础是"唯心净土"与"西方净土"的对立。"唯心净土"是禅宗最典型的思想特征之一。惠能说："迷人念佛生彼，悟者自净

---

① 《乐邦文类》卷2，见《大正藏》第47册，第177页上。
② 章士钊：《柳文指要》（上卷），文汇出版社2000年版，第504页。
③ 孙昌武：《柳宗元评传》，南京大学出版社1998年版，第362—363页。

其心。所以佛言：'随其心净，则佛土净。'……心但无不净，西方去此不远；心起不净之心，念佛往生难到。……但行十善，何须更愿往生？不断十恶之心，何佛即来迎请？若悟无生顿法，见西方只在刹那；不悟顿教大乘，念佛往生路遥，如何得达？"①大珠慧海也说："若心清净，所在之处，皆为净土。……其心若不净，在所生处，皆是秽土。净秽在心，不在国土。"②惠能、慧海都是用"唯心净土"来否定"西方净土"。关于净土宗对禅宗"唯心净土"的批评，赖永海说：

禅宗倡即心即佛，心外无别佛，"唯心净土"是其思想发展的合乎逻辑的结果。净土宗人对此种说法很不以为然，认为"唯心净土"的说法，是把真俗混为一谈。依净土宗人看来，六祖之否定西方，乃是依常住真心立说，不是约俗谛言。就真不碍俗说，佛国在心，不妨十方净土宛然。他们认为，对于内证工夫很深的利根之人，说佛国在心自无不可，但对广大凡俗众生，不可妄唱"唯心净土""自性弥陀"之高调，而应把西方净土作为追求的目标，只要能进此极乐世界，成佛便可指日可待。③

净土宗人认为，惠能对"西方净土"的否定，是就理上来说的，若就事上来说，"西方净土"是宛然存在的，对一般信众来说，"唯心净土"只是可望而不可即的"高调"，"西方净土"才是切实可行的修行目标。

"唯心净土"与"西方净土"的对立，导致了禅净两宗在解脱途径与方法上的对立。南宗禅倡导"不立文字""见性成佛"之顿悟法门，往往对净土宗念佛、持戒等修行实践持否定态度。如大珠慧海说："圣人求心不求佛，愚人求佛不求心；智人调心不调身，愚人调身不调心。"④他甚至说："汝若能谤于佛者，是不着佛求；毁于法者，是不着法求；不入众数

①郭朋：《坛经校释》，中华书局1983年版，第66页。
②《景德传灯录》卷28，见《大正藏》第51册，第443页下。
③赖永海：《中国佛性论》，上海人民出版社1988年版，第257页。
④《顿悟入道要门论》卷上，见《大藏新纂卍续藏经》第63册，第18页上。

者，是不着僧求。"①有研究者说："在大珠的时代，主要论敌仍是律师和法师，他重点斥责的佛事是诵经、念佛和净土。他称诵经为'客语'，'如鹦鹉只学人言，不得人意'。'念佛'则是'取相'，取相是为凡夫所立的'随宜说'，不是究竟之语。'秽净'在心，不在国土，离开净心，别无净土。"②如果说作为一代高僧大德的大珠慧海，对诵经、念佛的否定，是为了对治"愚人"对外在"佛""法"的执求，那么，某些禅宗后学则由于过分强调"明心见性""教外别传"而彻底否定净土宗持戒、念佛等修行实践，把宗教实践等同于世俗生活。柳宗元对此持强烈的批评态度。

柳宗元说："故今之空愚失惑纵傲自我者，皆诬禅以乱其教，冒于嚚昏，放于淫荒。"（《龙安海禅师碑》）"空愚失惑纵傲自我"之徒，常常借修禅之名而废弃必要的修行实践，结果走上了"嚚昏""淫荒"之歧途。柳宗元又说："今之言禅者，有流荡舛误，迭相师用，妄取空语，而脱略方便，颠倒真实，以陷乎己，又陷乎人。"（《送琛上人南游序》）"方便"，又称"权假方便""善巧方便""权巧施设"等，它相对于"真理"而言，是指为引导众生证悟真理而权设的法门，包括坐禅、讲论、持戒等。达摩以来，南宗禅一直奉"教外别传，不立文字，直指人心，见性成佛"为其宗旨，但中唐以后，有些禅宗学人把"以心传心，不立文字"发展到了极端，一味"迭相师用，妄取空语"，完全抛却经论的研读和必要的修持，混淆宗教修行与世俗生活的界线，导致宗教信仰的泛化，清规戒律的荒疏。柳宗元认为这种修行方式"陷乎己又陷乎人"。

某些禅宗学人对持戒、念佛等修行实践的否定，不但造成禅宗与净土宗之间的对立，而且造成对世俗礼法的破坏。柳宗元批评说："余观世之为释者，或不知其道，则去孝以为达，遗情以贵虚。"（《送元暠师序》）某些"为释者"不理解佛教的真谛，以为参禅修道就是"去孝""遗情"而求"达"、求"虚"，岂不知"言至虚之极则荡而失守"（《送巽上人赴中丞叔父召序》），失去"孝""情"等道德内涵的"达""虚"，只能是

---

① 《景德传灯录》卷28，见《大正藏》第51册，第441页下。

② 杜继文、魏道儒：《中国禅宗通史》，江苏古籍出版社1993年版，第250页。

"流荡舛误""妄取空语"。柳宗元还在《送方及师序》中批评那些所谓"文章浮屠"说:"代之游民,学文章不能秀发者,则假浮屠之形以为高;其学浮屠不能愿愬者,则又托文章之流以为放。以故为文章浮屠,率皆纵诞乱杂,世亦宽而不诛。"那些"为文""为心"均不虔诚之"文章浮屠",一方面"假浮屠之形以为高",另一方面又"托文章之流以为放",既以方外之士自居而不尊世俗礼法,又以文章之士自称而不循佛门清规,纵诞自肆,放荡不羁。柳宗元把这类人称为"游民",甚至埋怨国家法律对其"宽而不诛"。

柳宗元还从思维方式上找出上述"禅病"的根源。在《送琛上人南游序》中,柳宗元说:"又有能言体而不及用者,不知二者之不可斯须离也。离之外矣,是世之所大患也。"他认为,造成上述"禅病"的最主要根源是"言体而不及用"。体,即体性,指毫无分别的、不变的真理实相;用,即作用,差别现象之具体表现。体用相即,是中国禅宗最基本的思维方式,它贯穿、统摄着禅宗的全部理论和实践。神秀说:"我之道法,总会归体用两字。"①惠能也说:"定惠体一不二。即定是惠体,即惠是定用。即惠之时定在惠,即定之时惠在定。"②惠能以后,南宗禅尤其是洪州禅,愈益朝生活化方向发展,洪州后学常常把日常生活本身混同于禅修实践,导致"言体不及用"之"禅病"。"言体而不及用"与上文所言"妄取空语、脱略方便",是对同一现象的批评,只是角度不同,后者是从具体现象入手,在形而下层面展开,而前者则是从思维方式入手,在形而上层面展开,两者都是指某些南宗后学由于过分强调"顿悟",以空寂之"体"上的无差别性遮蔽了现象之"用"上的差别性,结果,一方面弱化了修行实践的必要性,另一方面消解了现世生活实践的道德标准。柳宗元在《东海若》中批评"无证无修"者为"言性不及事",意思与"言体而不及用"是完全一致的。

从以上叙述可以看出,《东海若》中两位学佛人之间的对立,实际上

---

① 《楞伽师资记》,见《大正藏》第85册,第1290页下。
② 《坛经校释》,中华书局1983年版,第26页。

代表了中唐禅宗与净土宗的对立。柳宗元因对某些禅宗学人宗教信仰的泛化，清规戒律的荒疏及对社会秩序的破坏极为不满，转而倡导为南宗禅所抛弃的"西方净土"观念及念佛、持戒等修行实践，以对治"狂禅"之流弊。南宋高僧祖琇称赞说：柳宗元"嫉逃禅趣寂而脱略方便"，有"深救时弊，有补于宗教"之功效。[①]从中国佛教史来看，柳宗元对"西方净土"信仰及念佛、持戒等修行实践的提倡，预示了中唐以后中国佛教的发展方向。宋代以后，禅宗与净土宗走向合流，又带动了天台宗、华严宗、法相宗、律宗同归净土，净土信仰及念佛法门由此普及于各宗派。《东海若》的意义还不止于此。

三

葛兆光说：

> 尽管南宗禅尤其是马祖之后的南宗禅以呵佛骂祖、毁弃经论、棒打口喝的方式弄出一副潇洒的面目，开启了纯任自然、追求平常的风气，表面上赢得了文人士大夫的喝彩，但当思想真正要负担起人生和社会的重任时，它却无能为力了，只好将意识形态拱手相让，因为它只能解决个人心灵的宁静和适意，甚至只能在纯粹心理层面上抚慰自己。……在人格提升上，它无法做到让人自觉向上，所以在中国思想大转型的中唐、儒道佛全面融会建设一个新形思想体系时，以儒家思想定位并吸取道释思想的那一批人，表面上看来是从南宗禅那里得到思想资源，但在汇入新思想时那些资源却剥落一层还原为近乎北宗禅的理路。[②]

作为中唐思想文化大转型时期儒家的代表，柳宗元极力主张"统合儒释"，发挥佛教的"佐世"功能。当时，南宗禅一枝独秀，出现了"凡言

---

① 《隆兴佛教编年通论》卷23，见《大藏新纂卍续藏经》第75册，第224页下。
② 葛兆光：《中国禅思想史》，北京大学出版社1995年版，第218页。

禅皆本曹溪"的局面（《曹溪第六祖赐谥大鉴禅师碑》）。由惠能开创的南宗禅，标举"顿悟"为其禅法特色，其实，惠能强调"顿悟"，并不是全然否定修行实践的必要性，而是强调上根之人无须长期按次第修习，一旦把握住佛教真理，即可突然觉悟而成佛。但某些南宗后学，常常以"顿悟"为借口，不但反对诵经、持戒等修行实践，而且出现以修禅为名破坏礼法的现象，此时的南宗禅已经难以担负起"佐世"之重任了。

柳宗元提倡"西方净土"信仰，固然有为自己找寻精神寄托的原因，但更主要的目的还在于"佐世"。纵观柳宗元的一生，儒家思想在其思想体系中一直居于主导地位，即使在贬谪永州穷困潦倒之际，他也时刻没有忘记自己的儒家身份。他说："至永州七年矣，蚤夜惶惶，追思咎过，往来甚熟，讲尧、舜、孔子之道亦熟，益知出于世者之难自任也""时时读书，不忘圣人之道"（《与杨诲之第二书》）。他在《与李翰林建书》中也说："仆近求得经史诸子数百卷，尝候战悸稍定，时即伏读，颇见圣人用心、贤士君子立志之分。"他对净土信仰的提倡，也是与其儒家思想紧紧联系在一起的。

"安史之乱"以后，唐王朝形成藩镇割据、宦官专权的局面，连年兵乱造成国库耗竭，政府加强对人民的盘剥，苛捐杂税日益严重，民不聊生，起义不断。在这种情况下，中唐兴起的以啖助、赵匡、陆质为代表的"新《春秋》学派"，继承了西汉"公羊学"之微言大义，大力倡导"尊王"，意欲结束强藩跋扈、宦官弄权的混乱局面，重建"大一统"的皇权专制政治。作为"新《春秋》学"的服膺者，[①]柳宗元大力标举尧舜时期"百兽率舞、凤凰来仪"之"大同社会"，主张以此垂法于万世（《晋问》）。与此相联系，柳宗元认为"西方净土"信仰也具有这种终极指向意义。他说："生物流动，趋向混乱，惟极乐正路为得其归。"（《岳州圣安寺无姓和尚碑》）他又在《永州龙兴寺修净土院记》中描绘"极乐世界"曰："其国无有三恶八难，众宝以为饰；其人无有十缠九恼，群圣以

①据《答元饶州论春秋书》记载，柳宗元曾向陆质执弟子礼，并表达自己对陆质的景仰之情曰："恒愿扫于陆先生之门。"

为友。"这与他在《晋问》中所描绘的"大同社会"有异曲同工之妙。柳宗元鼓吹"极乐世界"的意义在于，为处于乱世之中的人们提供一个美好的精神归宿，这对稳定社会秩序是至关重要的。据《柳州复大云寺记》记载，柳州人信鬼嗜杀，社会治安极为混乱，国家在此建造大云寺，引导当地人信仰佛教，情况出现了好转。后来，大云寺被大火烧坏，一百多年没有修复，周围三百多户人家"失其所依归"，又出现了混乱。柳宗元贬到柳州以后，修复大云寺，安居僧人，宣传佛法，于是人们"去鬼息杀，而务趣于仁爱"。柳宗元特别强调，人们的精神"失其所依归"是造成社会治安混乱的主要原因之一，此说法是极其深刻的。

为了发挥佛教"诱掖迷浊"（《送濬上人归淮南觐省序》）之"佐世"功能，柳宗元在宣扬"西方净土"真实不虚的同时，又再三强调持戒等修行实践的重要性。他说："儒以礼立仁义，无之则坏；佛以律持定慧，去之则丧。是故离礼于仁义者，不可与言儒；异律于定慧者，不可与言佛。"（《南岳大明寺律和尚碑》）在儒家的道德伦理体系中，礼是最根本的，它是通达仁义的基础与前提，孔子所谓"克己复礼为仁"（《论语·颜渊》），无"礼"则仁义坏。在佛教的修行实践中，戒是最根本的，由戒生定，由定发慧，戒为"三学"之首、定慧之基，离戒则定慧无所依持。在柳宗元看来，佛教之"戒"与儒家之"礼"在目的上是一致的，两者都是以"克己"的手段来达到道德境界。柳宗元在《东海若》中否定"无证无修"的修行观，强调戒律的重要性，其目的在于规范佛教，从而让它更好地担负起"佐世"之重任。清人彭际清曰："其（按：柳宗元）为言尊尚戒律，翼赞经论，以豁达狂禅为戒。"[1]此语十分准确地指出了柳宗元佛教观的特点，此特点是由他对佛教"佐世"功能的重视所决定的。

---

[1]《居士传》卷19，见《大藏新纂卍续藏经》第88册，第216页中。

结　语

《东海若》以寓言的形式，反映了中唐时期禅宗与净土宗在解脱根据、途径与方法上的分歧。柳宗元站在"中道"立场之上，批评某些禅宗学人宗教信仰的泛化与清规戒律的荒疏，指出其"言性不及事"之病，同时充分肯定"西方净土"信仰及念佛、持戒等修行实践的重要性，预示了中唐以后中国佛教的发展方向，《东海若》也因此被认为是"护教"之作。在"护教"背后，《东海若》更寄托了柳宗元远大的社会理想与火热的现世关怀。"西方净土"其实是柳宗元儒家"大同"理想的折射，它虽然在现实之中不可能实现，但能给处于乱世之中的人们提供一个美好的理想，成为他们精神的依托，从而引导他们"趣于仁爱"。柳宗元对持戒、念佛等修行实践的强调，目的在于规范当时比较混乱的南宗禅，从而让它更好地担负起"佐世"之重任。《东海若》对净土信仰的提倡，从表面来看是非理性的，但这种非理性选择的背后却隐含着作者理性的思考。祖琇赞曰："盖子厚深明佛法而务行及物之道，故其临事施设有大过人力量也。如此可不美哉！"①这个评价极其精当！有唐一代，深明佛法之士不少，但大部分人所欣赏的只是佛教闲情安性的一面，而像柳宗元这样注重从佛法之中挖掘"及物之道"之人还是不多的。祖琇之赞决非虚言。

[原载《文学遗产》2009年第2期]

---

① 《隆兴佛教编年通论》卷23，见《大藏新纂卍续藏经》第75册，第223页下。

柳宗元《大鉴碑》中的"负问题"

元和十年（815），唐宪宗下诏追谥惠能为"大鉴禅师"，柳宗元奉诏撰《曹溪第六祖赐谥大鉴禅师碑》（以下简称"柳《碑》"）。此前，王维已经撰写了《六祖能禅师碑铭》（以下简称"王《碑》"）；此后，刘禹锡又撰写《大唐曹溪第六祖大鉴禅师第二碑》（以下简称"刘《碑》"）。对比这三篇碑铭，会发现：与王、刘二《碑》把"法衣"与"顿悟"放在十分突出的位置不同，"柳《碑》"却只字未提这两项惠能六祖地位及禅法特色的重要标志，这是"柳《碑》"中最大的"负问题"。①

一、"负问题"的提出

先来比较一下三篇碑文中关于惠能生平介绍的文字。"王《碑》"说："临终遂密授以祖师袈裟。""刘《碑》"也说："初，达摩与佛衣俱来，得道传付，以为真印。至大鉴置而不传，岂以是为筌蹄邪，刍狗邪？将人人之莫己若而不若置之邪？吾不得而知也。"刘氏不但肯定惠能得到了法衣，而且说惠能将法衣"置而不传"，这与《坛经》的说法是完全一致的。刘氏还专作《佛衣铭》，推测惠能"置衣不传"的原因。与王、刘

---

①这里所谓的"负问题"，是指文本中本该说而没有说的东西，即文本中的"空白"。这个概念的提出，主要是依据法国西马学者阿尔都塞（Louis Althusser, 1918—1990）"依据症候的阅读"和冯友兰"负的方法"概念。

两《碑》不同,"柳《碑》"未提传法衣之事,只是说:"大鉴始以能劳苦服役,一听其言,言希以究,师用感动,遂受信具";"抱其信器,行海之阴。"这里,"信具""信器"到底是指什么?柳宗元没有明说。

关于惠能的禅法,王、刘二《碑》都直接提到了"顿悟",而"柳《碑》"未提。"王《碑》"说:"至于定无所入,慧无所依,大身过于十方,本觉超于三世。根尘不灭,非色灭空;行愿无成,即凡成圣。举足下足,长在道场;是心是情,同归性海。商人告倦,自息化城;穷子无疑,直开宝藏。其有不植德本,虽入顿门,妄系空花之狂,曾非慧日之咎?"在这段话中,王维不但准确地概括出了惠能禅法"即心即佛"的解脱观与"顿悟成佛"的修行观,而且直接提到"顿门"两字,可见他是紧扣"顿悟"来交待惠能禅法特征的。刘禹锡更明确地指出惠能禅的"顿悟"特色,他说:"自达摩六传至大鉴,如贯意珠,有先后而无同异,世之言真宗者,所谓顿门";"一言顿悟,不践初地。五师相承,授以宝器。宴坐曹溪,世号南宗。"刘禹锡指出,从初祖达摩至六祖惠能,"顿悟"法门前后相承,以一贯之。与王、刘二《碑》不同,"柳《碑》"关于惠能禅法的叙述极其简括,只是说:"其道以无为为有,以空洞为实,以广大不荡为归。其教人,始以性善,终以性善,不假耘锄,本其静矣。"竟然只字未提"顿悟"。

现存有关惠能生平、思想的资料,大都把"法衣"与"顿悟"放在突出的位置,把它们作为惠能"六祖"地位的标志,"法衣"标志着惠能师承的正统性,"顿悟"标志着惠能禅法的正统性。目前学界虽然对"传法衣"之说有些争议,但对以"顿悟"作为惠能禅法的重要特征之一,似已成为共识。那么,"柳《碑》"为什么竟只字不提最具标志性的"法衣"与"顿悟"呢?

这是否是由于柳宗元对惠能及其南宗禅缺少了解呢?答案应是否定的。早在天宝四年(745),惠能的弟子神会就在兵部侍郎宋鼎的支持下在东都洛阳荷泽寺建道场,大唱南宗禅法,"于是曹溪了义,大播于洛阳;

荷泽顿门，派流于天下"。①况且，早在柳宗元出生之前，"王《碑》"就已经写成了。可见，"自幼好佛"的柳宗元，早年时期就有大量接触惠能南宗禅的机会。柳宗元一生也结交了不少禅门高僧。任蓝田尉时，结识了马祖门下南泉普愿的弟子文畅，在永州，又结交了文约、浩初等禅僧。柳宗元也在不少作品中表达了对南宗禅的理解。如《永州龙兴寺西轩记》："因悟夫佛之道，可以转惑见为真智，即群迷为正觉，舍大暗为光明。夫性岂异物耶？"这段话表达的正是南宗禅的"顿悟"思想。又如《巽公院五咏·禅堂》："涉有本非取，照空不待析""心境本同如，鸟飞无遗迹"；《晨诣超师院读禅经》："真源了无取，妄迹世所逐""澹然离言说，悟悦心自足"等。这些诗句都表达了惠能南宗以非有非无的遮诠方法、舍离文字义解而直彻心源的禅法特点。

从以上论述可以看出，柳宗元对惠能南宗禅包括其"顿悟"思想，有深刻的理解，而且表现出很大程度上的欣赏。既然如此，他为什么又在"柳《碑》"中故意不提"法衣"和"顿悟"这两个重要标志呢？

二、"法衣""顿悟"与"三大矛盾"

要解决"柳《碑》"中的"负问题"，首先必须了解当时禅学界的状况及柳宗元的态度。柳宗元在《龙安海禅师碑》中说："佛之生也，远中国仅二万里；其没也，距今兹仅二千岁。故传道益微，而言禅最病。"他认为佛教的整体发展趋势是"传道益微"，而禅宗问题最大。神秀、惠能去世以后，禅门内部派别林立，各派之间充满着矛盾与争斗，矛盾最大者乃宗奉惠能的南宗禅与宗奉神秀的北宗禅之间的法统之争，及随之而来的禅法上的顿渐之争。除此之外，禅宗与教宗之间，禅宗与儒家之间，也充满矛盾。在这些矛盾纷扰中，"法衣"与"顿悟"，尤其是后者，扮演了十分重要的角色。

---

①宗密：《圆觉经大疏释义钞》卷3之下，见《大藏新纂卍续藏经》第9册，第532页中。

（一）"法衣""顿悟"与"南北相訾"

关于禅宗法统，柳宗元在《龙安海禅师碑》中说："由达摩至忍，五世而益离，离而为秀为能。南北相訾，反戾斗狠，其道遂隐。"东土禅宗从达摩至弘忍共历五代，弘忍以后，禅宗分化为南能北秀。惠能、神秀去世以后，双方弟子开始相訾斗狠，"其道遂隐"。

神秀圆寂以后，其门下弟子分出许多支脉，势力最大的当数嵩山普寂。普寂为神秀立碑，称其"六祖"，这就意味着北宗禅是自达摩以来的正统传承，而普寂本人也就自然而然地成为禅宗"七祖"。此举引起了惠能弟子神会的极度不满，于是北上宣传惠能禅法，南北争斗的局面从此开始了。

开元二十年（732），神会在滑台（今河南滑县东）大云寺设无遮大会，与北宗山东崇远法师进行争夺正统地位的大辩论。神会提出：

> 内传法契，以印证心；外传袈裟，以定宗旨。从上相传，一一皆与达摩袈裟为信。其袈裟今在韶州，更不与人。余物相传者，即是谬言。又从上已来六代，一代只许一人，终无有二。纵有千万学徒，亦只许一人承后。[1]

神会"一代只许一人"前提的设定，就把辩论双方置于鱼死网破的境地，毫无折中或双立的余地。那么，获得"六祖"资格的凭据是什么？神会说，从达摩到惠能凡六代，每代传法都以袈裟相付嘱，传"法衣"的目的就在于"定宗旨"，惠能得到"法衣"，当然就是"正统"了。"法衣"是神会取得论辩胜利的关键一招。神会攻击北宗的第二件武器是"顿悟"。他首先确立南北禅法"顿渐不同"这个大前提，然后指出北宗"凝心入定，住心看净，起心外照，摄心内证"之禅法属于"渐"的方法，是

---

[1]杨曾文编校：《神会和尚禅话录》，中华书局1996年版，第27页。

"愚人法",而"我六代大师,一一皆言'单刀直入,直了见性',不言阶渐"①。这样,神会又利用"顿悟"之剑把神秀北宗逐出禅门正统。

从以上叙述可以看出,南宗取得斗争胜利所利用的最锐利的武器就是"法衣"与"顿悟"。随着南宗的胜利,关于"法衣"的话题不但没被淡忘,反而越来越敏感,越来越奇特。曾盛行于四川一带的保唐禅派,也编造"法衣"故事,宣称自己是禅宗正统。应南北斗争而产生的"法衣"之争,一直与禅宗各派间的纷争相伴相随。同样,"顿悟"也深深地打上南北斗争的烙印。其实,"神秀、惠能时代,南北两宗都有顿悟、渐修的思想。……两派之间有差异,但不像神会等人所描绘的两派有着是非真伪的大问题。"②那么,神会为什么要单独拈出"顿悟"作为南宗禅法的核心呢?宗密解释说:"但为当时渐教大兴,顿宗沉废,务在对治之说,故唯宗无念,不立诸缘。"③这就是说,神会夸大南北宗之间的顿渐差别,是为了"对治"北宗禅法,同时也为南北之争提供理论上的依据。宗密作为荷泽宗法嗣,对其祖师心理的把握是十分准确的。

(二)顿渐之别与禅教之争

禅即禅宗,指直接传承佛陀心法,以教外别传、不立文字为特色之宗派;教即教宗,指禅宗之外的其他诸宗派,由于这些宗派多重讲说经典义解,不像禅宗那样强调见性悟道,因而得名。由于修行方法、教义侧重点等方面的差异,唐代佛教界禅门与教门之间相互矛盾,有时甚至还相当激烈,而"顿渐之别"正是双方矛盾的焦点。宗密说:"原夫佛说顿教、渐教,禅开顿门、渐门,二教二门各相符契。今讲者偏彰渐义,禅者偏播顿宗,禅讲相逢,胡越之隔。"④"讲者",即"讲宗""教宗"。教宗偏重渐修,禅宗偏重顿悟,双方各执一端,致使禅教之间有"胡越之隔"。

①杨曾文编校:《神会和尚禅话录》,中华书局1996年版,第30页。
②任继愈:《汉唐佛教思想论集》,人民出版社1994年版,第282页。
③宗密:《圆觉经大疏钞》卷3之下,见《大藏新纂卍续藏经》第9册,第535页上。
④宗密:《禅源诸诠集都序》,见《大正藏》第48册,第399页下。

禅宗倡导不立文字、见性成佛之顿悟法门，往往对教宗诵经、念佛等修行实践持否定态度。如大珠慧海禅师说："汝若能谤于佛者，是不着佛求；毁于法者，是不着法求；不入众数者，是不着僧求。"[1]如果说作为一代高僧大德的大珠慧海对诵经、念佛的否定是为了对治"愚人"对外在"佛""法"的执求，那么，某些禅宗后学则由于过分强调"明心见性""教外别传"而彻底否定教宗持戒、念佛等修行实践。对此，柳宗元在《送琛上人南游序》中提出了强烈的批评："今之言禅者，有流荡舛误，迭相师用，妄取空语，而脱略方便，颠倒真实，以陷乎己，又陷乎人。"某些禅宗学人过分强调"顿悟"，一味"迭相师用，妄取空语"，完全抛却经论的研读和必要的修持，混淆宗教修行与世俗生活的界线，导致宗教信仰的泛化，清规戒律的荒疏。柳宗元认为这种修持方式"陷乎己又陷乎人"。在禅教之争问题上，柳宗元的态度是鲜明的。

(三)"顿悟"与儒佛矛盾

"顿悟"与儒佛矛盾，两者之间本没有必然的联系。惠能标举"顿悟"，并不是全然否定修行实践的必要性，而是强调上根之人无须长期按次第修习，一旦把握住佛教真理，即可突然觉悟而成佛，但某些南宗后学由于过分执着于"顿悟"，不但反对诵经、持戒等修行实践，而且出现以修禅为名"诋诃万善"的现象，结果造成了儒佛关系的紧张。中唐高僧神清批评这种现象说："顿门者，不假二乘之渐，直瞥无生之路，行普均之化，兴广大之业，是谓顿也。非杌然绝照、诋诃万善为顿门也。"[2]反观神清之语，当时禅学界以"诋诃万善为顿门"的现象已经较为普遍。针对这种现象，柳宗元在《送元暠师序》中批评说："余观世之为释者，或不知其道，则去孝以为达，遗情以贵虚。"某些"为释者"不理解佛教的真谛，以为参禅修道就是"去孝""遗情"而求"达"、求"虚"，岂不知失去"孝""情"等道德内涵的"达""虚"，只能是"流荡舛误、妄取空语"。

---

①道原编：《景德传灯录》卷28，见《大正藏》第51册，第441页下。
②神清：《北山录》卷6，见《大正藏》第52册，第613页上。

综上所述，在唐代，"法衣"之争、"顿渐"之别，是禅宗南北两派"反戾斗狠"的焦点，是横亘在当时南北宗之间的两座大山，"顿悟"也是横隔禅宗与教宗的一条鸿沟，还是影响儒佛关系的一个重要因素。当时的南宗禅，由于对"顿悟"的偏执偏会而引起种种矛盾，不仅不能起到"佐教化"之作用，反而对社会秩序造成了一定破坏。柳宗元对此极为不满，因此转而大力提倡被南宗禅所抛弃的持戒、诵经等修行法门，以对治"狂禅"之流弊。①清人彭际清论柳宗元的佛教观曰："其为言尊尚戒律，翼赞经论，以豁达狂禅为戒。"②这种评论是十分准确的。这也正是"柳《碑》"有意避开"法衣"与"顿悟"的原因之一。

三、柳宗元的融合佛教观

要解决"柳《碑》"中的"负问题"，还必须搞清作者隐藏在文字背后的真实意图。先来对比一下王、刘二《碑》。

"王《碑》"是在南北论战正激烈的背景下完成的。滑台大会以后，神会在南阳大力传播南宗禅法，恰逢时任殿中侍御史的王维路过南阳，神会向王维叙述了惠能禅法，令受王维耳目一新。《南阳和尚问答杂征义》记载：

> 于时王侍御问和上言："若为修道解脱？"答曰："众生本自心净。若更欲起心有修，即是妄心，不可得解脱。"王侍御惊愕云："大奇，曾闻大德皆未有作如此说。"乃为寇太守、张别驾、袁司马等曰："此南阳郡有好大德，有佛法甚不可思议。"③

大致在天宝五六年，王维在神会的请下作了《六祖能禅师碑铭》，

①张勇：《论柳宗元的〈东海若〉》，《文学遗产》2009年第2期。
②彭际清编：《居士传》卷19，见《大藏新纂卍续藏经》第88册，第216页中。
③杨曾文编校：《神会和尚禅话录》，中华书局1996年版，第85页。

这篇碑铭是他在接触南宗禅不久后写的，关于"法衣""顿悟"之说，可能是听神会所说。神会请王维作碑铭的目的非常明确，是借王维在文坛上的大名扩大惠能南宗禅的影响，从而战胜北宗。

"刘《碑》"作于元和十三年（818），是应曹溪僧道琳之请而作的，其目的在于巩固惠能的"六祖"地位，因此刘禹锡在文中特别突出了南宗学人所津津乐道的"法衣"与"顿悟"之说。刘禹锡的禅学观受到神会的间接影响。刘禹锡与神会的第四代法嗣宗密有过密切的交往。太和五年（831）十月，刘禹锡写《送宗密上人归南山草堂寺因诣河南尹白侍郎》，其中两句说："自从七祖传心印，不要三乘入便门。""七祖"指的就是神会，可见刘禹锡对南宗系谱说的认同。宗密说："荷泽宗者，全是曹溪之法，无别教旨。"①宗密认为神会完全承袭了惠能的禅法，所以他对惠能思想的认识是以神会为标准的。受宗密影响，刘禹锡对惠能禅的理解也摆脱不了神会的影子，因此，"刘《碑》"特别突出了"传法衣"与"顿悟"。

与王、刘二《碑》不同，"柳《碑》"的写作目的，不在于强调惠能禅法的正统性，也不在于巩固惠能的"六祖"地位，而在于表达自己会通禅宗南北、会通禅教、进而会通儒释的佛学理想。

（一）会通禅宗南北

柳宗元提倡以"推离还源"的方法来解决南北之争。他在《龙安海禅师碑》中说："吾将合焉。且世之传书者，皆马鸣龙树道也。二师之道，其书具存。征其书，合于志，可以不愿。"马鸣、龙树都是古印度佛教哲学家。马鸣是由小乘向大乘过渡的重要人物，龙树是大乘佛教中观派的创始人。为解决当时佛教各派相互抗拒的问题，龙树致力于以"中道缘起"来贯通大乘空义。柳宗元同意龙安海禅师以马鸣、龙树之道来统合禅宗诸派的主张，其实就是提倡回到被各派所抛弃的"中道"立场上来。

"中道"的基本内涵是：主张缘起即空，空有不二，反对堕于"断"

①宗密：《中华传心地禅门师资承袭图》，见《大藏新纂卍续藏经》第63册，第31页下。

与"常"两边。柳宗元立足于"中道"立场，把当时的"禅病"分为两大类，一是"拘"，二是"诞"。他在《龙安海禅师碑》中说："拘则泥乎物，诞则离乎真。"在《送巽上人赴中丞叔父召序》中，又说："言至虚之极则荡而失守，辩群有之伙则泥而皆存。"北宗重楞伽，言妙有；南宗重般若，言真空。真空与妙有本是一对一而二、二而一的范畴，而南北两宗学人在相互争斗的过程之中，却有意夸大两者之间的对立。言"空"过了头，就会流于荒诞而"离乎真"；言"有"过了头，就会流于拘谨而"泥乎物"。"拘"就是"辩群有之伙"，"诞"就是"言至虚之极"，两者都是对"中道"的偏离。基于这种认识，柳宗元十分赞成龙安海以"中道"来会通南北两宗的主张，他说："空有互斗，南北相残，谁其会之，楚有龙安。龙安之德，惟觉是则，苟并绝异，表正失惑。"

再来看"柳《碑》"对惠能禅法的概括："其道以无为为有，以空洞为实，以广大不荡为归。"这句话所体现的正是惠能禅"于相离相，于空离空"的"中道"思想。可以说，这也是大乘佛教共同的主张，是禅宗任何一派都不会反对的。用这句话来概括惠能禅的特点，似乎太宽泛，没有用"顿悟"来概括更富有针对性，而这恰是柳宗元的用心之所在。他在《龙安海禅师碑》中说，会通南北的原则应是"咸黜其异，以蹈乎中"，所谓会通，不是用一方去融化掉另一方，而是本着"黜异蹈中"的原则，避开双方矛盾的焦点，提取出一个共同的、本质的精神，让这一精神贯穿于矛盾双方的理论与实践之中，从而达到"推一而适万，则事无非真；混万而归一，则真无非事"的理想效果。他对惠能禅的概括正是"黜异蹈中"原则的体现。

南宋高僧宗鉴说："故唐柳子厚举龙安海公，斥晚学皆诬禅以乱其教，其道遂隐，乃太息而言曰：呜呼！吾将合焉马鸣、龙树之道也。信哉斯言！实万世学佛者之指南矣。"[1]他称赞柳宗元统合南北的主张是"万世学佛者之指南"，这种评价确实很高。

---

[1]宗鉴编：《释门正统》卷3《弟子志》，见《大藏新纂卍续藏经》第75册，第284页中。

（二）会通禅教

关于禅教之间的关系，柳宗元在《送濬上人归淮南觐省序》中说："金仙氏之道，盖本于孝敬，而后积以众德，归于空无。其敷演教戒于中国者，离为异门，曰禅，曰法，曰律，以诱掖迷浊，世用宗奉。"他认为，禅、法、律虽为"异门"，但都以"孝敬"为本，都具有"诱掖迷浊"之"世用"，在理论基础与现实作用上是一致的，因此具有会通的基础。在《岳州圣安寺无姓和尚碑》中，柳宗元明确提出了会通禅教的方法——"归根"："道本于一，离为异门。以性为姓，乃归其根。"禅宗与教宗虽然在教义侧重点及具体修行实践等方面有一定的差异，但在引导众生见性成佛的终极指向上是没有区别的，回归到"见性"这个根本问题上来，禅教之间就没有阻隔了。"归根"与上文所言"推离还源"，在思路上是完全一致的，都是主张舍弃诸派外在形式上的差异，而回归于佛教的本质上来。

（三）会通儒释

上文说过，中唐时期有些禅宗学人"去孝以为达，遗情以贵虚"而误入"狂禅"之歧途，从而造成儒佛关系的紧张。柳宗元一方面猛烈批判这种现象，另一方面提出"（浮图）不与孔子异道"命题，主张"统合儒释"。①这种思想在"柳《碑》"中也有鲜明地体现。

关于惠能禅法特点，柳宗元说："其教人，始以性善，终以性善，不假耘锄，本其静矣。"王、刘二《碑》，都没有提到"性善"，今存各本《坛经》中只有"体性清净""人性本净""性即空寂"等说法，也没有"性善"之说。用"性善"来概括惠能禅的实践意义，是柳宗元的精心设计，体现了他会通儒释的良苦用心。苏轼赞曰："柳子厚南迁，始究佛法，作《曹溪》《南岳》诸碑，妙绝古今。……盖推本其言，与孟轲氏

---

①参见张勇《论柳宗元的孔子观及其时代意义》，《孔子研究》2008年第6期。

合，其可不使学者昼见而常诵之。"①苏轼高度赞扬"柳《碑》"，不是因为它如实地反映了惠能的禅学思想，而是因为它起到了一个价值导向作用，它把禅宗的意旨导向儒家的"性善"，从而更好地服务于儒释会通。南宋高僧祖琇十分赞成苏轼的说法，他在《隆兴佛教编年通论》中说："故子厚著吾祖之碑，而东坡称之，以谓推本其言与孟轲氏合。于戏！子厚爽然不以儒佛为异趣，抑妙乎性教者欤？贤哉！"②另一方面，"柳《碑》"也因未能如实地表达惠能禅法特点而受到后人的批评。彭际清在《居士传发凡》中说："柳子厚制诸沙言碑铭，为苏子瞻所推服。然如曹溪一碑和会儒释，与六祖坛经之旨全无交涉。"③他认为，"柳《碑》"的用意只在于"和会儒释"，完全没有表达出《六祖坛经》的主旨，此语虽有批评之意，但也确实指出了"柳《碑》"的旨趣所在。

综上所述，与王、刘二《碑》服务于惠能"六祖"地位之争夺或巩固不同，"柳《碑》"的真实意图在于会通禅宗南北、会通禅教、进而会通儒释，而"法衣"与"顿悟"在当时是造成南北矛盾、禅教矛盾，乃至儒释矛盾的主要因素，因此柳宗元在碑文中有意避开这两个敏感问题。"柳《碑》"中的"负问题"正是柳宗元和谐佛教观的集中体现。

［原载《中国社会科学院研究生院学报》2009年第5期］

---

① 《苏轼文集》（第5册），中华书局1986年版，第2084页。
② 《大藏新纂卍续藏经》第75册，第215页下。
③ 《大藏新纂卍续藏经》第88册，第180页中。

契嵩非韩的文学意义

契嵩（1007—1072），北宋云门宗僧，藤州镡津（广西藤县）人，俗姓李，字仲灵，自号潜子。七岁出家，十三岁剃度。契嵩学识渊博，遍通内外典籍。当时，以欧阳修为领袖的古文创作群体秉承韩愈传统，对立儒学与佛教，不遗余力地以古文为武器打击佛教。嵩契针对韩愈、欧阳修等人的辟佛言论，撰写大量反驳文章，并多次游走京师将其论著呈献给仁宗皇帝及王公贵臣。仁宗甚为嘉赏，嘱传法院将这些著作编入大藏经，并赐契嵩"明教大师"称号。契嵩示寂后，门人收其著作辑成《镡津文集》。

《镡津文集》共二十二卷，[①]其中第十七至十九卷为《非韩》。《非韩》由三十篇文章和一篇简短的叙组成，共三万字。在《非韩》中，契嵩对韩愈的辟佛言论及伦理观、道统说、心性论等重要问题进行了集中批判。除《非韩》外，契嵩的其他文章也涉及对韩愈的批评问题，如《劝书》《品论》《纪复古》《书文中子传后》《与章表民秘书书》等。目前有关契嵩"非韩"思想的研究，多集中于儒释关系论、道统说、心性论等哲学、宗教问题，[②]而对其文学意义的揭示尚显不足，本文意欲在此方面做些尝

①契嵩：《镡津文集》，《四部丛刊》三编集部，上海书店出版社1986年版。本文所引契嵩文章及诸序赞诗题，均出自该书，以下只注篇名。

②钱穆：《读契嵩〈镡津集〉》，《中国学术思想史论丛》（5），安徽教育出版社2004年版；陈斐：《契嵩的"非韩"与宋代的儒释互动》，《河南师范大学学报》（哲学社会科学版）2009年第4期；郭畑：《宋代儒释互动的一个案例》，《船山学刊》2011年第4期。

试，以求教于方家。

一、尊韩浪潮中的异样声音

中唐，韩愈为打击佛老复兴儒学而领导了一场声势浩大的古文运动，在这场运动中，韩愈被其追随者们尊为"圣人之徒"①，其文也被尊称为"韩文"。②至晚唐五代，尊韩热潮逐渐冷却，《旧唐书·韩愈传》所谓"于道未弘""为文纰缪"，可谓是官方给韩愈的盖棺定论。此时，虽然也偶有尊韩之声，如皮日休的《请韩愈配飨太学》，但毕竟十分微弱。

韩愈真正走出寂寞是在北宋。③首先打开局面的是柳开。柳氏十分喜爱韩文，竟达"七年日夜不离于手"的地步，甚至认为韩愈"过于孟子与杨子云远"。④其后，孙复、石介等人进一步推动尊韩思潮向前发展。孙复把韩愈视为孔子之道的正统继承者，把他与孟子、荀子、扬雄、王通并称为"五贤"。⑤生性狂放的石介更把韩愈推到无以复加的高度。他在《是非辨》中把韩愈视为自古以来能为天下"定是非"的五人之一，其余四人是尧、舜、孔子与孟轲。⑥石介还专写《尊韩》一文，谓"孔子后，道屡塞，辟于孟子，而大明于吏部"，他同意孙复的"五贤"之说，同时又把韩愈视为"贤人之卓"。⑦

把北宋尊韩思潮推至顶峰者是当时的文坛领袖欧阳修。他在《记旧本韩文后》中说：

---

①赵德《文录序》，马其昶校注，马茂元整理：《韩昌黎文集校注》，上海古籍出版社1987年版，第756页。

②刘昫等：《旧唐书》卷一百六十《韩愈传》，中华书局1975年版，第4204页。

③钱锺书：《谈艺录》，中华书局1984年版，第62页。

④柳开：《昌黎集后序》，《河东先生集》卷十一，四部丛刊初编集部。

⑤孙复：《上孔给事书》，《孙明复小集》，《文津阁四库全书》集部。

⑥陈植锷点校：《徂徕石先生文集》，中华书局1984年版，第68页。

⑦陈植锷点校：《徂徕石先生文集》，中华书局1984年版，第79页。

是时天下学者，杨、刘之作号为"时文"，能者取科第，擅名声，以夸荣当世，未尝有道韩文者。……后七年，举进士及第，官于洛阳，而尹师鲁之徒皆在，遂相与作为古文，因出所藏《昌黎集》而补缀之，求人家所有旧本而校定之。其后天下学者亦渐趋于古，而韩文遂行于世，至于今盖三十余年矣；学者非韩不学也，可谓盛矣。①

北宋初年，杨忆、刘筠、钱惟演倡导的"西昆体"流行，韩文淹没于这股强大的"时文"浪潮之中。后来，欧阳修与尹师鲁等人相约而致力于古文的写作，从而引导了一股"趋古"潮流。欧阳修还亲自校定、补缀《昌黎集》，使"韩文遂行于世"。经过三十多年的努力，学韩之风盛行，甚至达到"非韩不学"的程度。如果说孙复、石介的尊韩是以"道"为中心，那么欧阳修则更偏重于"文"，他把尊韩落实到了古文的创作实践之中。

上文说过，《旧唐书》在韩愈的"为道""为文"等方面颇多微词，欧阳修等主修的《新唐书》对这些观点作了修正，对韩愈可谓推崇备至："自愈没，其言大行，学者仰之如泰山、北斗云。"②此处的"泰山北斗"之谓，所代表的已经不是个人观点，而是官方观点，此时的尊韩浪潮已达顶峰。

这股强大的尊韩浪潮，终始伴随着一个主题——排佛，这也是韩愈在北宋被追捧的最重要原因之一。韩愈是最早正式把古文运动与打击佛教联系在一起的人。在韩愈之前，古文运动的先驱者们，如李华、梁肃，并没有激烈的辟佛言辞，相反，他们大都与佛教保持着密切联系。③韩愈把国家的衰弱、儒学的衰败归罪于佛教，因此以奋不顾身的战斗气概打击佛教，连续写了《原道》《原性》《原毁》《原人》《原鬼》《进学解》《谏佛骨表》《与孟尚书书》等一系列文章，"抵排异端，攘斥佛老"（《进学解》）。

---

① 欧阳修：《欧阳修全集》，中国书店1986年版，第536页。
② 欧阳修、宋祁：《新唐书》卷一七六，中华书局1975年版，第5269页。
③ 李华、梁肃都是天台九祖湛然的弟子，梁氏还著《天台止观统例》以会通儒释。

北宋的那些尊韩者同时也都是佛教的猛烈批判者。孙复《上孔给事书》斥佛教为"空阔、诞谩"的乱道异端，石介《中国论》极力赞扬韩愈"人其人、火其书、庐其居"的激烈排佛手段。欧阳修三篇《本论》，对韩愈《原道》《原性》《谏迎佛骨表》中的辟佛言论大加发挥，并提出"修本"以战胜佛教的新思路，他所谓"本"，是指儒家之"礼义"。陈舜俞在《镡津明教大师行业记》中描述当时的尊韩排佛浪潮说："当是时，天下之士学为古文，慕韩退之排佛而尊孔子。"

比石介小两岁、与欧阳修同龄的契嵩，就被包围在这场声势浩大的尊韩排佛浪潮之中。为了挽救风雨飘摇之中的佛教，他一方面撰写大量论著为佛教辩护，另一方面以文会友，广交文士，以争取他们对佛教的理解与同情。

针对当时排佛者的"尊韩"思路，契嵩选择了"非韩"的反抗路线。关于写作《非韩》的原因，契嵩说："学者不复考之道理中否，乃斐然徒效其文，而讥沮佛教圣人太酷。吾尝不平，比欲从圣贤之大公者辩而裁之，以正夫天下之苟毁者。"（《非韩·第三十》）当时的学者只知道仿效韩愈以文排佛，而不知道其思想中的谬误，因此契嵩写作本书来正本清源。

契嵩把批判的矛头指向韩愈，而不是欧阳修、李觏等当时的排佛斗士，这是有其苦衷的。明僧守瑞在《吊明教嵩禅师诗凡一百韵并引》中说："适操权衡者，兼领辞翰职。率意务品藻，庶形在埏埴。《唐书》预之修，韩语例增饰。窃自比丘轲，拒我过杨墨。"这位借"增饰"韩愈来打击佛教的"操权衡者"，指的就是欧阳修，他"兼领辞翰职"，在当时拥有巨大的号召力。面对这样强大的对手，契嵩不便与其针锋相对，只好选择"非韩"这一迂回战术。

在《非韩》中，契嵩对韩愈的辟佛言论及伦理观、道统说、心性论等几乎所有重要问题都进行了猛烈批判，还对韩愈的《原道》《原人》《原鬼》《与孟简尚书》《鳄鱼文》《送高闲序》《毛颖传》等文章作了专门评论。契嵩非韩，在北宋虽然不能算是最早的，①但就力度、深度与影响而言，他当之无愧地代表了当时韩愈批判的最强音。

契嵩对韩愈的批判是全面的，其中有关文学方面的内容主要有：否定韩文的传道功能、把韩愈定位为"文词人"，批评韩文构思怪诞、思理不周、语言随意等弊病。契嵩"非韩"具有重要的文学意义，不仅对他本人的古文写作产生了重要影响，更对稍后理学家的文论思想产生了重要影响。

二、"道不至虽甚文奚用"

文道关系是唐宋古文运动的核心问题。关于此问题，韩愈曾从两方面做了说明。一是"文以明道"。此命题虽然不是直接出自韩愈之口，但其思想已经明确表达了出来。他在《题欧阳生哀辞后》中说："学古道而欲兼通其辞，通其辞者，本志乎古道者也。"②二是"仁义之人，其言蔼如"。此命题是韩愈在《答李翊书》中提出来的，它说明"道"对"文"的影响，即作家的道德修养与古文创作之间的关系。

对韩愈的文道关系论，契嵩是持赞成态度的。关于为文之目的，契嵩明确提出"文以传道"命题。他在《非韩·第三十》中说："夫文者，所以传道也"；在《纪复古》中又说："原古文之作也，所以发仁义而辨政教也"。至于道对文的影响，契嵩在《与章表民秘书书》中说："于道有所自得，故其文词之发也懋焉，韩子所谓仁义之人，其言蔼如也"；在《纪复古》中也说："视其文，仁义之言炳如也"。这两句话都是对韩愈"仁义之人，其言蔼如"的发挥。

契嵩虽然在理论上同意韩愈的文道关系论，但他并不认为韩愈真的做到了"文以明道"，他从以下三个方面对韩愈提出批评。

①契嵩在《非韩·第三十》中说："近闻蜀人有为书而非韩子者，方传诸京师，所非谓有百端，虽未睹乎蜀人之书，吾益言之，恐与其相重姑已。"

②马其昶校注，马茂元整理：《韩昌黎文集校注》，上海古籍出版社1987年版，第305页。

（一）不及儒之至道

契嵩虽然赞成韩愈的"文以明道"主张，但他认为韩愈并不真正理解儒"道"的内涵。对于儒家之"道"，韩愈在《原道》中解释说："博爱之谓仁，行而宜之之谓义；由是而之焉之谓道，足乎已，无待于外之谓德。仁与义，为定名；道与德，为虚位。"①在韩愈看来，儒"道"的基本内涵就是仁义道德。对此，契嵩表示反对，他说：

> 始视韩子《原道》，止以仁义为道德，谓韩子如此当绝不识儒之道德也。……夫中庸诚明者，真圣贤道德仁义百行之根原也。如此韩子固亦知有中庸诚明之道德，《原道》何故弃之而不言也？……心不达诚明中庸至理，虽益著书，可传以为法乎？（《非韩·第二》）

他认为，韩愈把仁义视为"道"之全部内涵，这是不懂"道"的表现。那么，儒"道"的真正内涵应该是什么呢？契嵩的答案很明确，那就是"中庸"。因此，他又说：

> 中庸以循率此性，乃谓之道。修治此道，乃谓之教。教则仁义五常也，是岂道止仁义？……道德在《礼》则中庸也、诚明也，在《书》则洪范皇极也，在《诗》则思无邪也，在《春秋》则列圣大中之道也。（《非韩·第一》）

在契嵩看来，儒"道"在不同的地方有不同的表现，"仁义"只是在"教"方面的部分内容，其他方面，在《礼》则"中庸诚明"，在《书》则"洪范皇极"，在《诗》则"思无邪"，在《春秋》则"大中之道"，这些表现虽各有侧重，但其核心精神只有一个，那就是"中庸"。

———————————
① 马其昶校注，马茂元整理：《韩昌黎文集校注》，上海古籍出版社1987年版，第13页。

经过以上分析，契嵩得出结论说："韩子议论拘且浅，不及儒之至道"；又说："轻亡至道而原道，欲道之辩明，是亦惑也"。(《非韩·第一》)

(二)虽甚文、道不至

批评韩愈不懂儒"道"之后，契嵩又把矛头指向韩文，认为它们不符合儒"道"的基本精神，起不了"传道"的作用。《非韩·第三十》云：

> 刘昫《唐书》谓："韩子其性，偏僻刚讦"；又曰："于道不弘"。吾考其书，验其所为，诚然耳。欲韩如古之圣贤，从容中道，固其不逮也。……夫文者所以传道也，道不至，虽甚文奚用？若韩子议论如此，其道可谓至乎？

他首先引用刘昫《旧唐书》对韩愈"偏僻刚讦"性格的批评，再验之以韩文，从而得出结论：韩文不能体现儒家的中庸精神，"虽甚文"，但"道不至"。

接着，契嵩又通过对韩愈《京尹不台参答友人书》《送毛仙翁十八兄序》《与冯宿论文书》等文的具体分析进一步申述其观点。

> 余读《唐书》，见其为韩子与李绅争台参移牒往来论台府事体，而见愈之性愎讦，言词不逊，大喧物论。及视韩子《论京尹不台参答友人书》，而其气躁言厉争之也。……韩子儒之行何有？故旧之道安在？使后学当何以取法？(《非韩·第十五》)

> 韩子谪潮阳，与方士毛于姬遇，遂作《毛仙翁十八兄序》。……乌得不顾此而辄如众人惑于毛生乎？韩子自顾为学圣贤之儒如何耶？苟其道不至，安可以学圣贤自负乎？(《非韩·第二十九》)

> 夫圣贤之所以著书，岂欲与人争强乎？圣贤唯恐道不明而人不治，故为之书，欲以传其道也。……韩子师儒，为言不类其法，不亦误后世之学

者也。(《非韩·第十一》)

在以上几段文字中，契嵩批评韩愈的《京尹不台参答友人书》"气躁言厉"，批评《送毛仙翁十八兄序》"惑于妖言"，批评《与冯宿论文书》"以文争强"，总之，这些文章都违背了儒家的中庸精神，不能担当"传道"的使命。

(三)"第文词人"

否定了韩愈对儒"道"内涵的理解及韩文的"传道"功能后，契嵩又给韩愈在古文运动上一个定位——"韩子第文词人耳"(《非韩·第三十》)，即只能算是一个"文词人"，还称不上复兴儒"道"的思想者。

契嵩给韩愈以"文词人"的定位，是建立在他对"文"之内涵的独特理解上的。他把"文"分为"人文"与"言文"两大类。何谓"人文"？何谓"言文"？契嵩在《文说》中回答说："仁义礼智信，人文也；章句文字，言文也。"在《人文》中，契嵩又对"人文"做了另外一种解释："何谓人文乎？曰文武王之道也。文武相济以贯人道，故曰人文也。"综上可见，契嵩所谓"人文"有两方面内涵：一是仁义道德，二是治国之道，前者着眼于"德"，后者着眼于"治"，两者合起来就是儒"道"；所谓"言文"，指章句文字、文学形式。在契嵩看来，"人文"与"言文"的根本区别在于能否"传道"，能传"道"之文为"人文"，不能传"道"之文则为"言文"。

契嵩又结合中国思想史进一步阐释"人文"与"言文"的区别，他说：

> 周末列国、嬴秦时孰不工文？而圣人之道废，人文不足观也，盖其文不敦本乃尔。……圣人岂特事其空文乎？君臣父子师徒朋友，其文词有本仁义礼信，霭然天下不治未之有也。(《文说》)

东周列国至秦，礼崩乐坏，儒道不举，虽然此时也不乏有文采的文章，但由于缺少"圣人之道"，而沦为一纸空文，只能算"言文"；相反，如果"文词有本仁义礼信"，即"文"能传"道"，则为经国之"人文"了。

明确了"人文"与"言文"之别后，契嵩批评韩愈说：

> 孔子曰："大人不倡游言。"盖言无益于用而不言也。谓韩子圣贤之徒，安得为无益之言耶？将韩子虽谓文人，于道尚果有所未至乎？（《非韩·第二十》）

在这里，契嵩批评韩愈的一些文章"于道未至""无益于用"，属于孔子所谓"游言"，也即所谓"言文"。这类文章，虽然也不乏文采，但又有何用呢？（"虽甚文奚用"）因此，契嵩给韩愈的定位是"第文词人耳"，只能算一名"文词之人"，算不得思想家。在《品论》中，契嵩把古代文章家分为思想家与文学家两个序列进行评论，韩愈即被放在后一序列。

三、"取陋巷鄙语文以为戏"

契嵩批评韩愈不懂儒"道"，批评韩文"虽甚文，道不至"，又把韩愈定位为一名"文词之人"。接着，契嵩又对韩愈的文风提出批评。契嵩论文，提倡"词理渊而淳，意义约以正"（《与章表民秘书书》），因此，他对韩愈尚奇好怪、以文为戏、语句过于随意的文风十分不满，提出猛烈批评。

（一）尚奇好怪

韩愈论文，主张"能自树立，不因循"（《答刘正夫书》）。为达此效果，他不惜借助神灵鬼怪，以增强文章的新奇度。虽然这类"怪怪奇奇"之文在韩文中只占少数，但这种尚奇文风被其弟子片面放大后，却对后世产生了巨大影响。韩门弟子皇甫湜在《答李生第一书》中说："夫意新则异于常，异于常则怪矣；词高则出众，出众则奇矣。"①这就把乃师的尚奇文风上升到了理论高度，他所谓"意新"主要是指构思新奇。"元和已后，为文笔则学奇诡于韩愈。"②晚唐以后的古文创作，"都把生涩怪奇当作创新"，普遍走上了怪怪奇奇之路。③

随着北宋古文运动的兴起，这股险怪的文风在古文创作群体中十分流行，并且愈演愈烈。石介公开倡导"险怪"文风，为当时文坛以新奇险怪为主要特征的"太学体"推波助澜。④面对"鬼怪""怪诞"之类的指责，石介写《怪说》三篇以自辩，认为古文本应当趋奇逐异，把"怪"看作古文的本质特征。

契嵩把当时文坛的"险怪"文风归罪于韩愈，对他提出猛烈批判。

> 韩子作《原鬼》，……真以鬼而示民，岂先王之法乎？语曰："未能事人，焉能事鬼。"韩子之为言，不唯悖先王之道，抑又昧乎孔子之意也。谬乎甚哉若此也！（《非韩·第六》）
>
> 其《送穷文》，谓穷有鬼。……纵然如与鬼相睹，何其怪乎！……与其文乃资鬼而为之，韩子岂自谓诚明人乎？（《非韩·二十一》）
>
> 韩子为《罗池庙碑》，而唐史非之，宜非也。其事神，在韩子当辩，乃从神之而张其说，何其好怪也！语曰："子不语怪力乱神。"而韩子乃尔，岂不与孔子相悖耶？（《非韩·第二十三》）

韩愈的《原鬼》《送穷文》《罗池庙碑》等文，都借鬼神以张其说，契嵩对此十分不满，认为他违背孔子"不语怪力乱神"之训，因此用"谬乎甚哉""何其怪乎""何其好怪也"等语气十分强烈的语句进行批评。契嵩

①皇甫湜：《皇甫持正文集》卷第四，《四部丛刊》初编集部。
②李肇：《唐国史补》卷下，上海古籍出版社1979年版，第57页。
③葛晓音：《汉唐文学的嬗变》，北京大学出版社1990年版，第198页。
④张方平《贡院请诫励天下举人文章》云："至太学之建，直讲石介课诸生试所业，因其所好尚，而遂成风。以怪诞诋讪为高，以流荡猥烦为赡，逾越规矩，或误后学。"见《乐全集》卷二十《论事》，《文津阁四库全书》集部。

在对韩愈《鳄鱼文》《毛颖传》等文的批评中也提出了类似的观点。

(二)以文为戏

韩愈爱用一些谐谑手段来活跃文章的气氛。对此，他的好友张籍曾以"驳杂无实"相批评。面对这一批评，韩愈不以为然，反驳道："昔者夫子犹有所戏，《诗》不云乎：'善戏谑兮，不为虐兮。'……恶害于道也？"①契嵩对韩愈津津乐道的"以文为戏"之风十分不满，因而提出尖锐批评：

韩子果穷，尤宜以君子固守，乌可辄取陋巷鄙语文以为戏耶？（《非韩·二十一》）

文者，圣人所以待人者也，遗虫鱼以文，不亦贱乎人哉！（《非韩·第十六》）

韩子为《毛颖传》，而史非之。书曰："德盛不狎侮。"又曰："玩人丧德，玩物丧志。"韩子非侮乎玩耶？谓其德乎哉！（《非韩·二十四》）

在以上几段引文中，契嵩批评韩愈《送穷文》"取陋巷鄙语文以为戏"，批评《鳄鱼文》"遗虫鱼以文"的写法过于鄙贱，批评《毛颖传》的游戏态度为"玩物丧志"。

对韩愈"以文为戏"的文风作过具体批评后，契嵩又总结说：

韩子岂自谓诚明人乎？君子之言，法言也。谓可以教人，而君子乃言也；不可以教人，君子不言也。故孔子曰："大人不倡游言。"韩子如此何以教人耶？（《非韩下·第二十一》）

契嵩站在正统儒家立场之上，认为君子不应该倡导"游言"，而韩愈"以文为戏"正违背了这一原则，因此是不足以垂训后人的。

①马其昶校注，马茂元整理：《韩昌黎文集校注》，上海古籍出版社1987年版，第136页。

（三）为言不思，不顾前后

契嵩写文章，很重视语言的准确性与结构的逻辑性。他在《广原教序》中说，要想更好地完成"传道"任务，文章必须做到："其言欲文，其理欲简，其势不可枝辞蔓说。"也就是说，一定要处理好语言艺术、逻辑结构等方面的问题。立足于这一文论观，契嵩批评韩文用词过于随意，以至于造成前后矛盾。

《非韩·第二十》云：

> 韩子序《送高闲》曰："今闲师浮屠氏，一死生，解外缪，[①]是其为心，必泊然无所起；其于世，必淡然无所嗜。"韩子为此说，似知佛之法真奥，有益人之性命焉。……其《原道》乃曰："绝尔相生养之道，以求其所谓清静寂灭也。"……韩子为书，不复顾前后，乃遽作《原道》，而后生末学心不通理。……不识韩子为言之不思也。

韩愈在《送高闲上人序》中把佛教的"清静寂灭"理解为"一死生，解外胶"，契嵩认为韩愈"似知佛之法真奥"，但韩氏又在《原道》中把"清静寂灭"解释成"绝尔相生养之道"，契嵩认为这又误解了佛法。那么，韩文为什么会出现这种前后矛盾的现象呢？契嵩认为，这是韩愈写作时"不复顾前后""为言之不思"的结果。他又把这种"不思之言"称为"易言"（《非韩·第十一》），两者都是未经深思熟虑、过于随意之意。对于韩文这种前后矛盾的现象，苏轼同意契嵩的观点。他在《韩愈论》中说："然其论至于理而不精，支离荡佚，往往自叛其说而不知。"[②]

契嵩看来，韩愈的其他文章也存在这种前后矛盾的现象。如《非韩·第十九》：韩愈在《读墨子》中主张"儒墨相用"，而在《与孟尚书书》中

---

①缪，马其昶考订为"胶"，是。《韩昌黎文集校注》，上海古籍出版社1987年版，第271页。

②苏轼：《苏轼文集》，中华书局1986年版，第114页。

又把儒道的衰落归罪于"杨墨肆行",于是契嵩感叹说:"韩子何其言之反复如此,惑人而无准也。"又如《非韩·第二十八》:韩愈在《答崔立之书》中"锐志欲为之史",而在《答刘秀才论史书》中又"反怯而不敢为",这种前后矛盾的态度,被契嵩嘲笑为"勇于空言而怯于果作"。

另外,契嵩对韩愈文章中的"谀辞"现象也做了批评。韩氏碑志文中的"谀墓"现象是"韩学"研究中的一大热点,关于此问题,从晚唐至今天,一直聚讼纷纭、争议不断。[①]本文无意于这方面的讨论,只是客观介绍契嵩的态度。契嵩对此问题是持肯定态度的。他在《非韩·第二十六》中说:"韩子《上于頔书》,称頔若有圣贤之言行。……然与《頔列传》相反,不亦谀乎?"这种"谀辞"现象,在契嵩看来,也是用词随意的表现。

契嵩对韩文用词的批评有时细致到钱锺书所谓"吹毛索瘢"的地步。[②]如,韩愈在《答崔立之书》中表示自己要"作唐之一经,垂之于无穷",契嵩批评说:"今韩子辄言作经,何其易也?使韩子德如仲尼而果成其书,犹宜待他辈或后世尊之为经,安得预自称之。"契嵩认为,韩氏把自己还没写出来的著作就称作"经",用词太过随意,同时表示自己这样较真并不是吹毛求疵,而是恐怕这种文风对后世造成不好的影响。他说:"古之立书立言者,虽一辞一句,必始后世学者资以为法,其言不中,则误其学者。"(《非韩·第二十八》)

客观地说,虽然契嵩一再表示自己"非韩"是出于公道,但强烈的"护教"意识促使他并不能心平气和地对待韩文,意气用事、"吹毛索瘢"在所难免。对此,清代四库馆臣批评说:"契嵩博通内典,而不自参悟其义谛,乃恃气求胜,哓哓然与儒者争。"[③]契嵩在批评韩文时,"恃气求胜"的心态是很明显的。

---

① 徐海容:《韩愈"谀墓"问题研究述评》,《学术论坛》2011年第7期。
② 钱锺书说:"释契嵩激而作《非韩》,吹毛索瘢,义正词厉。"《谈艺录》,中华书局1984年版,第62页。
③ 纪昀等:《钦定四库全书总目》,中华书局1997年版,第2044页。

四、契嵩非韩的文学价值

契嵩在《非韩·叙》中说："非韩子者，公非也。质于经以天下至当为之是，非如俗用爱恶相攻，必至圣至贤乃信吾说之不苟也。"交待自己"非韩"是出于公道，是以儒家圣贤经典为标准，而不是出于世俗的爱恶。他批评韩愈不懂儒"道"，批评韩文不能传"道"，都以儒家"四书五经"为依据，反复给韩愈冠以"戾经""忘本"等"罪名"；批评韩文构思怪诞、思理不周、语言随意，也都以儒家圣人"不语怪力乱神""不倡游言"为武器。

契嵩这种"质于经"的文学批评方式，掩藏着其援儒卫佛的真实动机。他在《原教》《广原教》《中庸解》等文中不断申述其"儒释一贯"思想，积极为佛教的生存与发展找寻能被儒士所认可的理论依据。他以儒家经典为武器来批评韩文，指责韩文不可信，既然韩文不可信，那么韩愈对佛教的批评当然也就不必相信、不必模仿了。

契嵩以激烈的言辞非韩，但在事实上，他自己的古文写作却在一定程度上受到了韩文的影响。北宋许多文人为排佛而学习韩文，其文章都不同程度地带有韩文的印迹。契嵩为护佛而"非韩"，同样也要精研韩文，在此过程中，他也在不知不觉中受到韩文的影响，其文章也带有一定的"韩风"。韩文"鲸铿春丽，惊耀天下"，[1]契嵩文"笔力雄伟，论端锋起"，[2]两者都笔力雄健，气势咄咄逼人。难怪钱穆读过《镡津集》后，感慨地说："今读其集，其文固俨然韩愈氏之古文。"[3]陈垣则认为这是契嵩学韩的结果，他说："契嵩著书名《非韩》，而文实学韩。……嵩固非韩者也，何其声之似韩也。"[4]

---

①皇甫湜《韩文公墓铭》，《皇甫持正文集》卷第六，《四部丛刊》初编集部。
②纪昀等：《钦定四库全书总目》，中华书局1997年版，第2044页。
③钱穆：《中国学术思想史论丛》（5），安徽教育出版社2004年版，第33页。
④陈垣：《中国佛教史籍概论》，上海书店出版社2001年版，第98页。

契嵩的古文创作在当时为他赢得很高的赞誉。大臣张端赞曰："不惟空宗通，亦乃文格高。"（释原旭《宋明教大师潭津集重刊疏》）宰相韩琦读契嵩的文章后，大加赞赏，并把它推荐给欧阳修，欧氏不禁赞叹："不意僧中有此郎也，黎明当一识之。"两人相见恨晚，交谈终日。不久，契嵩又向欧阳修献《武林山志》，欧览此文，不禁赞叹："如精金美玉！"（释怀悟《镡津文集序》）王公贵臣、文坛领袖的赞誉，使契嵩名声大振，惠洪《礼嵩禅师塔诗》说："书成谒天子，一日万口传。坐令天下士，欲见嗟无缘。"当时的许多排佛之士"既爱其文，又畏其理"，于是排佛之声渐息（陈舜俞《镡津明教大师行业记》）。契嵩"非韩"，不但达到了以文护佛之目标，而且使自己的古文写作更加成熟。

契嵩"非韩"的文学意义，绝不仅仅在于锻炼了自己的古文写作能力，更为重大的意义在于，它影响了后来理学家对韩文的评价，它所折射出的"重道轻文"思想也成为理学家文论的基调。

（一）"韩愈又只尚闲言词"

契嵩批评韩愈不懂儒"道"，只能算是一个"文词人"。这种观点得到理学家的赞同。张载说："韩愈又只尚闲言词。"[1]二程也说："韩子之学华，华则涉道浅。"[2]程颐又说："退之晚年为文，所得处甚多。学本是修德，有德然后有言，退之却倒学了"[3]他认为韩愈过多地在"文"上下功夫，于"道"虽有所得，然终不免肤浅，所以讥之为"倒学"，即颠倒了"文"与"道"之间的关系。程门弟子杨时赞成乃师观点，更为直接地批评说："观其所学，则不过乎欲雕章镂句，取名誉而止耳"。[4]

理学的集大成者朱熹，在对韩愈的批评问题上与契嵩观点更为接近。他说：

---

①张载：《张载集》，中华书局1978年版，第291页。
②程颢、程颐：《二程集》，中华书局2004年版，第88页。
③程颢、程颐：《二程集》，中华书局2004年版，第232页。
④杨时《龟山集》卷二十五《与陈传道序》，《文津阁四库全书》集部。

然今读其书，则其出于诙谐戏豫放浪而无实者，自不为少。若夫所原之道，则亦徒能言其大体，而未见其有探讨服行之效，使其言之为文者，皆必由是以出也。……盖未免裂道与文以为两物，而于其轻重缓急本末宾主之分，又未免于倒悬而逆置之也。①

在这段话中，朱熹从三个方面批评韩愈：第一，于"道"，"徒能言其大体"，未能作深入探讨；第二，于"文道关系"，不但"裂道与文以为两物"，而且颠倒了两者的主次；第三，于"文"，不少文章存在"诙谐戏豫放浪而无实"之病。以上这三点，都与契嵩观点完全相同。朱熹给韩愈的总体评价是："平生用力深处，终不离乎文字言语之功"。②这也与契嵩所给的"文词人"定位是一致的。

(二)重道轻文

契嵩以儒家思想为标准对韩文进行批评，其立足点是"道"而不是"文"，这种"质于经"的文学批评方式，折射出他重道轻文的文学思想。对此，契嵩也有过明确的表述。上文说过，在契嵩那里，"人文"即"道"，"言文"即"文"，"人文"与"言文"的关系其实就是文道关系。"道"与"文"，或"人文"与"言文"，孰轻孰重？契嵩说："人文至焉，言文次焉。"（《人文》）为什么"人文"重于"言文"呢？契嵩在《性德》中说："德义者，学之本也；文艺者，学之末也。……学末故天下皆伪也，学本故天下皆厚也。""德义"即"人文"，为本；"文艺"即"言文"，为末。契嵩把韩愈定位为"文词人"，批评韩愈《送穷文》等为"玩物丧志"，所依据的正是这一理论武器。

契嵩"非韩"所折射出的"重道轻文"思想，被稍后的理学家发挥得淋漓尽致。比契嵩小十岁的周敦颐，在《通书·文辞》中提出"文以载

①朱熹《晦庵先生朱文公文集》卷第七十《读唐志》，《四部丛刊》初编集部。
②朱熹：《昌黎先生集考异》，上海古籍出版社2001年版，第130页。

道"命题，并说："文辞，艺也；道德，实也。……不知务道德而第以文辞为能者，艺焉而已"；又在《通书·陋》中说："圣人之道，入乎耳，存乎心，蕴之为德行，行之为事业。彼以文辞而已者，陋矣！"①这种观点与契嵩"文以传道""德义为本，文艺为末""道不至言甚文奚用"等主张几乎没有区别。

与契嵩把"文"分为"人文"与"言文"一样，程颐把"今之学"分为三类，即"文章之学""训诂之学"与"儒者之学"，认为只有后者才能"趋道"。这里，"文章之学"近于"言文"，"儒者之学"近于"人文"。他又指出，"今之学"有"三弊"，第一弊就是"溺于文章"。②他还批评"专务章句，悦人耳目"的为文者是"玩物丧志"，把他们与俳优并列在一起，更提出"作文害道"的极端主张。③

朱熹在以上诸人思想的基础上提倡"文道合一"说。他批评"文自文，道自道"之割裂道与文的观点，认为两者的关系应是："道者，文之根本；文者，道之枝叶。惟其根本乎道，所以发之于文，皆道也。三代圣贤文章，皆从此心写出，文便是道。"④他以本末关系来定位道文关系，与契嵩所谓"德义为本，文艺为末"是一致的，所不同的是，朱熹更强调文与道的一体性。朱熹再传弟子真德秀，把文分为"鸣道之文"和"文人之文"，⑤认为只有前者才是正宗，其《文章正宗》的编选正是这一思想宗旨的集中体现。这种分类标准也近于契嵩所谓"人文"与"言文"。

结　语

契嵩与欧阳修，同年生同年卒，一个以"道"猛烈"非韩"，一个以

①周敦颐：《周敦颐集》，中华书局2009年版，第35—36页、第40页。
②程颢、程颐：《二程集》，中华书局2004年版，第187页。
③程颢、程颐：《二程集》，中华书局2004年版，第239页。
④黎靖德编：《朱子语类》，中华书局1986年版，第3319页。
⑤真德秀《西山先生真文忠公文集》卷第三十六《跋彭忠肃文集》，《四部丛刊》初编集部。

"文"极度"尊韩",这种巨大的差异来自两人对"古文"发展方向的不同理解：契嵩重"道"的方向，而欧阳修则更重"文"的方向。

欧阳修虽然也主张"文与道俱"，但他极力反对"性命之学"，[①]而"性命之学"正是庆历以后儒家学术发展的基本方向，这就使他的古文创作最终脱离了"明道"的初衷而走上纯粹文学之路。对此，契嵩曾提出批评："欧阳氏之文，言文耳。"（《文说》）契嵩把他与韩愈一样划归"言文"行列，暗含着对他偏离"明道"方向的批评。

契嵩与欧阳修意见的分歧，导致欧氏古文追慕们后来的分道扬镳。二程云："今之学者，歧而为三：能文者谓之文士，谈经者泥为讲师，惟知道者乃儒学也。"[②]张载、二程走上契嵩重"道"之路，成为"知道者"，即理学家；苏轼则继续沿着欧阳修重"文"之路发展，而成为"文士"，即辞章家。辞章家们仍高扬"尊韩"大旗，于是便有了苏轼"文起八代之衰，而道济天下之溺"的赞韩之辞；[③]理学家们则高举"非韩"旗帜，贬韩文为"闲言词"，从而走上"重道轻文"之路。因此，我们可以说，契嵩"非韩"开启了宋代理学家"重道轻文"文学批评的先河，从而使他成为理学文论的先驱者。这是他援儒卫佛的意外收获。

[原载《安徽师范大学学报》（人文社会科学版）2014年第1期]

---

①欧阳修在《答李诩第二书》中说："（性）非学者之所急，而圣人之罕言也。……为君子者，修身治人而已，性之善恶，不必究也。"见《欧阳修全集》，中国书店1986年版，第319—320页。

②程颢、程颐：《二程集》，中华书局2004年版，第95页。

③苏轼：《苏轼文集》，中华书局1986年版，第509页。

钟鼎与山林：子聪诗论的双重性

　　子聪（1216—1274），俗名刘秉忠，自号藏春散人。宋末元初禅门临济宗高僧①，杰出的政治家。子聪兴趣广泛，知识渊博，《元史》本传谓其"于书无所不读，尤邃于《易》及邵氏《经世书》，至于天文、地理、律历、三式六壬遁甲之属，无不精通，论天下事如指诸掌"②。他一生著述丰赡。现存《藏春集》六卷③，前五卷为诗词，卷六附录其《行状》《神道碑铭》《墓志铭》《祭文》等。现存文，仅有《全元文》卷115所收录的《陈治要》《郝文忠公传》《常氏孝感碑》3篇，前者即是《元史》本传所录之"万言策"。然而，子聪的诗文著述远不止以上这些。《元史》本传称其有《文集》十卷。清初黄虞稷《千顷堂书目》卷29著录其著作，除《藏春集》六卷外，还有"《文集》十卷，又《诗集》二十二卷"。近人傅增湘《藏园群书经眼录》卷50著录《刘文贞公全集》三十二卷，所记子聪《文集》与《诗集》卷数与《千顷堂书目》相同。傅氏见此书的时间为壬戌年

----

　　①关于子聪的法脉，杨曾文认为是临济宗，依据有二：一是《藏春集》卷六所附徐世隆《祭文》有"复参临济"之说；二是《临济录》卷首所载元代五峰普秀《临济慧照玄公大宗师语录序》："海云传可庵朗……可庵传太傅刘文贞公。"（杨曾文《宋元禅宗史》，中国社会科学出版社2006年版，第601页。）喻静依据清僧编的《续灯正统》与《宗教律诸家演派》，认为子聪的剃度师虚照为曹洞宗法嗣，因此认为子聪应"肩挑临济曹洞两宗法脉"。（喻静《刘秉忠及其"藏春诗"》，《中国文化》，2012年第1期。）

　　②《元史》卷157《刘秉忠传》。

　　③本文所引《藏春集》系明刻本。

（1922），距今不远，这意味着此书重见天日的可能性很大①，有关子聪的研究也会有重大突破。

目前，有关子聪的研究已从多方面展开，如行述法系研究、文献研究、文学研究等，可谓丰富多彩，但与其实际文化贡献相比，仍显不足。这一方面是因为其大量作品，如十卷文集，至今未被发现，另一方面是因为研究的角度还有待进一步拓展，如其文学批评思想就有待进一步挖掘②。本文意欲在这方面做些努力。

一、出处之间

子聪出生于世代官宦之家。祖先曾仕辽，为当时大族，曾祖在金初任邢州节度副使，父为顺德路（治今河北邢台）长官录事。17岁任邢台节度使府令史，23岁辞职随清化天宁寺虚照禅师出家，法号子聪。27岁时，子聪经海云印简禅师引荐成为忽必烈的随军幕僚，从此以僧人身份步入政坛。在长达32年的从政生涯中，子聪以其出色的治国才能深得忽必烈赏识，至元元年（1264）被授光禄大夫，位太保，参领中书省事。有研究者说："刘秉忠不仅是位生活在宋末元初的杰出禅僧，而且是位对中华民族历史文化做出过卓越贡献的政治家。"③此语不虚。

政治家与僧侣的双重身份，使子聪一生处于"出"与"处"的张力之中，这从其诗中可以看出：

尘容俗状走风埃，钟鼎山林事两乖。千古兴亡归恍惚，一身行止懒编排。无才济世当缄口，有酒盈樽且放怀。何日还山寻旧隐，瘦筇偏称著芒鞋。④

---

①参见查洪德：《刘秉忠文学文献留存情况之考查》，《文献》2005年第4期。

②王运熙、顾易生主编：《中国文学批评通史》（宋金元卷）对子聪诗学思想有所涉及（上海古籍出版社2011年版，第907页）。

③杨曾文：《元初禅僧子聪刘秉忠的历史贡献》，《佛教文化》2006年第1期。

④《藏春集》卷一《醉中作》。

小斋香火结闲缘，钟鼎山林各自天。世事省来都合道，尘心消去不须禅。①
今古无穷岁月流，山林鼎篆自悠悠。意还本分易为足，事不自然难免忧。②

以上三首诗，都提到"山林"与"钟鼎"（或"鼎篆"）两个词，前者代表"处"，后者代表"出"。从"事两乖""各自天""自悠悠"等词可以看出，在子聪身上"山林"与"钟鼎"有时的确是相互矛盾的，这种出处之间的矛盾是由其僧人与政治家双重身份所决定的。

作为一名政治家，子聪辅佐忽必烈打江山、治天下，真可谓尽心尽力，任劳任怨。《元史》说："既受命，以天下为己任，事无巨细，凡有关于国家大体者，知无不言，言无不听。帝宠任愈隆。燕闲顾问，辄推荐人物可备器使者，凡所甄拔，后悉为名臣。"③子聪随忽必烈征战期间，经常"以天地好生为德，佛氏以慈悲济物为心"谏止其滥杀无辜④，还曾上"万言策"，力陈以德治国之道。忽必烈新王朝成立，一切政策法规也都由子聪草定。至元十一年（1274），子聪去世，吏部尚书徐世隆撰写《祭文》，评之曰："易地诸葛，弥天道安，道人其形，宰相其心。"⑤这可谓当时官方给子聪的盖棺之论。清代四库馆臣也赞曰："乘时应运，参赞经纶，以典章礼乐为先务，卒开一代治平。"⑥

从以上材料来看，子聪是位不折不扣的政治家，然而其思想世界中还有另外一面。来看其诗：

平生清兴在林泉，世路谁教也着鞭。马上青山长万里，镜中华发已三年。又经黑水还沙漠，才自乌云出瘴烟。盖世功名正低首，西风秋树一声蝉。⑦

---

① 《藏春集》卷一《小斋》。
② 《藏春集》卷一《蜗舍闲适三首》其一。
③ 《元史》卷157《刘秉忠传》。
④ 《藏春集》卷六附录《刘公神道碑铭》。
⑤ 《藏春集》卷六附录。
⑥ 《钦定四库全书总目》，中华书局1997年版，第2201页。
⑦ 《藏春集》卷三《过丰州二首》其一。

自任张衡说四愁，不令一点上眉头。是非海里有何论，名利场中无所求。扫睡拟将茶作帚，钓诗须着酒为钩。春风吹绿山前草，尽日携壶胜处游。①

熏天富贵等浮云，流水年光梦里身。但着眼观皆外物，不开口笑是痴人。②

从"平生清兴在林泉""名利场中无所求""熏天富贵等浮云"等诗句，可以看出子聪真正的人生旨趣。他23岁出家，袈裟一穿就是26年。虽于至元元年（1264）被元世祖诏令还俗，但仍斋居蔬食，保持着僧人本色。

子聪人生中的"出"与"处"经常发生矛盾，这令他十分困惑。其诗云：

倦将碎事然心火，笑被虚名恼鬓丝。③
本存实志闲终老，却被虚名误半生。④
门外红尘数千丈，穷庐惭愧一年安。⑤
对客倦谈当世事，向人难悉未归情。⑥

红尘虚名虽非刻意而为，终究令子聪心中不安、心生惭愧。他也曾想到退出官场："野僧不管人间事，卧听洋河聒耳声"⑦；"致主泽民非我辈，任人疑怪水云乡"⑧；"黑白自持心有乱，不如袖手看输赢"⑨；"留得三分不晓事，禅房深处咽馒头"⑩。然而，囿于种种原因，他始终没有退出。一方面身处朝廷之上，行尊主庇民之事，尽心尽力，殚精竭虑；另一

① 《藏春集》卷一《春闲遣兴》。
② 《藏春集》卷一《守常二首》其二。
③ 《藏春集》卷一《醉后》。
④ 《藏春集》卷四《年来》。
⑤ 《藏春集》卷一《惭愧》。
⑥ 《藏春集》卷三《睡起》。
⑦ 《藏春集》卷二《鸡鸣山》。
⑧ 《藏春集》卷三《倚楼》。
⑨ 《藏春集》卷五《棋》。
⑩ 《藏春集》卷五《寄温子玉》。

方面心存林泉之间，参禅论道，高卧烟霞。如何处理"出"与"处"之间的关系，把握好两者之间的度，这是子聪时常思考的问题。

禅宗"世与出世不二"思想是子聪解决出处矛盾的最有力武器。其《禅颂十首》云："水声禽语相和应，说尽观音不二门"（其八）；"万事随缘真省力，何须心地冷如灰"（其九）。"随缘"的人生态度表现为，既不执着于"出"，也不执着于"处"，非出非处，出处两忘，这就是超脱出处束缚的"中道"。子聪反复歌咏这种人生态度："时止时行吾不强，笑他楚些作招魂。"[①]"鞍马生平谈笑间，归来赢得鬓毛斑。红尘只在南窗外，收得身心一榻闲。"[②]这正是禅宗"出世不离人世""入世以求解脱"思想的体现。

在子聪心目之中，战国时期的鲁仲连与三国时期的诸葛亮是解决出处矛盾的榜样。他赞鲁仲连说：

当时六国怯强秦，使群策，日纷纷，谈笑却三军。算自古，谁如此君。一心忠义，满怀冰雪，功就便抽身，富贵若浮云，本是个，江湖散人。[③]
鲁连谈笑却三军，玉璧冰壶不受尘。一叶扁舟沧海阔，千金留与市缠人。[④]

鲁氏虽"一心忠义"却又"满怀冰雪"，虽功高盖世却又视富贵如浮云，虽在红尘之中却保持着一颗出世之心。这是子聪理想的处世态度。

综观《藏春集》，子聪赞美最多的人是诸葛亮，《读梁甫吟》《读诸葛传》《诸葛亲细务》《卧龙庐》《武侯》等都是这方面的作品。如：

贤圣随时出处同，道存元不计穷通。一番天地鸿蒙后，千载君臣草昧中。玄德必咨当世事，孔明良有古人风。长才自献成何用，三顾还酬莫大功。[⑤]

① 《藏春集》卷二《禁中》。
② 《藏春集》卷四《归来》。
③ 《藏春集》卷五《太常引·鲁仲连》。
④ 《藏春集》卷四《鲁连不受赏》。
⑤ 《藏春集》卷一《读诸葛传》。

君子随时出处同，庙堂筹划驭英雄。文经武纬通今古，玉振金声贯始终。诸葛冈头千垒月，严陵波上一丝风。自从两汉分三国，青史书谁第一功。①

至人视有一如无，见义处，便相扶。三顾出茅庐，莫不是，先生有图。拯危当世，觉民斯道，佩玉已心枯，遗恨失吞吴，真个是，男儿丈夫。②

子聪所赞扬诸葛亮的，不仅仅是其历史功绩，更重要的是其"随时出处同"的人生态度。

综上所述，政治家与僧侣的双重身份，使子聪一生处于"出"与"处"的张力之中，这令他十分困惑、烦恼。为了解决这一矛盾，他借用禅宗"不二法门"来处理"出"与"处"之间的关系，努力以一颗出世之心来践履入世的事业，所谓"只此一朝公事毕，焚香高枕卧烟霞"③。这种人生态度对子聪诗论产生了重要影响，使其带有明显的"教化"与"自然"双重性质。

二、诗家体面儒家法

在辅佐忽必烈32年的人生历程中，子聪非常强调儒家思想对于治国安邦的重要意义。他提醒忽必烈"以马上取天下，不可以马上治"，建议他开展祭孔尊儒活动，以"三纲五常之教"安天下。④子聪一生对儒学有着浓厚的兴趣与深刻的理解。其诗云：

大中为体用时中，酌古宜今道可通。临事若私先有碍，立心非正后无功。在天何问但存义，进我无疑当效忠。有所不行须自反，争如桃李待春风。⑤

心差利害一毫间，谁肯寻思扩四端。人事要于多里炼，物情宜向静中观。

---

① 《藏春集》卷二《寄冯世昌三首》其三
② 《藏春集》卷五《太常引·武候》。
③ 《藏春集》卷二《客中》。
④ 《元史》卷157《刘秉忠传》。
⑤ 《藏春集》卷二《寄冯世昌三首》其一。

止时休恨窠巢窄，行处须开路径宽。天道好还冬对夏，为仁由己意非难。①

敬防暴慢礼防身，横逆来加莫要嗔。万物分明备于我，倘能克己自归仁。②

在以上几首诗中，子聪大力提倡儒家中庸之道与仁义五常思想。这种思想在其诗论中则表现为对"风雅"传统的提倡。

先秦以来，儒家诗论都标举"风雅"，强调诗的教化意义。所谓"风雅"，是指《诗经》"国风""小雅"所表现出的强烈的政治、道德意识，以及积极的人生态度与现世热忱。子聪十分重视这一诗论传统。他说："舜典后为三代接，关雎首向二南开。变风自卫渐如此，大雅至秦安在哉。盖世雄文韩子学，惊人佳句杜陵才。诗家体面儒家法，岂曰无师诗论来。"③这首诗梳理出自《诗经》至杜甫诗歌发展的一条主线——"风雅"，而"诗家体面儒家法"一句明确指出这一主线的思想基础。

子聪对"风雅"传统的强调还集中表现在对屈原《离骚》与唐诗的评价上。子聪十分喜欢《离骚》。其《秋感》诗说："独有紫庭闲散客，碧云哦罢读离骚。"④他喜欢《离骚》的原因在于其"风雅"精神。司马迁曾在《史记·屈原列传》中说："《国风》好色而不淫，《小雅》怨诽而不乱。若《离骚》者，可谓兼之矣。"⑤十分准确地点出了《离骚》从《诗经》那里继承的"风雅"传统。子聪同意这种说法。他说："七情荒逸难追雅，六义纷纷始到骚。"⑥又说："六义不传，风雅变离骚。"⑦由于《离骚》与《诗经》在"风雅"传统上的一致性，子聪还经常将"骚""雅"并举：

①《藏春集》卷二《寄冯世昌三首》其二。
②《藏春集》卷四《感兴九首》其四。
③《为觉大中言诗》其三。见赵永源《关于刘秉忠〈藏春集〉及其佚诗》，《文教资料》1996年第3期。该文从《永乐大典》卷901辑佚逐录子聪论诗诗28首。以下引用子聪论诗诗，凡出该文者，只标注《永乐大典》卷901。
④《藏春集》卷一。
⑤司马迁：《史记》（第八册），中华书局1959年版，第2482页。
⑥《藏春集》卷一《吟诗》。
⑦《藏春集》卷五《南乡子》其五。

"骚雅清雄随事赋"①，"清雄骚雅因题赋"②，"诗章骚雅唐新变"③，"清雄骚雅随情赋"④。

子聪论诗，主张以唐人为法。其《读唐人诗》曰："风云飘逸意何远，金玉铿锵声自清。蜀锦正惊裁剪碎，温针还解贯穿成。苦吟应有秋虫和，好句定随春草生。六义班班风雅变，赖斯陶写古今情。"⑤最后两句点出喜欢唐诗的原因。"风雅变"是指唐诗扭转齐梁浮艳柔靡诗风而上接先秦汉魏"风雅"之慧命。初唐时期，为了扭转齐梁以来"风雅不作"之诗风，陈子昂提倡"兴寄""风骨"，把诗歌内容引向广阔的社会现实。李白慨叹"大雅久不作，吾衰竟谁陈"⑥，杜甫提倡"别裁伪体亲风雅"⑦，白居易提倡"风雅比兴外，未尝著空文"⑧，都主张诗歌创作应该关注社会现实、关心民心疾苦。这是"风雅"精神的体现，也是子聪提倡以唐人为法的原因。

在唐代诗人中，子聪最推崇的是杜甫。其《读工部诗》云：

工部文章万汇全，焕如星斗罗青天。差居三百五篇后，杰出数千余句前。良金美玉有定价，残膏剩馥无穷年。当时驱驾谁能并，只除太白骑鲸仙。少日曾师杜审言，青逾蓝处得非难。清雄骚雅随情赋，远近洪纤着意看。但讽数篇真可老，凡亡一字莫能安。漫漫一似沧溟水，无限鲲鲸吸不干。⑨

　①《吟诗》，《永乐大典》卷901。
　②《藏春集》卷四《为大觉中言诗四首》其三。《藏春集》本《为觉大中言诗四首》为四首七言绝句，《永乐大典》本《为觉大中言诗》为四首七律，内容也完全不同。
　③《藏春集》卷二《夏日遣怀》。
　④《读工部诗》，《永乐大典》卷901。
　⑤《永乐大典》卷901。
　⑥《古风五十九首》其一，《李白全集》，上海古籍出版社1996年版，第12页。
　⑦《戏为六绝句》其六，仇兆鳌：《杜诗详注》（第二册），中华书局1979年版，第901页。
　⑧《读张籍古乐府》，《白居易集》（第一册），中华书局1979年版，第2页。
　⑨《永乐大典》卷901。

子聪认为杜诗"差居三百五篇后"，并指出杜诗的特征为"清雄骚雅"。依杜甫本人所言，其诗的创作原则是"别裁伪体亲风雅"，其诗以题材的广泛性与反映社会现实的深刻性而赢得"诗史"之誉。比杜甫稍晚的大诗人元稹也曾说杜诗"上薄风骚"。①由此可见，子聪以"清雄骚雅"论杜诗真可谓肯綮之谈，这也正是他喜欢杜诗的原因。

三、须因规矩忘规矩

如果说子聪诗论对"风雅"传统的标榜是其处世态度中"钟鼎"一面之表现的话，那么他对"自然"的提倡则是"山林"一面的表征。

"自然"本是道家概念，后被禅宗借以诠释"本性""佛性"。如神会说："僧家自然者，众生本性也"；又说："佛性与无明俱自然。何以故？一切万法皆依佛性力故，所以一切法皆属自然。"②他不但认为众生的本性、佛性是"自然"，而且把"一切法"，甚至"无明"，也归于"自然"，"自然"即自然本有，自然如此。张扬"自然"，是禅宗的一贯立场。作为禅宗学人，子聪当然也不例外。

子聪虽处滚滚红尘之中，却努力保持自然的人生态度。他说："意还本分易为足，事不自然难免忧。"③这是子聪对世事的基本看法。那么，何谓"自然"？子聪《自然》诗解释说："碧水悠悠入东海，白云曳曳上青天。但能直往无凝滞，不自然时也自然。"④在子聪看来，"自然"的基本内涵就是"无凝滞"。这是标准的禅家观点。在禅家眼中，诸法皆因缘合和而成，因而没有自性，无自性故不真，不真即空；另一方面，诸法虽空，但不是绝对的虚无，仍有假相的存在，假相而在即幻有。参禅悟道者，如果执虚为实，执幻为真，则犯"滞有"之病；反之，如果离色求

①元稹《元氏长庆集》卷57《唐故检校工部员外郎杜君墓系铭并序》，《四部丛刊初编》，上海书店出版社1989年版，第122册。

②杨曾文编校：《神会和尚禅话录》，中华书局1996年版，第91、118页。

③《藏春集》卷一《蜗舍闲适三首》其一。

④《藏春集》卷一。

空，执着于空，则犯"沉空"之病。"滞有"与"沉空"都是执着，都是"凝滞"。正确的观悟方法应是：既不执着于"有"，也不执着于"空"，于现象之"有"中把握本性之"空"，于婆娑的自然物色中体悟永恒的宇宙实相，外不著相，内不著空，于相而离相，于空而离空。此乃中道。中道即"无凝滞"，即自然，即是子聪所谓"碧水悠悠入东海，白云曳曳上青天"。

自然，不仅是子聪努力保持的人生态度，而且是其诗论之要旨。子聪诗论的自然观主要表现在以下几个方面。首先，透脱无碍的创作胸襟。子聪《读东坡诗》曰："无滞胸怀长洒落，多才言语自新奇。"①"无滞"即自然。诗人如能做到胸怀无滞，那么诗句自然会新奇。其《闻宋义甫对竹引》也说："高情远韵无凝滞，发作声音指下弹。"②强调的也是主体透脱胸襟的重要性。虽是论乐，与论诗也是完全相通的。

其次，自然天成的创作灵感。他说：

> 七情六义一心中，言语还因感处通。李杜苏黄无二律，后生徒苦立家风。③
> 水平忽有惊人浪，盖是因风击起来。造语若能知此意，不须特地骋奇才。④
> 楚山临水适幽情，无意成诗诗自成。⑤

"言语还因感处通"之"感处"即是兴到神会。这种"感处"，不是诗人主观意志的表现，而是"水平忽有惊人浪，盖是因风击起来"，如风行水上自然成文。能如此，则"无意成诗诗自成"。

第三，通透圆活的艺术风格。子聪崇尚自由洒脱的艺术风格。如《读山谷诗》："笔头应有神灵助，言外全无翰墨拘。"⑥对于这种艺术风格，子

---

① 《永乐大典》，卷901。
② 《藏春集》卷二。
③ 《藏春集》卷四《为大觉中言诗四首》其二。
④ 《藏春集》卷四《为大觉中言诗四首》其一。
⑤ 《藏春集》卷一《溪山晚兴》。
⑥ 《藏春集》卷二。

聪爱用"圆"来描述。如"脱手若能圆似弹，千回万转任吟嘲"①；"酒逢知己心方醉，诗到收功意更圆"②。"圆"则"无凝滞"。子聪明确地说："鹅头转处无凝滞，一段风流老更成。"③"鹅头"即圆，其特点为"无凝滞"，"无凝滞"则"活"，"活"则自然。

子聪崇尚自然的诗论思想在一定程度上受到了苏轼的影响。他在《读东坡诗》中说："万斛冷泉随地有，决来应手作陂池。"④在《又读东坡诗》中说："春树满园堆锦绣，冷泉万斛泻珠玑。"⑤这两首诗中，"万斛冷泉""冷泉万斛"来自苏轼《自评文》⑥，表达的是自然圆活的艺术境界。苏轼这种思想是在佛教影响之下而形成的，子聪又通过苏轼间接地接受了佛教思想的熏陶。

子聪论诗崇尚自然，但并不否定法度。他说：

> 句稳先须辨长短，字工端要定推敲。言非精当功应少，意不包含气谩高。⑦
> ……拈时轻快功夫到，得处平常磨炼来。骚雅清雄随事赋，纵横长短可题裁。癖成未有惊人句，马上窗前愧不才。⑧
> 诗如杂剧要铺陈，远自生疏近自新。⑨

以上诗句都在强调法度，这似乎与子聪"自然"主张有矛盾。关于法度与自然之间的关系，子聪说：

---

① 《藏春集》卷一《吟诗》。
② 《藏春集》卷一《自然》。
③ 《藏春集》卷四《为宋义甫言书三首》其二。
④ 《永乐大典》卷901。
⑤ 《永乐大典》卷901。
⑥ 《自评文》："吾文如万斛泉源，不择地皆可出，在平地滔滔汩汩，虽一日千里无难。及其与山石曲折，随物赋形，而不可知也。所可知者，常行于所当行，常止于不可不止。"见《苏轼文集》（第五册），中华书局1986年版，第2069页。
⑦ 《藏春集》卷一《吟诗》。
⑧ 《吟诗》，《永乐大典》卷901。
⑨ 《藏春集》卷四《近诗》。

规矩方圆称物施，运斤风度见工师。①

但愿自宗为法度，不辞人笑费功夫。②

须因规矩忘规矩，才得纵横似古人。③

一字莫教无下落，有情还似不能情。④

法度固然是起约束限制作用的，但当他"称物"而施时就没有了斧凿的痕迹,所呈现出的艺术风貌就是自然。"称物施"就是以"自宗为法度"，就是"因规矩忘规矩"，就是"有情还似不能情"。其《有感》诗说"论文须谓可方可"，"可"的标准即是"称物"，这个标准不在外物而在自身。

子聪对"自然"创作原则的提倡，引起当时最著名的诗人、诗论家元好问的不满。元氏刚编成一部诗论著作《锦机》，强调"量体裁，审音节，权利病，证真赝"，因此对子聪的"自然"诗论思想不太满意，批评说："惟前辈诸公论议或未饱闻而赝道之耳。"⑤元氏还把《锦机》送给子聪，暗示他不应过分强调天机之自然。子聪比元好问小26岁，在诗学观念上曾受到过元氏不小的影响，如对杜甫诗的评价以及对"风雅"传统的提倡等，但在"自然"观上二人产生了分歧，这种分歧是由子聪僧人身份所决定的。

结　语

政治家与僧侣的双重身份，使子聪处于"出"与"处"的张力之中。虽然有时"处"占据上风，令其为现实所为而烦恼，但他始终没有退归山

---

① 《藏春集》卷二《再读杜诗》。

② 《藏春集》卷三《临苍颉书》。

③ 《藏春集》卷四《为宋义甫言书三首》其一。

④ 《藏春集》卷四《为大觉中言诗四首》其三。

⑤ 《答聪上人书》，见《元好问文编年校注》（下册），中华书局2012年版，第1401页。

林，而是用禅宗的"不二法门"来调解出处矛盾，从而实现两者在内心的平衡。双重身份也决定了子聪儒佛乃至儒佛道三教的融合思想。出于治国之需，子聪大力提倡儒家思想；出于修心之要，他又真诚倡导佛家思想。儒佛乃至儒佛道三教在子聪身上得到统一。正如徐世隆《祭文》所赞："学际天人，道冠儒释。初冠章甫，潜心孔氏，又学保真，复参临济。其藏无尽，其境无涯，凿开三室，混为一家。"①

身份的双重性，以及由此而产生的儒释圆融观，决定了子聪诗论的双重性。他一方面大力宣扬儒家诗论关注社会现实、关心国计民生的"风雅"传统，另一方面又禁不住对超脱现实、高情远韵之艺术境界的向往。教化与自然，经大乘佛教"中道"思维过滤后而和谐地统一于子聪的诗学思想之中。

[原载《中国诗学》第21辑，人民文学出版社2016年版]

---

① 《藏春集》卷六附录。

论李贽的人文生态观

从人文视野来看，"生态"是指人适应环境的方式，是人与自然、人与社会共处的生存状态，包括自然生态、精神生态、文化生态等层面。以"天人合一"为深层思想基础的中国传统文化，裹孕着丰富的生态学资源，对解决当前人类所面临的人与自然、人与社会、人与人、人的身心之间的矛盾有着深刻的启迪。所以，西方深层生态学的理论家们纷纷将视野投向中国传统文化。美国环境哲学家科利考特（J.B.Callicott）将道家思想称为"传统的东亚深层生态学"①；挪威哲学家奈斯（Arne Naess）也说："佛教为深层生态学提供了适当的背景或渊源联系。"②中国拥有丰富的传统生态文化资源，深入挖掘这些资源的生态价值，对建构现代意义上的人文生态学是至关重要的一步。受儒释道三教思想影响极深的明代大思想家李贽的人文生态观，对我们来说就很有启示意义。

李贽生活的明代嘉靖、万历年间，资本主义开始萌芽，同西方同时期的思想家一样，他具有强烈的批判意识，努力追求思想的解放和个性的自由，但又由于受中国传统文化中儒释道思想的深刻影响，他的思想中并没有出现同时期西方思想家那样的人类中心主义和工具理性主义，其思想的

---

①Callicott J B. Earth's Insights. University of California Press, 1994.67—86.

②Bodian S. Simple in Means, Rich in Ends: A conversation with Arne Naess. Ten Directions（California: Institute for Transcultural Studies）Zen Center of Los Angeles, 1982,Summer/Fall.

本质仍是非理性主义的。①我们可以在李贽思想中发现有利于今天生态学建设的积极因素。

一、自然生态观

在宇宙观上，李贽说："极而言之，天地一夫妇也，是故有天地然后有万物。然则天下万物皆生于两，不生于一，明矣。而又谓一能生二，理能生气，太极能生两仪，何欤？夫厥初生人，惟是阴阳二气，男女二命，初无所谓一与理也，而何太极之有。"②他不同意宋明理学家以"一""理""太极"作为宇宙的本源，而认为万物都是由阴阳、男女融突和合化生。万物产生以后，便以一种整体和谐的形式存在于宇宙之中，"是谓物各付物，天地之所以因材而笃也，所谓万物并育而不相害也。今之不免相害者，皆始于使之不得并育耳。若肯听其并育，则大成大，小成小，天下更有一物之不得所者哉？"③他认为，整个生态系统是个和谐的有机整体，受宇宙间统一的法则所支配，若服从这条法则，万物就会"并育而不相害"，相反，如果违背这条法则，就"不免相害"而破坏整体的和谐。在承认生态系统整体和谐的同时，李贽也不否定生态系统层次结构的等级性，所谓"大成大""小成小"，说的就是生态系统层次结构的等级性，正是由于这些有差异性的因素之间的普遍联系和相互作用，从而构成了生态系统的有机整体。

李贽"万物并育而不相害"的思想与《礼记·中庸》"致中和，天地位焉，万物育焉"的思想是一致的。潘光旦先生曾把它概括为"位育"二字，他在《民族的根本问题》一文中说："生物学者讲位育，始终认定两个对象，一是生物的个体或团体，二是环境。所谓位育，就是两者之间的

---

①许建平：《李贽非理性主义文学思想论——以万历十九年夏至二十四年夏为论述中心》，《文艺研究》2004年第6期。

②李贽：《焚书·夫妇论》，中华书局1975年版，第90页。

③《道古录上》，《李贽文集》第七卷，社会科学文献出版社2000年版，第365页。

一种调协。"①"位育"指生物与环境之间的协调，接近于今天所讲的生态。总之，李贽的宇宙观、自然观，着眼于宇宙中不同系统之间多样性的和谐统一，包含着丰富的生态意味。

二、精神生态观

从自然生态观出发，李贽提出其精神生态观。李贽的精神生态观是从人的感性生存出发，以人的个性自由为目的，高扬人的自然本性。具体而言，李贽的精神生态观表现在以下四个方面：

1.肯定人的自然感性欲求。他说："夫私者人之心也，人必有私而后其心乃见，若无私则无心矣。如服田者，私有秋之获而后治田必力；居家者，私积仓之获而后治家必力；为学者，私进取之获而后举业之治也必力。"②他从人的生存论角度来理解人性自私的含义，把人的私有欲看作社会生存、发展的内在动力。

2.主张情感的真实、自然。在情理问题上，传统儒家主张以理节情，以理制情，特别是宋明理学家"存天理灭人欲"的主张，使人们越来越远离人性之真，李贽试图使人性还原为"唯真识真，唯真逼真，唯真念真"的状态。③"真"就是"自然"。"然则所谓自然者，非有意为自然而遂以为自然也。若有意为自然，则与矫强何异。"④他认为人之性情是自然的，而不是矫强的，人性之自然又是自然而然的而不是刻意追求的。李贽主张感情的自然，并不是完全排除理性，他说："自然发于情性，则自然止乎礼义，非情性之外复有礼义可止也。"⑤他把礼义由外在的规范，变成情感

---

①潘光旦：《寻求中国人位育之道——潘光旦文选》，国际文化出版公司1997年版，第157页。
②《藏书·德业儒臣后论》，《李贽文集》第二卷，社会科学文献出版社2000年版，第626页。
③《焚书·三大士像议》，中华书局1975年版，第147页。
④《焚书·读律肤说》，中华书局1975年版，第133页。
⑤《焚书·读律肤说》，中华书局1975年版，第132页。

内在的预设，认为自然与礼义是一体的，礼义就在人之性情的自然流露之中，而不是在性情之外别有礼义的存在，因而根本不需要再用外在的礼义来规范人的情感。李贽追求的就是这样一种内不违真，外不违礼，内外和谐一致，"从心所欲，不逾矩"的精神境界。这种境界只能存在于理想之中，在现实之中是不可能实现的，这也就注定了李贽的悲剧一生。

3. 提倡心灵的自由。李贽借用佛家之"空"来解决现实之"伦物"与内心之超越之间的矛盾。他说："所谓'空不用空'者，谓是太虚空之性，本非人之所能空也。若人能空之，则不得谓之太虚空矣，有何奇妙，而欲学者专以见性为极则也耶！所谓'终不能空'者，谓若容得一毫人力，便是塞了一分真空，塞了一分真空，便是染了一点尘垢。此一点尘垢便是千劫系驴之橛，永不能出离矣，可不畏乎！"①"太虚空"是绝对的空无，不是人力所能做到的，与"真空"是不相干的，"真空"是不容"一毫人力"的，只要能在生活中做到自然而然，便是符合"真空"的原则。他利用这一理论解释颜山农在讲学时就地打滚一事，说："当滚时，内不见己，外不见人，无美于中，无丑于外，不背而身不获，行庭而人不见，内外两忘，身心如一，难矣，难矣。"②李贽又提出"于伦物上识真空"，并把"伦物"明确指为百姓的"穿衣吃饭"③，这样就在现世之中实现了出世的自由境界。

4. 主张人的自我实现。自我实现首先表现为自我个性的自由、充分地发展。他说："或欲经世，或欲出世；或欲隐，或欲见；或刚或柔，或可或不可，固皆吾人不齐之物情，圣人且任之矣。"④他认识到人们在性格、爱好方面的差异性，同时主张在尊重人的个体差异性的基础之上，让每个人都能按照自己的个性和目标自由发展，"各从所好，各骋所长"⑤，真正实现自己的价值和目标。其次，表现为思想的独立性。他说："无见识则

---

① 《焚书·答邓石阳》，中华书局1975年版，第4—5页。
② 《焚书增补·答周柳塘》，中华书局1975年版，第263页。
③ 《焚书·答邓石阳》，中华书局1975年版，第4页。
④ 《道古录上》，《李贽文集》第七卷，社会科学文献出版社2000年版，第361页。
⑤ 《焚书·答耿中丞相》，中华书局1975年版，第17页。

是非莫晓，贤否不分，黑漆漆之人耳，欲往何适，大类贫儿，非贫而何？"①"无见识"即无独立思想，这种人是最大的贫困儿。要建树自己的思想，首先就要具有怀疑和批判精神，"学者但恨不能疑耳，疑即无有不破者。"②在怀疑的过程中自我的独立见解才得以形成。再次，表现为"自治"的能力。"故君子以人治人，更不敢以己治人者，以人本自治；人能自治，不待禁而止之也。若欲有以止之，而不能听其自治，足伐之也，是欲以彼柯易此柯也。"③他主张个体身心的自由，反对外在的约束，但他并不是提倡不要任何约束的随心所欲的自由，而是相信每个人都有自律、自治的能力。

三、文化生态观

"文化生态"一词出自美国文化人类学家斯图尔德的《文化变迁理论》一书，其内涵可以概括为："人类适应环境而创造出来并身处其中的历史传统、社会伦理、科学知识、宗教信仰、文艺活动、民间习俗等，是人类文明在一定时期形成的生活方式与观念形态。"④李贽的文化生态观主要表现在两个方面：一是安身立命的文化观；二是多元统一的文化观。

李贽把"安身立命"作文化的终极目标。他说："凡为学皆为穷究自己生死根因，探讨自家性命下落。是故有弃官不顾者，有弃家不顾者，又有视其身无有，至一麻一麦，鹊巢其顶而不知者。无他故焉，爱性命之极也。孰不爱性命，则卒弃置不爱者，所爱只于七尺之躯，所知只于百年之内而已，而不知自己性命悠久，实与天地作配于无疆。是以谓之凡民，谓之愚夫焉者也。"⑤这段话包含以下几个重要观点：一是，人之"性命"并不只是"七尺之躯""百年之内"的肉体生命，还是"实与天地作配无

---

① 《焚书·富莫富于常知足》，中华书局1975年版，第227页。
② 《续焚书·答僧心如》，中华书局1975年版，第46页。
③ 《道古录下》，《李贽文集》第七卷，社会科学文献出版社2000年版，第372页。
④ 张皓：《生态批评与文化生态》，《江汉大学学报》（人文科学版）2003年第1期。
⑤ 《续焚书·答马历山》，中华书局1975年版，第1页。

疆"的精神生命；二是，"穷究自己生死根因，探讨自家性命下落"是人生的终极眷顾；三是，这一人生终极眷顾最终要靠文化来完成，也就是说，文化的终极意义在于为人类寻找安身立命之处。这是一种对人生命运的领悟和对精神家园的无比眷恋，是一种执着的生态意识。

立足于安身立命的文化观，李贽主张把儒、道、释三教放在同等地位上，强调三教间的和谐统一性。他说："唯三教大圣人知之，故竭平生之力以穷之，虽得手应心之后，作用各各不同，然其不同者特面貌尔。既是分为三人，安有同一面貌之理？强三人面貌而欲使之同，自是后人不智，何干圣人事？曷不于三圣人之所以同者而日事探讨乎？能探讨而得其所以同，则不但三教圣人不得而自异，虽天地亦不得而自异也。非但天地不能自异于人，虽愚夫愚妇亦不敢自谓我实不同于天地也。……唯真实为己性命者默默自知之，此三教圣人所以同为性命之所宗也。"[1]三教之不同仅限于面貌，而其穷究生死根源、探讨性命下落的"圣心"是无异的，所以，明白自家性命底蕴，便可知"三教圣人所以同为性命之所宗"的道理。

四、文艺生态观

严格地讲，文艺生态观应属文化生态观的一部分，为叙述的方便而在这里把它单列为一部分。李贽的文艺生态观在基本原则上与其文化生态观是一致的。李氏以生态的眼光看文艺，从本体论、创作论到批评论，无不体现出浓浓的生态意味。

在文艺本体论上，李贽明显持心本体说。他说："天下之至文，未有不出于童心焉者也。""童心"就是人最初一念之"本心""真心"，是没受任何外界污染的"绝假纯真"之心[2]，一切富有真情实感的文章都由"童心"自然流出，李贽把"童心"抬到文艺的本体地位，目的在于提倡文艺的自然本性。

---

① 《续焚书·答马历山》，中华书局1975年版，第1—2页。
② 《焚书·童心说》，中华书局1975年版，第99页。

以"自然"为基础，李贽标举"化工"为文学创作的最高境界。"今夫天之所生，地之所长，百卉具在，人见而爱之矣，至觅其工，了不可得，岂其智固不能得之欤？要知造化无工，虽有神圣，亦不能识知化工之所在，而其谁能得之？"①"天之所在，地之所长，百卉具在"即是"化工"的境界，化工即无工，是不涉丝毫人为痕迹的自然境界。"化工"是不可强求的，那么如何才能达到"化工"的境界呢？李贽提出"顺其性"之说："性者，心所生也，亦非止一种已也。"②性由心生，一人有一人之性，创作要依自己个性而行，"只自各人自有各人之事，各人题目不同，各人只就题目里滚出去，无不妙者。"③只有顺自己之性而创作出的作品才是"无不妙者"，所以他说："盖声色之来，发于情性，由乎自然，是可以牵合矫强而致乎？……故性格清澈者音调自然宣畅，性格舒徐者音调自然疏缓，旷达者自然浩荡，雄迈者自然壮烈，沉郁者自然悲酸，古怪者自然奇绝。有是格，便有是调，皆情性自然之谓也。"④他又描绘灵感到来时的创作冲动曰："其胸中有如许无状可怪之事，其喉间有如许欲吐而不敢吐之物，其口头又时时有许多欲语而莫可所以告语之处，蓄极积久，势不能遏。一旦见景生情，触目兴叹；夺他人之酒杯，浇自己之垒块；诉心中之不平，感数奇于千载。既已喷玉唾珠，昭回云汉，为章于天矣，遂亦自负，发狂大叫，流涕恸哭，不能自止。"⑤这种激进的、突发的心理状态，是无意识性的、非理性的，纯属天籁的。在艺术表达上，李贽反对"道与技为二"的观点，而主张"技即道"，他说："镂石，技也，亦道也。文惠君曰：'嘻！技盖至此乎？'庖丁对曰：'臣之所好者道也，进乎技矣。'是以道与技为二，非也。造圣则圣，入神则神，技即道耳。"⑥这就打破了文艺作品内容与形式之间的界线，以一种整体的、圆融的眼光来看待作品。

---

① 《焚书·杂说》，中华书局1975年版，第96页。
② 《焚书·论政篇》，中华书局1975年版，第87页。
③ 《续焚书·与友人论文》，中华书局1975年版，第6页。
④ 《焚书·读律肤说》，中华书局1975年版，第132页。
⑤ 《焚书·杂说》，中华书局1975年版，第97页。
⑥ 《焚书·樊敏碑后》，中华书局1975年版，第216页。

批评论上，李贽主张以"童心"作为批评的标准，只要"童心常存"则"无时不文，无人不文，无一创制体格文字而非文者"。由此出发，他反对以时代的先后，体制的雅俗作为批评的标准，"诗何必古选，文何必先秦"，六朝文降而为近体，变而为传奇，为院本，为杂剧，为《西厢》《水浒》，只要符合"童心"都是"天下之至文"。①关于戏曲的批评，他褒赞《西厢》《拜月》而贬抑《琵琶》，原因是：《琵琶记》标榜"全忠全孝"，旨在宣扬"风化""止乎礼义"，因而"似真非真"，只是"画工"；《西厢》《拜月》则是"化工"，因为它"如化工于物，其工巧自不可思议"。②

结　语

李贽的人文生态观认为，人的生命来自阴阳、男女的融突和合，人是自然的一部分，与自然中的其他物种应该是"并育而不相害"的；人生是一种自然、感性的存在，人的精神应该是真实、自然、自由的，人是能够自我实现的；人类文化的终极意义在于为人类提供安身立命之所，虽然各种文化在面貌上各不相同，但在终极意义上是一致的，所以各种文化之间不应相互抵触，而应相互补充，从而形成一个和谐的整体，更好地完成"穷究生死根源、探讨性命下落"的使命；文艺作为文化的一种特殊形式，不但是人之性情的自然流露，而且是人之性命的诗意栖居之所，它以"化工"为最高创作境界和批评标准。以上是李贽人文生态观在自然、精神、文化、文艺四个方面的体现，虽各有侧重，但始终贯穿着自然意识、生命意识、整体意识、和谐意识，这四种意识又以一种非理性的思维方式联系起来，从而构成其较完整的人文生态系统。李贽的这一思想对刚起步的现代意义上的人文生态学建设有很大的启示意义。

[原载《民族文学研究》2006年第2期]

---

① 《焚书·童心说》，中华书局1975年版，第99页。
② 《焚书·杂说》，中华书局1975年版，第97页。

后　记

　　这本集子收录的27篇论文，时间上限为2004年，下限为2016年，虽然主题各异，但论题都集中在文学与哲学的交叉地带。这是由我个人的兴趣及学术经历所决定的。我硕士阶段的专业是文艺学，研究方向是古代文论，2001年毕业留安徽师范大学任教，担任"古代文论"与"中国文化概论"课程的教学工作。2004年，出于对中国哲学尤其是儒佛道三教哲学的浓厚兴趣，我考入南京大学哲学系，师从洪修平教授攻读博士学位，专业方向为儒佛道三教关系。这是我专业方向的第一次转变。博士毕业后，我以哲学博士的身份进入南京大学文学院博士后流动站工作，专业方向为古代文学，合作导师张伯伟教授。这是我专业方向的第二次转变。虽说是两次转变，其实就是从文学跨到哲学，再从哲学跨回文学，在这过程之中，我的研究领域始终未变，始终游走在文学与哲学的交叉地带。2010年，博士后出站回到原单位，继续从事"古代文论"与"中国哲学"的教学工作，科研的主攻方向是儒佛道哲学与文论。这本论文集真实记录了我的学术轨迹。

　　这本集子之所以命名为《儒佛道哲学的诗性智慧》，是基于以下考虑。所选文章的研究对象，或为孔孟或为老庄或为佛教，按现代学科划分标准，都属于哲学范围。哲学，译自希腊语philosophia，这个外来词的本意是"爱智"，日本学者西周（Nishi Amane, 1827—1897）依据《尔雅》"哲，智也"将它翻译为"哲学"。可见，无论在遥远的西方还是古老的中国，"哲学"总是与"智慧"联系在一起的。"诗性"一词，可上溯到维柯

《新科学》。他在该书第二卷中用大量篇幅论述"诗性"的智慧，特别关注伦理、经济、政治、物理、天文、地理等的诗性发生学问题，"诗性"一个词在他这里属于文化人类学范畴。在中国学术界，学者们更倾向于在诗学乃至文学、艺术学意义上使用这一概念。如钱志熙说：诗性精神"指主体所具有的诗的素质、艺术创造的素质"。①儒佛道三家哲学，无论是其对自然、自由精神的神往，还是其直观的思维方式、得意忘言的表达方法，都具有产生诗歌艺术的质素，因此都具备诗性精神。这，正是我关注的重点。收到这本集子中的论文，如《从诗人之情到哲人之思——论〈诗经〉二雅与竹简〈老子〉的契合与演进》《论〈庄子〉"环中"的美学意蕴》《帝网天珠：华严诗性精神谫论》等都是这方面的成果。基于以上原因，我把它命名为《儒佛道哲学的诗性智慧》。

本论文集分为上下两编。上编内容偏重于哲学，故名之曰"诗性的哲学"；下编内容偏重于文学，故名之曰"哲学的诗性"。两编内容虽有侧重点上的差异，而其主体内容并无实质性的不同，恰如佛学所谓"不一不异"之关系。

最后，感谢那些曾经在我学术道路上给予无私指导与帮助的老师、同学与同事们，感谢将这本集子列入"学术文库"的安徽师范大学文学院，感谢为本集子精心策划与编排的安徽师范大学出版社。

华雨檀记于衡木斋
二〇一八年三月十一日

---

① 钱志熙：《魏晋诗歌艺术原论》（修订本），北京大学出版社2005年版，第2页。